Three Things About Elsie

爱、洋葱和惠特比

[英] 乔安娜·坎农 著
阿 怪 译

中国友谊出版公司

献给乔治和弗洛丽

Joanna Cannon

目录

Contents

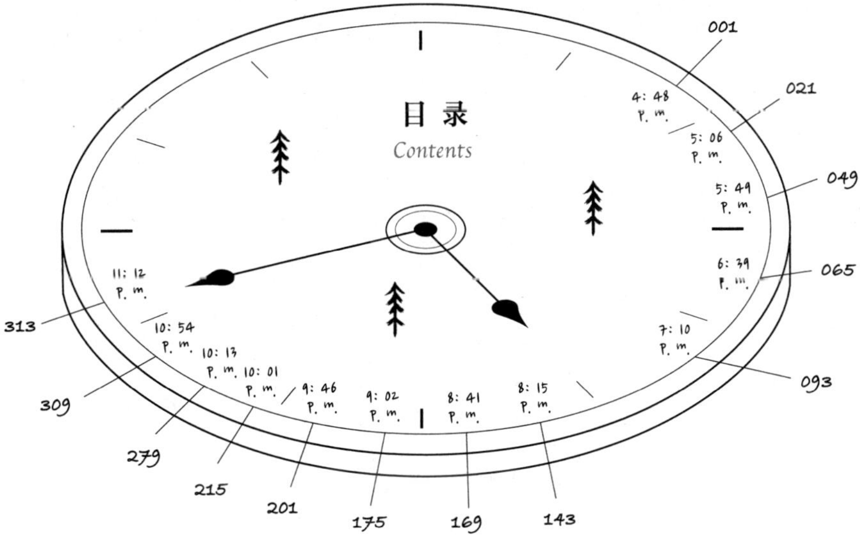

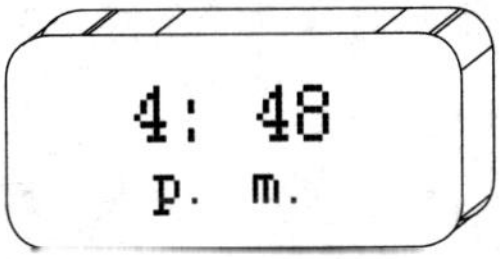

我要寻找的那处寂静之地，就埋藏在这些字词之间。

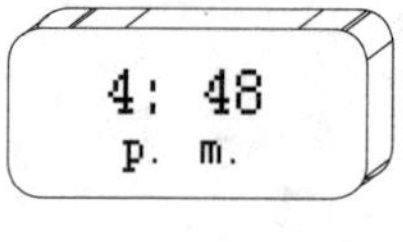

“你是怎么跌倒的，弗洛？”当他们发现我时肯定会问，“你感觉头晕吗？你平常戴眼镜吗？你是被绊倒了吗？”

他们会边问我边干活。给我的手臂绑上血压计，用塑料夹子夹住我的手指，并且打开连着所有导线的某台器械。一个人会拿手电筒照我的眼睛，另一个则会翻出我所有的药片，一股脑地全装进他们的袋子里。

“你觉得头晕吗？能冲我笑一笑吗？握一握我的手？”

他们会把我抬出前厅，但这事估计会有点费劲，因为这地方的空间对我而言只是刚好而已，更别提加上两个穿制服的大男人了。他们会把我送进救护车后车厢，那个他们惯常待着的、白白亮亮的世界，我则会眨眨眼，试着眯起来看清他们的脸。

“没事了，弗洛，”他们会这样说，“一切都会好起来的，弗洛。”

尽管他们并不认识我，尽管我从没说过他们可以叫我弗洛，尽管以前这么叫过我的人，只有艾尔希。

当车子在旋转的蓝色光线下沿着街道行驶的时候，他们当中的一个人会坐到我身边。那时蓝光会一阵一阵地掠过他的脸，他会时不时地冲我微笑，并且在黑暗中的某刻摸索着，然后握住我的手。

当我们到了医院，我会被匆匆送往急诊科，穿过红色双开门，来到有着开头同样问题并且同样用手电筒照我眼睛的人们面前，他们会推着我穿过空荡荡的走廊，然后给我连上他们那些器械设备。坐在办公桌前的那个姑娘会在我经过时抬起头来，而后又若无其事地转向一边，因为我只不过是又一个身上裹着毯子躺在手推车上，努力想留存于世间的老人而已。

他们会给我安排一间病房和一位文静的护士。她的动作会很慢，但每件事立刻就能井井有条，而且这位文静的护士将会成为第一个用眼睛倾听的人。当然，病床也会暖和且平整，哪怕把灯关掉我也不会担心。

以上我所说的这些目前尚未发生。没有一句是真实存在的。因为此时此刻，我正躺在客厅的地板上，等待着被人发现，等待着会有人注意到我的缺席。

我可以在他们到来之前，仔细思索一下该说什么。我得把从前发生的那些事，由始至终认真回想一遍，然后组织成一套能让人听明白并接受的说辞。你别以为现在这种静悄悄的环境会对我的思考有所帮助。我现在唯一能听见的，就是自己每次呼吸时，那呼出吸进的沉重鼻息。每当我感觉自己已经理清某条思绪时，它又会突然间溜走，于是我不得不再一次重新开始。

“试着集中注意力，弗洛伦丝，”艾尔希常说，“一个字一个字地回忆。”

可是艾尔希现在不在这儿，没法帮我，我只能靠自己逐字逐句组织语言，因为我要寻找的那处寂静之地，就埋藏在这些字词之间。

每个人的生命中都有一些秘密，一些他们绝对不会提及的事和一些从不会往外说的话。怎样处理秘密是极其重要的一件事。你是会永远把秘密藏在身后“负重前行”，还是会找个人来倾诉一番？我曾经发誓，我绝不会把自己的秘密透露给任何人。我要一辈子守护它。

然而此刻当我躺在这里，等着能有人找到我的时候，不禁开始担心这将会是我的结局。可能我命运的终章会在这个房间落下句点，这个我经常忘东忘西的米色房间，可能再也没有人会听到我的故事。除非一切真正落下帷幕，否则你永远无法确定这就是人生的最终篇章，对吗？

我不知道，我的故事是否已经来到结尾。

也不知道，我这一辈子是否就到此为止。

弗洛伦丝

事情是从一个月前开始的。在一个星期五的早晨，我正在房间里四处打量，寻思着自己把电视杂志放哪儿去了，突然发现房间里有样东西的朝向错了。

是壁炉台上那只大象。平时它面朝窗口，因为我在某处读到过，这么做能带来好运。当然，我知道这没什么效果。不过，这就像不能把崭新的鞋摆在桌上一样，如果没有循例照办，总会下意识觉得不对劲。一般来说，出现这种事我会把原因归咎于某个员工，可每次他们离开以后，我都要用灰尘掸子把所有东西再扫一遍。这么做很有必要，因为这能帮我打发时间。所以如果真是某个员工干的，我肯定早就发现了——什么都逃不过我的眼睛。

“你注意到有什么地方不对吗？”

安布罗斯小姐每周都会过来和我进行一次例行聊天。她看起来坐立不安，闻起来有股很浓的发胶味。我知道她有个表亲住在特鲁罗。我决定考验她一下。她在屋里扫视了一圈，不过傻子都看得出她根本心不在焉。

“你好好看，”我说，“集中注意力。”

“我知道，”她解开围巾，说道，“我是在好好看。”

我等了一会儿。

“大象。壁炉台上的那只大象，”我伸出手指了指，“它现在正对着电视，以前它对着窗户。它被移动了。”

她问我喜不喜欢这个改变。改变？！我又伸出手指了指，说：“这可不是我干的。”

她没把我的话当一回事，一向如此。“想必是哪个清洁工干的吧。”她说。

“绝对不是清洁工。昨天夜里我上床睡觉的时候，它还对着窗口，可等到我今早一起来，它就前后倒置了。”

“你不会又打扫房间了吧，弗洛伦丝？那是我们分内的事。”

我躲开她探询的视线，转过头看着暖气片。“我哪儿敢哪。”

她坐在壁炉边的扶手椅上，发出轻轻一声叹息：“也许它不小心掉下去了？”

“然后自己爬了上来？”

“我们也不是每件事都能记住的呀，不是吗？有些事我们会下意识去做。你一定是摆的时候就摆反了。”

我走到壁炉台前，将大象转过来重新面向窗口。整个过程我一直盯着她。

“它只是个装饰品，弗洛伦丝。没给你造成任何损失。我去给你烧壶水好吗？”

我一眨不眨地看着大象，听到她在厨房里翻箱倒柜，试图找到姜饼。

“你往食品柜顶层看看，”我大声喊道，“一准儿能够找到。”

不一会儿，安布罗斯小姐端着托盘回来了。“没错，它们是在第一层。你瞧，我们自己做过的事有时也会记不清，不是吗？”

我看着她的针织衫，下摆那儿装饰了一圈小绒球，你能想象到的各种颜色它都有。“好吧，”我不情愿道，“也许吧。”

安布罗斯小姐坐在扶手椅的最前端。她经常穿颜色鲜艳的衣服，只可惜这些颜色与她的脸色从来不相衬。艾尔希和我曾就安布罗斯小姐究竟年龄几何这事儿讨论过。艾尔希认为有三十好几，可我觉得她远远不止。她看起来像那种严重睡眠不足，但为了不让旁人察觉异样，又重新涂上口红强打精神试图掩饰异样的人。我再一次转过头看向了暖气片，因为安布罗斯小姐习惯盯着人的眼睛，试图从里面找到其他人遗漏的信息。

“说起来，你最近怎么样，弗洛伦丝？”

暖气片上共有二十五道沟槽。

"我很好，多谢关心。"

"你这周都做什么了？"

要数清楚这些沟槽数还挺不容易，因为只要你盯一小会儿，就会开始头晕眼花。

"就忙忙这忙忙那。"

"我们最近很少在休闲室看到你的身影。我们举办了很多不同的活动——昨天是自制小卡片，你没兴趣吗？"

那种卡片我有整整一抽屉。我能给十多个人送上贺卡，祝他们漂亮的女儿生日快乐，只要轻轻一拉就好。

"下周看情况吧。"我说。

我听见安布罗斯小姐深吸了一口气。我知道这意味着麻烦来了，因为她只有在想要争论什么时，才需要额外的气息支撑。

"弗洛伦丝。"她开口了。

我没作声。

"弗洛伦丝，我只是想知道，你在樱桃树之家过得是否开心。"

安布罗斯小姐是那种话说到最末端时会提高音调的人。好像她对一切都不确定，需要通过不断地询问来确定。我把视线投向窗外。入眼处全是钢筋水泥，尖角直线，窄小的窗口折射着渺小的人生。根本看不见地平线。我从未想过自己老了以后会变得一无所有，连像样的风景都欣赏不到，可人也只有老了之后才能明白，无论当初选择的是哪条道路，最后都会发现自己面对的风景不过如此。

"或许我们应该重新考虑，樱桃树之家是否仍然适合你？"她说，"也许会有什么别的地方能让你住得更加舒心？"

我转头看她："你别把我送到绿岸去。"

"绿岸的住客率比这里可高多了。"安布罗斯小姐偏过头，我看见她脖子上的细纹随着动作加深起来，"你可以得到更多一对一的关心。"

"我不需要什么一对一的关心。我不需要任何人的关心。我只想要一个人安静地待着。"

“弗洛伦丝，我们年龄越大，就越容易丧失判断能力，不知道什么对自己最好。人人都将如此。也许你会喜欢上绿岸，在那里生活应该会挺有意思的。”

“如果你说什么都没人愿意听，那无论做什么都不会有意思。”我冲着暖气片说道。

“你的意思是？”

“我不想去。你不能逼我。”

安布罗斯小姐张了张嘴想说点什么，但想了想又咽了回去。“那我们都各退一步怎么样？这样，咱们先看看这接下来……一个月的情况，好吗？然后我们再重新考量。”

“一个月？”

“算是一场重新评估，咱们互相监督，就当作观察期吧。”

“观察期？我犯什么罪啦？”

“这只是一种修辞方式，弗洛伦丝。没有别的意思。”安布罗斯小姐跺了跺脚，鞋底在地毯上留下了一道浅色印子。随后她便沉默了下来，像人们经常做的那样，期望有人能说点什么让他们发表看法的话题，可惜我早就看透了。

“明天下午我们会放《乱世佳人》。”当发现这么沉默下去不是办法的时候，她最终还是开口说话了。

“我看过了。”我说。

“全世界的人都看过了，跟这有什么关系？”

“我就没喜欢过克拉克·盖博。”

我的眼睛仍然盯着暖气片，不过我感觉得出安布罗斯小姐正朝我探过身来：“你不能总把自己闷在这里，弗洛伦丝。一个月的观察期，记得吗？我都已经做出让步啦，你也应该有所表示吧。”

我很想说：“凭什么你让步了，我就要跟着妥协？”但我没有。我把注意力全放在暖气片上，目不转睛地紧紧盯着，直到我听见关门的声音。

“他有口臭，你知道吗？克拉克·盖博，”我大声喊道，“我之前在一本杂志上读到过。”

关于艾尔希，你需要知道三件事情。第一件事，她是我最好的朋友。

说起最好的朋友，人们经常换来换去，一会儿这个，一会儿那个，全凭当时的心情和谈话的对象而定，但我最好的朋友一直都是艾尔希，而且今后也会如此。无论发生什么事情，都能一直陪在你身边，这样才叫最好的朋友，不是吗？不能说这么些年我们从未起过争执，但那是因为我们是两个截然不同的个体。起码我们看起来就有很大区别。艾尔希娇小，我个头高。艾尔希脚小，而我长了双大脚，得穿 8 码[①]的鞋。这事儿我会大方地告诉所有人。因为艾尔希说过，当脚大到一定程度时，唯一能做的就是拿来夸口。

我和艾尔希大部分时间都待在一起，连吃饭都选择同一时间进行，这样也能给工作人员省点儿事。有个伴总归是让人高兴的，毕竟这世上最为孤单的声音，莫过于自己手中那对刀叉划过餐盘的动静。

那天晚些时候，也就是安布罗斯小姐给我下最后通牒那天，艾尔希和我坐在我公寓的窗子边，我们正准备吃午餐。

“他们直到现在都还没露面。”我说。

我知道她肯定听见了，穿粉色制服的那位女士。那时她正站在离我 3 英尺远的地方，将我的午饭摆到推车上。我口齿十分清晰，情况最不济时也是如此。艾尔希说我在大喊，但我觉得我没喊。我只想确保人们能够听清。我甚至还会拍拍窗户进行确定。

“12 号房那边，”我拍了拍窗户，“我说他们到现在都还未露面。他们进里边已经好几天了，我看到那里的灯都亮过好几回。”

穿粉色制服的女人舀出一勺烘豆，对于我的话她毫无反应。

艾尔希抬起头看过来。

---

① 相当于国内的 39–40 码。

"别喊了，弗洛。"她说。

"我没喊，"我说，"我只是在表明我的观点。我确实是大不如前了，但总还有表达观点的权利吧。而且废料桶也一直没人收走，得有人写信去提醒下他们。"

"你怎么自己不写呢？"艾尔希说道。

我瞥了她一眼又很快移开视线。"这信我写不了，因为我被下了最后通牒。"

"什么？"

"安布罗斯小姐给我设了观察期。"我对着窗户上的一块玻璃说。

"你犯什么错啦？"

"这是种修辞方式，"我说，"仅此而已。"

"很快会有人清理那个废料桶的，克莱伯恩女士。"那个女人终于说话了。

我转头看向她："他们不应该像清理废料桶一样把人赶走，至少应该先通知那个人。"

"你死了以后他们可以想干什么就干什么，"艾尔希说，"到那时你就只能任凭他们处置了，弗洛伦丝。"

院子里，一堆树叶聚在草坪边，橘红色的落叶在水泥地上来回翻滚。"我只在上星期见过她。她沿着那条小路走来，手里还提着个购物袋。"

穿粉色制服的女人抬头看过来。"这事儿总该有点什么意义吧，"我说，"我指见到过她这件事。可是现在烙着她印记的所有东西，全都进了那个废料桶里。"

"他们必须把那间公寓清理干净，"女人说，"为了迎接下一位住客。"

我们俩都看向她，可她什么也不肯透露。

"真想知道会是什么人啊。"我说。

女人并不开口。

“我也非常好奇。”艾尔希表示。

穿粉色制服的女人自顾地皱起眉来：“我当时不在场。况且，这些事都归比斯尔小姐负责。”

我冲艾尔希扬了扬眉，可她选择继续吃炸鱼条。要我说啊，艾尔希实在是太轻易放弃了。我看见女人的制服上别着枚徽章，上面写着“乐意效劳”。

“要是你能分享一下听到过的消息，”我对着那枚徽章开口，“那可真是帮了大忙啦。”

这句话悬在半空中迟迟没有动静。

“我只知道，是个男人。”她终于说了。

“男人？”我说。

艾尔希抬起头来：“男人？”

“你确定吗？”我说。

“是的。”她说。她非常确定。

艾尔希和我隔着桌子对视一眼。樱桃树之家的男性住客非常少。你只能偶尔看到他们，缩在公用休息室的角落，或在院子里四处转悠，沿着哪里也抵达不了，最后总会回到原处的小路。绝大部分住客都是女性，且是失去丈夫多年的女性。不过我觉得这说法相当怪异，好像她们是一不小心把丈夫落在了某个站台上。

“不知道有多少人出席了她的葬礼，”我说，“住 12 号室的那位女士。也许我们应该去的。”

“到了咱们这把年纪，人数肯定不会太多。”艾尔希紧了紧身上红褐色的羊毛衫，这颜色和她并不相衬，“老人的葬礼往往会出现这种问题，宾客名单上的人大多都已先自己而去。”

“她在这里住的时间并不长。”我说。

艾尔希用餐刀把土豆泥推到叉子上：“她叫什么名字来着？”

“布伦达吧，应该是。或者叫芭芭拉。要不然就是贝蒂。”

废料桶里全是带有她生活痕迹的物品——无论她是叫布伦达、芭芭拉，还是贝蒂，里面有她钟爱的装饰品和精心挑选的画作；她曾经读过，或再没机会读完的书；还有相框撞上金属桶边散架后掉出的相片。这些相片她曾细细擦拭小心护理，而相片上的人们显然也已不在人世，没法将自己从这堆废料中认领回去。

清理工作进行得如此迅速，且如此轻而易举。一个人的生活痕迹，就这么彻底地消失了踪影。没有任何证据证明她曾生活在这里。一切都恢复成了她住进来之前的样子。好像是有人在她的人生篇章中插入了一张书签，随后猛然合了起来。

“不知道我死之后，谁会把我的照片摆出来小心擦拭。”我说。

我听见艾尔希把餐具搭上餐盘边：“这么说是什么意思？”

我仔细研究着路面：“我想知道我的存在，是否让这世界有了一点点改变。”

“这事重要吗，弗洛？”她说。

我轻轻说出了自己心声：“是，重要。它很重要。”

当我回过头，艾尔希满面微笑。

“说起来，那是谁来着？”我说。

穿粉色制服的女人走了，她给我们留了一份茶点，还把广播换到了轻松节目的频道。艾尔希一直强调它应该叫第二电台，不过她大概也懒得再纠正我了吧。

“那个女人啊，她胃不太好，有个叫达里尔的男朋友。”艾尔希答道。我们看着她顺着楼梯爬上对面那栋公寓，粉色的身影在米黄色背景下迅速移动。艾尔希说：“她挺喜欢小题大做的。”

“就是脑袋瓜很聪明的那个？”我说。

“不是，”艾尔希搅了搅茶杯，“那个是周六值班的。蓝色制服，小耳朵。你得设法记住才行。这些都很重要的。”

“为什么？”

“反正就是很重要，弗洛伦丝。事实如此。我不可能总在身边提醒你，你必须自己好好记清楚。”

“我总是会把他们弄混，”我解释道，“他们人数实在太多了。”

他们人数确实很多——比斯尔小姐麾下的“助手军团”。他们穿行在樱桃树之家，给老人们喂食、沐浴并陪同散步，每一样都做得井井有条。其中有些住客需要“更高级别”的护理，但艾尔希和我还算幸运，目前只在一级。助手们会给我们分发食物和水，除此之外，其他事情通常都让我们自行应对。比斯尔小姐声称她的余光一直留意着一级住客们，听上去好像一切都尽在她的掌握，她能确保所有人都得到最合适的护理。护理级别达到三级之后，你就需要换地方了，成为一个不受欢迎的住客。一旦到了这个阶段，大部分住客都会被送往绿岸疗养院。那地方既不绿，也没有海岸，只有标着序号的房间。人们在那里等待上帝的最终召唤，那时他们会呐喊着追忆当年，仿佛那样昔日就能重现，而后解救他们。

“不知他会是什么级别，”我看了一眼 12 号室，“新来的那个。”

“唔，至少也得二级吧，”艾尔希道，“没准会是三级呢。你知道的，男人嘛，通常都没什么韧劲。”

“我倒希望他没到三级，不然我们就再也见不着他了。”

“你为什么想见他，弗洛伦丝？”艾尔希往后靠去，她的羊毛衫顿时和餐具柜浑然一体。

“那样可以打发点时间啊，”我说，“和听轻松节目调频一个性质。”

我们坐在公寓窗边，艾尔希说我房间的视野更好，一下午时间一晃就过去了。大多数情况下，院子里总会发生点什么状况。我闲着没事干的时候，经常会望着窗外。其实这样真的很有意思，比电视节目更加有趣。你能看见园丁、清洁工还有邮差全都在专心做事，不理会其他人——无论是那些过着细碎生活的人，还是途经他们身边又匆匆赶去别处的人。不过我也不是很确定，他们到了以后是否会喜欢所发现的。不知道这和帮我们盛烘豆的那个女人有没有关系，但是没过多久，真有人来清理废料桶了。我一直看着他们，看着他们将某个人的一生就这么装上卡车，然后拖走。就连路面都没留下任何印记，证明那一生曾存在过。

我看到有人从原先废料桶放置的地方走了过去。一切都在照常运行。人们为了避免被雨淋湿，从这边匆匆移到另一边，身穿制服的员工顺着楼梯上上下下，一排鸽子在檐槽底下躲雨，等待合适的时机好飞往别处。这样看的话，好像她留在这世上的印记是那么无足轻重，那么无关紧要，从她去世那刻起，她的一生便已消失了痕迹。

“你今天下午好像特别伤感啊，弗洛伦丝。”

“这也是我表达意见的方式，”我反驳道，“有好多事我现在都做不了了，但至少我还能发表自己的见解吧。”

我相信她此时肯定在笑，但又不能说这就是事实，因为我现在没法回头确认。

我一直盯着 12 号室，可什么特殊情况也没发生。直到三点左右，比斯尔小姐才爬上公共楼梯间，手里拿着笔记板，看上去有一点着急。

“比斯尔小姐来了。”我边说边指了指。

“还真是。”艾尔希说。

“她拿着一个笔记板，艾尔希。她肯定是要去给他做评级。”

“看起来确实如此。”她说。

我们估量下午的时间通常是以喝了多少壶茶为准，可九月的光线笼罩下来，白天像是一下子变短了。我一直觉得九月是个奇怪的月份。你唯一能做的便是等待年末寒冬真正降临，除此之外大部分时间都浪费在抬头看天，直到天气真正转凉才总算安心。夏天早已不见踪影，但目前倒还没有结霜，还没到那种寒冬清早路面结冰，呼吸都能看到白气的程度。只不过，最近天色一直灰蒙蒙的。每天下午都大同小异。到了四点左右，我们当中必有一个会说，天色就要暗下来了，而后互相点头表示赞同。我俩还有一项固定活动，就是推算距离圣诞节还剩多少日子，然后我们会说时间过得可真快呀，这样的对话能帮我们打发掉一点时间。

樱桃树之家的冬天通常都比较难熬，今年已是我在这里的第五个年头了。这地方虽被称作庇护之所，可我却一直都没太明白，它到底帮我们庇护了什么。外面的世界如常运行，外界的事情通过报纸、电视、人们的闲聊和通话渗入进来。我们才是那些被集中隐藏起来，规避于人群视线之外的。我时常想，也许实际情况是外界正在把我们给隔绝开。

“天色就要暗下来了，不是吗？”艾尔希说。

我们看着对面楼的公寓陆续亮起灯。一排排窗户逐渐被点亮，一格一格犹如一幅巨型拼图，在九月的暮色里揭开人们夜晚生活的序幕。只有这个时候，你才能稍微窥见一点他人生活的片段——在他们拉上窗帘躲藏起来之前。

“有人进去了。”我说。

大部分员工此时都已回家，比斯尔小姐的那辆小型车也早已开到路的尽头，而后驶上旁道不见踪影。12 号室的起居室在这时候亮起灯来。灯光一闪一闪，宛如胶片电影，我仔细看着，一帧接着一帧，看到有个男人进到了房间里。中年人吧，我估摸着，然而光线不稳很难确定。

我突然感觉喘不过气，像被谁掐住了喉咙。

“还有多少天才到圣诞节呀？”艾尔希问道，“你想和我一起数数吗？”

“不，”我说，“我不想，尤其是现在。”

“答案是九十八天，”她说，“九十八！”

“是吗？”

我仔细打量那个男子。他戴了顶帽子，身穿一件长大衣，虽然一直背对着我，但时不时能看到一点他的侧脸，我简直不敢相信自己的眼睛。

“太奇怪了。”我喃喃自语。

“可不是嘛，”艾尔希扫了扫桌布上的茶点屑，“去年的圣诞节仿佛还在昨天。”

男子在屋内走动起来。他整理衣领的动作，他耸动肩膀的幅度，都让我莫名感觉胃里一阵抽搐。“对得上，但不可能啊。”

“就是九十八，我数过了，在你盯着窗外发呆的时候。”

我皱眉看向艾尔希：“九十八天什么？”

“就到圣诞节了。”

“我不是在说……”我转回视线，可灯已经灭了，而那样整理衣领和耸肩膀的男子也已消失不见，“我好像看到一个认识的人了。”

艾尔希望向漆黑的窗外：“会不会是哪个园丁？”

“不是，在12号室看到的，”我看着她，但又改变主意把头转了回来，“也许是我看错了。”

“天很暗了，弗洛伦丝，确实很容易看走眼。”

“是的，就是这样，”我说，“我看错了。”

艾尔希继续清理茶点屑，我则把羊毛衫的衣袖放了下来。

“要再添点柴火吗？”我心不在焉，“好像有点变凉了，不觉得吗？”

“弗洛伦丝，这里热得都跟烤箱似的了。”

我盯着对面那片黑影，而12号室的窗户仿佛也在回望我。“我感觉像有人在我坟地上走过了似的。”

“你的坟地？”

我绝对是看错了。

因为除此之外，别无可能。

“打个比方，”我说，“仅此而已。”

星期二过了一半的时候，我又看到他了。

艾尔希去做趾甲护理，这通常得花上一段时间，因为她的趾甲相当难剪。一个清洁工正在打扫房间，我一直在旁盯着她。因为我发现，人们在受到监督时，工作起来会更卖力。当我指出他们遗漏的地方时，他们似乎也很感激。

“没有你我们可怎么办呀，克莱伯恩女士？”他们会说。

今天这个干起活来尤其马虎。扁平足，细手腕，鼻子、嘴唇、眉骨上都穿了环——唯独耳朵除外。

外面起雾了，雾气沉沉地笼在天边，遮蔽了所有光线。我刚转头望向窗外，便一眼看到了他。他坐在院子正中的一张长椅上，仰头凝望着12号室。他戴着和那天一样的帽子，穿着一样的灰色大衣。但那并不是我认出他的原因，而是他拉扯衣领的动作，他将软毡帽戴到头上的架势，他的整个外形姿态。就像你能一眼认出自己的朋友，哪怕是身处陌生环境或拥挤人群中，那个人也会自然而然地钻进你视野里。

我想指着他给穿了环的姑娘看看。我想确定她和我一样能够看到他。你应该也听说过吧？老年人会无意识地编造些并不存在的事，以填补他们太过空虚的日子，但那女孩正一边自言自语，一边用掸子清理壁炉台周边。而我则还处在观察期。安布罗斯小姐虽然没有具体说明，但我确信，出现幻觉绝不会是什么好事。

我再次看过去，他仍然坐在那里，不过两只胳膊都架在椅背上，就像从前一样。我默默望着，感觉脸上逐渐没了血色。我想敲敲窗户，让他把头转过来，但我不敢。

“克莱伯恩女士？”

因为如果我那么做了，恐怕就再没办法把视线移开。

“克莱伯恩女士？你觉得满意了吗？”

我仍然看着窗外。“不，一点也不，”我说，“离满意还差了十万八千里。”

“可壁炉台我已经扫过两遍了。要是再来一次，我会赶不及打扫下一间。”

女孩拿着除尘器站在电视机前，脸上的环饰仿佛一个个标点。

“我不是指壁炉台，”我说，“看外面。罗尼·巴特勒，那张长椅上面。你看到他了吗？”

有时候，有些话会不由自主地脱口而出。即便你刚一张开嘴，就意识到这话不该说，可这时已经太迟了，你只能听任自己继续说下去。

那女孩说："罗尼·巴特勒是谁呀？"她很好奇，脸上的环饰都变了位置。

"一个故人。我以前认识的一个人。"

我拉了拉窗帘边，尽管它已十分齐整。

女孩开始收拾东西，将除尘器、抹布和掸子收进粉色小篮里一一码齐。"那样不是很好吗？你们可以一起叙叙旧。"

我视线再次投向院子。他此时已经站了起来，我默默看着他沿那条小路往大门口走去。"不，"我说，"不好。一点也不好。"

"为什么这么说？"

我没有立即回答。直到她把东西收完装满篮子，直到我听见关门的声音，以及女孩拖着脚步穿过走廊的动静。这时我才回答了她的问题。可即便如此，我的声音也轻得近乎耳语：

"因为罗尼·巴特勒已经在1953年淹死了。"

"你有没有看到过什么幻象？"

艾尔希已经做完足部护理回来，正隔着连裤袜欣赏她的脚趾。"唔，常有的事。"她漫不经心道。

"是吗？"

"对啊，"艾尔希蜷了蜷脚指头，三十旦尼尔[①]的袜子底下传来关节扭动的声音，"比如我以为下雨了，可出门发现其实并没有。还有我总以为冰箱里还有很多牛奶，而实际上并不是。"

"不是这种，我指的是人。你有没有出现幻觉，误以为见到了什么人？"

艾尔希定住脚趾抬起头来。"这问题真奇怪。我想应该没有吧，"她说，"可话说回来，我也无从得知，不是吗？"

从我见到他以来，或者说自以为见到他以来，我一直坐在窗边那

---

① 一种货币单位。

个位置。我看到工作人员在楼里进进出出，看到助手们极不情愿地陪着风烛残年的老人在院里转圈，却再没看到过那个男人。12 号室此时安静而漆黑，那张长椅上也不见人影了。也许他真是我想象出来的。也许我的意识从此将会彻底地混淆过去和现在，而且再也不会恢复如初。

艾尔希此时凝神看着我。“你以为自己见到谁啦？”她说。

“没谁，”我开始整理餐具柜上的装饰品，“我得去一趟眼镜店，我需要换副眼镜了。”

“你这副才刚换不久，”她说，“而且你干吗一直把东西拿起来又摆回原处？”

我放下布赖顿海滨的纪念品而后望着她。艾尔希的神情生动地演绎了“担心”两个字。“你什么人也没看到吗？”我忍不住问，“刚才过来的路上？”

她皱了皱眉。“没什么值得一提的，”她说，“干吗这么问，你到底看到谁啦？”

“比斯尔小姐，”我说，“一个送信的男人。”

“邮差？”

我点点头：“还有 4 号室那个古怪小老太，圆脸蛋，不爱说话，和台阶不大对付。”

“霍尼曼夫人？”

“应该是吧，”我说，“我还看到了朵拉·邓洛普。她不再是一身睡袍，全身都穿戴得整整齐齐的，她今天。”

艾尔希扬了扬眉梢：“你不知道吗？他们要把她送到绿岸去。我无意中听到了。”

我顿时感到头昏脑涨。“她肯定挨不过去的。”我低声说。

艾尔希没有回应，但我隐约看到她耸了耸肩膀。

“这么说，你没看到什么特别的人咯？”我说。

“唔，没什么特别的。”

我喝了口茶。

"你就直接说出来吧，弗洛伦丝。"

"我就是觉得，我好像看到了一个我们从前认识的人，"我说着，把脸埋进杯子里，"可我没想起他叫什么名字。"

"啊，真叫人好奇呀。是学校里的熟人？还是工厂里的？"

我又咽下一口茶："我不确定。记不清了。"

"我相信我肯定能认出来，"艾尔希透过窗户打量空荡的院子，"我在认人方面向来比你强。"

她是我最后的希望了。现在只有她能知道我的脑子是否已经糊涂，再也不受自己控制。然而我们在六十年前，早已将那段往事完全厘清，彻底封存，并且发誓绝不再提。如今我们年纪大了，像是完全变了一个人，感觉过往种种经历全都发生在别人的身上，我们不过是站在未来的某个时间点，看到了事情的来龙去脉。

她凝神盯着窗外想看得更远点："真希望我也能看到他。"

"我也是。"我开口，把话吐进杯中。

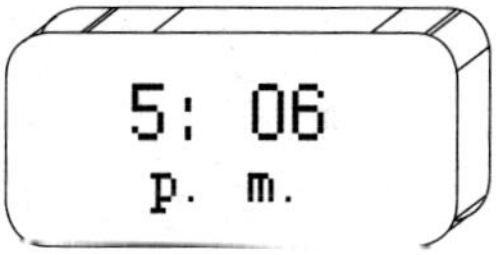

这种静默会一直在你身边徘徊，随时准备伺机出现。
你努力想用各种声音掩饰它的存在，但它从来不曾离开。

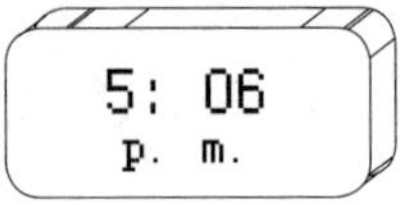

餐具柜底下乱得一塌糊涂。

你简直都想象不到，会有那么多东西趁你不注意时掉到家具后头。若不是现在躺在这里，我估计永远也发现不了，可现在既然发现了，便难免一直盯着。那些清洁工干活不够细致，都是头上戴着耳机，手里拿着喷雾。有的甚至会在干活时打开电视。他们从不问你想打扫哪里，而我会站在屋子角落监督，不时指出要清扫的位置，然后他们会斜着眼睛瞥上一眼，把吸尘器伸到我脚边扒拉几下。“让他们好好干活吧，”艾尔希说，“你享享清福就好，弗洛伦丝。”然而，我天生就闲不下来。艾尔希相较而言更为文静，而我通常都是行动派。这正是我们能相处得如此融洽的原因。

有时候，你会看到同一张面孔两次。好比星期四的那个姑娘，还是星期二来着？反正我记得肯定是双数。黑头发，蓝眼睛。干活时一手拿着真空吸尘器，另一只则举着手机贴在耳边。她讲电话时经常笑，笑起来的样子很好看，会让你想跟她一起笑。只不过她说的那些话，我一个字也听不明白。我猜她可能是德国人。我来到正门边上那家商店时，看到店里在卖那种奶油酥饼。德国制造，盒子背面这样印着，于是我便买了一盒，想着能让她怀念一下自己故乡。我们可以用它来配下午茶，稍微打破一下僵局，增进一下对彼此的了解。我提出了这个建议，可她忙着打电话没留神听，我话才刚说到一半，大门就砰的一声关了起来。我想她肯定是在赶时间。而这正是问题所在，对吧，人人都在着急赶时间。我们可以换个时间喝茶，等我这次恢复以后。没所谓的，反正东西还装在密封袋里。

发现我的有可能会是她，那个德国姑娘。看清状况后她会忘了自己还拿着手机，它会掉到地上来，而她会置之不理，然后跪到地毯上，我旁边的位置。她会俯身探向前，而后长发散下来挡住她的脸，她只好抬起手来将它们拢到耳后。她的手会很温暖，然后动作轻柔地包住我的手。

“你没事吧，弗洛伦丝？你这是怎么弄的？”

“别担心，我没事，”我会说，“你不用为我着急。”

我们会等待救护车前来，在此期间，她会问我现在感觉如何，之前发生了什么，我则会支支吾吾地移开视线。我也不知道应该怎么和她说。我记得新闻播报员微笑着翻动报纸的动作，记得关掉电视后的那阵静默。这种静默你只有独自居住时才能体会到。它会一直在你身边徘徊，伺机出现。你努力想用各种声音掩饰它的存在，但它从来不曾离开，在帷幕背后，静静等待。也有可能，你是在用另一套感官体认它的存在。我依稀听到了什么动静，还是有谁说话的声音？我开始努力回忆，想知道自己为何会倒下来，可唯一能记起的，便是睁开眼发现自己陷入窘境的情形。

急救人员赶来以后，德国姑娘便会放松下来，眼里的担忧随即一扫而去，因为人们总是以为，只要专业人员抵达现场，一切就都会好起来的。当然，事实并非总是如此。这点我比谁都清楚。其中一个会把家具推开，另一个则会帮我戴上面罩。松紧带怎么也固定不起来，为此他们会大惊小怪一番。接着，他们会把我绑在椅子上，那种自带安全带的椅子，然后盖上一条蓝色毛毯。德国姑娘会表现得特别郑重，时刻确保它能盖住我全身。

“你还好吗，弗洛伦丝？你还需要点什么吗？”

来到室外，寒冷的空气会刺激我的鼻子和耳朵，眼睛也会冻得水汪汪的。

“我们这就送你去医院，弗洛。坚持住啊，弗洛。”急救员会这么说，我也不会介意他们这么叫我，因为他们眼里满含善意。

他们会把我抬起来，而后开始下台阶。这时我会俯瞰整个小镇，看到漆黑夜色中家家户户闪烁的点点灯光，好像自己正在飞翔。

感觉自己如空气一般轻盈。

弗洛伦丝

周五的活动是宾果游戏[①]。艾尔希硬要我来参加，声称这么做是为了我好，但我知道，其实是因为上次的奖品累积到了这一周。

“你只有一个月时间证明自己，”她向我指出这一点，虽然完全没这必要，“因此最好尽早开始。”

于是此时我们就坐在休息室角落里，看着所有人连号码都没听清地在玩游戏。人们坐在那里，搭着脚垫，张着嘴巴，盯着卡片，琢磨着下一步该如何走。比斯尔小姐已经不见人影，她的副手被留了下来负责抽取号码。

安布罗斯小姐举起一颗球来。“22号。”她喊道。

所有人都叫嚷起来。

“怎么啦？”她说。

“两只鸭子！”有人大吼。

安布罗斯小姐又举起一颗球：“11号。”

当然，全场又是一片嘘声。

“一对长腿。”又有人喊。

安布罗斯小姐看了看球：“这简直就是外星语啊。”

“这是老年人用的语言，”我说，“就好像食品柜和无线网络。”

“那我怎么会知道呀？”安布罗斯小姐拨弄着她一边耳环，“我还

---

① 一种纸上游戏，在5×5方格的纸上进行，可以二人或多人进行，最先在纸上集满五条水平线、垂直线或对角线者胜利。

不到四十呢。”

大家全盯着安布罗斯小姐看。我刚要开口说点什么，艾尔希冲我扬起一边眉梢使了个眼色。

“你很快会知道的，”我换了种说法，“那感觉就像是一觉醒来发现自己来到了一个陌生国度。”

安布罗斯小姐又抽出一颗乒乓球，上面标着数字 2。

“那么，这大概是一只小鸭子吧？”她说。

“瞧，你已经开始熟练起来了。”

安布罗斯小姐不再拨弄耳环，只轻声地咳了几下。

刚在这里待了短短十分钟，我的意识就开始涣散起来。我实在是不由自主。常常是一个不注意就会开始胡思乱想，等我反应过来时，心思早不知飘到哪儿去了。我自己都不知道是从何时开始的。艾尔希表示用不着太当一回事，可我还是会忍不住担心。我以前从来不这样，再说了，要是你连自己脑中的想法都无法控制，又还能再控制什么呢？安布罗斯小姐说，这种情况并非仅限于老年人，人们情绪低落时也会如此。有些时候，现实生活实在太过煎熬叫人难以忍受，而唯一能够从中解脱的，就只有你的意识。

这种情况造访的时候，通常都是在那个日间娱乐室里。这天，我正望着窗外的停车场发呆，寻思着灰色汽车为何会受欢迎，明明这颜色一点也不耐脏，然后我就看到了她。朵拉·邓洛普，穿戴得整整齐齐，左右各有一名员工陪同，一个行李箱和三个手提袋堆在她脚边。我看到带有她生活痕迹的物品从袋子里面探出头来，针织品、一对拖鞋，还有某本杂志的折页。

“你们不能逼我，”她高喊着，声音从打开的窗户飘进来，“我没义务按你们说的做！”

两名员工望望天又望望地，望着视线所及的任何东西，唯独除了朵拉·邓洛普。

“你们不能这么逼我。”

有几个人放下卡片抬起头来，安布罗斯小姐伸手过去关上了窗户。我看到她落下窗扣以后，好像朝我这边瞄了一眼。

朵拉这下彻底安静了。她站在停车场中央，身形瘦小，艾发衰容，还在绝望地叫嚷着什么，只是已没人能听到她的声音。

我推了推艾尔希。“他们真要把她送到绿岸去，”我说，“瞧，在外面停车场。”

“我得专心点听号码，再有一个数就能连成一排了。”

“可她现在非常害怕。我们应该过去帮她，给她撑腰。”

我转头看向窗外，停车场已空无一人。朵拉·邓洛普和她的手提袋都不见了。

“她走了。”我说。

我转过头看向艾尔希。

发现她也在望着我。

宾果游戏结束（最后没人取得胜利），大家轮流去上厕所。一名员工端着盘鸡蛋三明治分发起来。三明治已经降至室温。水芹太多，蛋黄酱又太少。艾尔希去上厕所了，我还在寻思着，要不干脆把她那份也给吃掉，免得叫她感到失望。安布罗斯小姐突然站到了屋子中央，很大声地拍了拍手，而这实在没必要（如果问我意见的话），因为眼下唯一的动静，就是大家用假牙吞咽黄油面包的声音。

“通知一下，”她穿了件花衬衫，脖子和脸颊慢慢地红了起来，“我们这周迎来了一位新住客。”

那一刻，我咬下一口鸡蛋三明治正要往下咽，听到她的话，整个人完全呆滞起来。人们把目光从餐盘移开，抬起脑袋。远处角落里，两位住客鼓动身边几个人拍起手来。只有霍尼曼夫人毫无反应，仍对着面包盘轻声打着呼噜。

“大家都知道，在樱桃树之家，我们希望所有住客都能感到宾至如归，”安布罗斯小姐热情地双手合十贴在胸前，“因此我希望，你们能够和我一起，对这位新来的伙伴和邻居，表示我们最热忱的欢迎。”

我之前都没注意到，他早已经站在那里，就站在布告栏旁，直到他抬脚往前走了过来。

随着年岁日渐增长，我的视力每况愈下。哪怕戴着眼镜，我也是将信将疑，可这一次，我却没有一丝疑虑。这一次，我比任何时候都确定。

真的是他。

罗尼·巴特勒。

我一眼就认了出来。如今在这世上，能让我感到确定的事情已经不多，而这便是其中之一。他老了许多，这是肯定的。没有以前棱角分明，多了些许岁月痕迹。然而，这些并不足以改变一个人的面貌，只是有一些细微差别。真正重要的，还是他的眼睛，他的微笑，他走在房间里那仿佛从来不曾离开的姿态。

我这辈子曾多次感受过这种恐惧，每当我独坐在黑暗中鼓起勇气回想往事时，或是过去这些年里，不期然听到他名字，或有别人提及他时。这实在太不可思议了，因为直到那天为止，我之所以会感到害怕，正是因为他已不在人世，而此时此刻，他就站在离我不足十步远的位置。我这才知道什么叫真正的恐惧，没有任何经历能与之匹敌，感觉像是有人硬生生地把心脏从我胸膛里掏了出来。

他回来了。

他来找我了。

“一个快乐而舒适的社区……”我恍惚听见某处传来了安布罗斯小姐的声音。罗尼还是从前那副样子。有的人老了以后会大变样，和年轻时候相比，宛如两个截然不同的人，而罗尼脸上那些细纹，反倒更突出了他的特征。那道疤甚至也还在，他嘴角的那道印子，每当他笑起来就会消失。

“一个安享暮年的避风港。”安布罗斯小姐说道。

“暮年”其实算不上是什么好词。暮有傍晚、临近终了的意思，往往象征着暗淡、混乱以及迟滞。我虽然不能打保票，但也几乎可以肯定，他早知道我在这里。最明显的就是他的那种眼神。他在工厂大院、公共汽车和餐桌对面都曾显露过的那种眼神。只要见过一次就不会忘记，哪怕已经过了大半辈子。

“现在，让我们一起欢迎12号室的新住客，盖布瑞尔·普赖斯。”

我隔了一拍才听到自己的声音。

“盖布瑞尔·普赖斯？”

原本屏住的呼吸随着这叫声全吐了出来，接着我听到椅子腿刮擦地面的声音，像是有谁在探起身来查看。安布罗斯小姐歪着脑袋，瞪眼看着我。

“我很荣幸。”罗尼·巴特勒抬手碰了碰帽檐。他往前走了一步，我感到椅背硬硬地顶着我脊椎骨。我几乎闻到了他溺亡那天夜里的气味。仿佛这么伸出手去，就能穿越多年时光并沾上那股味道，到我走出屋子也不会散去。我的颈动脉跳得如此之剧烈，我不明白怎么这屋里的人谁都没听见。

罗尼直直盯着我眼睛，而后笑了笑，一笑起来，嘴角那道疤就不见了踪影。

像变魔术似的。

“怎么了，这就走了吗？”

我在女厕门口等着艾尔希，一见她出来便立马抓住她的手肘。

“是的。”我说。

“不能再等等吗？我还挺中意那个柑橘罐头的。”

“回房我就给你开一罐。”

“抽奖也不参加啦？这可是累积了两周的奖品呀。”

“我橱柜底层有盒奶油酥饼，把那个送给你好了。”

“关键其实并不是输或赢，弗洛伦丝。主要在于那种期待的心情，”

她说，“那种参与角逐的刺激感。”

“我现在只想离开这里。”这条小路通往公寓楼后方，走到半道我们停了下来，然后我才松开她的手肘。这边基本很少有人来。沿路两侧积了不少树叶，草坪稀疏得像是忘了要生长。大部分人都喜欢前门那条路径，方方正正的，可以转悠着打发时间。人们好像都喜欢随大流，但我却偏爱这条小路，这是一条被人遗忘的路径，非常适合探讨重大问题。

我看到艾尔希眼里写满了困惑。“到底出什么事啦，弗洛？”

“没事，没什么大不了的。你干吗这么问？”

她低下头。“因为你的手一直在抖。”她说。

安布罗斯小姐

“如果你问我意见，我觉得她精神已不正常了。”

当然谁也没问过。然而，对汉迪·西蒙而言，问不问从来并非必要条件。在汉迪·西蒙眼里，这世界是个时刻需要实况解说的地方，而他似乎毛遂自荐地担任起了这一角色，以防有谁突然犯起了迷糊。

“嗯？”安西娅·安布罗斯看着她的折叠镜。这东西是她贪便宜买回来的。她已开始后悔，却又无法移开视线，就像眼看着对面马路发生车祸而自己却无能为力。

“突然跳起来那么大喊大叫。”汉迪·西蒙将桌子拖回原来位置，三明治盘子磕碰桌面的声响在空旷房间回荡开来，“她叫什么来着？”

安布罗斯小姐合上镜子，担忧神情随着咔嗒一响全部封存起来。“弗洛伦丝，”她说，“克莱伯恩女士。我估摸着她转去绿岸恐怕只是时间问题。”

“真不知道你是怎么把他们区分开来的。”

安布罗斯小姐将镜子收回手包里，说：“这是我的职责所在。”

汉迪·西蒙拿起一块鸡蛋三明治，塞进自己嘴里。“他们人数实在太多了，而且看起来都一个样，”他边吃边说，却没漏出半点碎屑，“你要没意见的话，我就先去外面了啊。得去清理积在排水沟的垃圾，不然到时肯定会堵。”

有段时间，安西娅·安布罗斯曾考虑过汉迪·西蒙的优点。毕竟，运动鞋可以洗干净，发型也能修剪一新。电视上就有这种节目。人们把衣服全换成李维斯，将头发分到另外一侧，然后摇身一变成了另一个人。那段时间，安西娅·安布罗斯一直在自己身边搜寻可以成为丈夫的候补人选。犹如沉船遇难的人，搜寻着远处前来救援的船只。

“现在雨水流通已不太顺畅，”他又拿起一块三明治，“再这么下去，恐怕要出大问题。”

不过有的船可能还是不上为好。

“甚至还有可能导致结构性损坏，如果当前状况没有及时得到处理。”

免得后半生都追悔莫及。

安西娅·安布罗斯往她公寓走去，公寓坐落在整个设施最边缘，和住客寓所分隔开来，但房里同样铺着米色地毯（“米色最百搭，”比斯尔小姐说，“和谁都相衬。”），关上门时同样会传来细微动静。连窗外景致都大同小异，且窗户也只能打开一道细缝，因为担心住客会钻出间隙摔到窗外，而这种担忧似乎也延伸到了员工身上。安西娅·安布罗斯透过厨房窗口向外望去，一幅幅老年生活图景在她眼前铺陈开来，仿佛预示着她自己的将来。公寓是工作附带得来的（而这份工作她原本只打算干满一年）。她也试图应聘过别的工作，甚至还得到了一次面试机会，但那天有个新住客过马路时突然乱跑，她忙着安抚那可怜的老太太，没有赶上面试时间。之后他们再没联系她。

安布罗斯小姐走路从来不会太快，尽管她也不太清楚，自己是因为可以走快但不忍心（在周围全是手杖和助行架的环境里），还是因为老年人的习性已融入她血肉里，使她不由得做出了类似行径。她从未想过要做老年护理。她原本打算要当空乘或做出版，那种比较耀眼的、快步调的工作。可她人生中似乎潜藏着这么一条暗流，无论她多么拼命想要游到对岸，都总会被拉得偏离方向。要是一早就能知道自己的命运，应该会好受得多，她心想。那样能省下不少力气，不用没头没脑地四处扑腾，可以胸有成竹地直奔向目标，不顾诱惑，不惧干扰，也不会被那些还在命运浪潮里挣扎的人所影响。

周围一片寂静，路过的长凳和凉亭全都不见人影。她看了一眼那边的日式庭院。当初她费了好大工夫，才说服比斯尔小姐点头同意。她在杂志上读到介绍日式庭院的文章，声称日式庭院能引人冥思，并带来内心平静，而比斯尔小姐却认为，鼓励住客过于积极地回想任何一段往事，恐怕不是什么明智的主意。

事实上，比斯尔小姐起初只说了一句："我不同意，安西娅。"至于其余内容，都是安布罗斯小姐为了展开讨论而主动补充的。安布罗斯小姐很少违背比斯尔小姐的意志，但为了这事，她一连坚持了好几个月，最后，比斯尔小姐终于屈服了。不过她明确表示不能安放灯笼，因为那样容易招引蚊虫。安布罗斯小姐很想知道比斯尔小姐究竟有没有来过这个院子，还是说，这就是一座巨大的日式纪念碑，纪念她自以为能够带来些许改变的那段时日。当然，此时院子里一个人没有，每天这个时候，樱桃树之家到处都是一片静默。住客们往往会在听广播喝下午茶时打盹，就是真正睡着也没有关系，只要不从椅子上翻下即可。安布罗斯小姐其实也很想像他们那样，可每天下午她还要挣扎一番，挣扎着是要拒绝还是接受这样一个残酷的事实：她公寓里目前没扶手，但如果需要随时都可以安上。

安布罗斯小姐转过拐角，一眼看到了盖布瑞尔·普赖斯。他坐在正对她公寓楼大门的最后那张长椅上，手肘搭着椅背。此时天色灰暗，像蒙着一层油纸。在下午这个时间看到其他人，安布罗斯小姐很是吃惊，不由轻轻惊叫出声。她朝他走了过去，隐约看到他脸上带着笑意，但她多少意识到了，面对盖布瑞尔·普赖斯，你永远拿不准他在打什么主意。

“安布罗斯小姐。”

“叫我安西娅吧，普赖斯先生。”

然而他没有。

算了，她决定继续往下说。

“真没想到会看到你在外面走动，”她说，“大部分住客这个时间都在睡午觉。”

“我从来不睡午觉，安布罗斯小姐。俗话说得好，人闲则生是非，你不觉得吗？”

安布罗斯小姐拨弄着她一边耳环。

“当然了，你肯定没有这种体会。我可以想象，要管理这样一个地方，估计得跟二十四小时都在跑马拉松一样。”

“唔，我不敢说我……”

“但事实就是如此。日间娱乐室那场混乱不就挺够呛吗？”

“你是说克莱伯恩女士？呃，我想……”

他又笑了一下，暗含着就此打住的意思。

“他们有时会很糊涂，那些老人们，”他说这话的语气，仿佛他是站在远处观察着那群人，“很容易变得混乱。”

安布罗斯小姐歪着脑袋试图揣测他的来意，可他张开手臂搭在椅背上的姿态分散了她的注意。此时光线颇为昏暗，他脸上的皱纹和头上的白发似乎全都不见了踪影。

“你说你多大年纪来着，普赖斯先生？”

“我没说过，安布罗斯小姐。”他重新戴好毡帽，毫不费力地站起身来，仿佛这椅子以某种方式为他提供了助力，“不过我暂时还不想死。”

“哦，那是当然，还早得很哪。”

“然而像你这样的年轻女士肯定不会明白这种滋味。”

安布罗斯小姐感到自己脸上一红。她有一堆话想要说，可等到她组织好完整句子，他已经转过拐角消失了踪影。

“真是怪事。”她说。

安布罗斯小姐继续朝她公寓走去。直到她插进钥匙把门打开，听到大门传来咔嗒声响，感到脚下传来米色地毯的触感，她才后知后觉地意识到，今天回来的速度比往常要快，而且似乎还多了点目标感。

弗洛伦丝

我等了很久。我们脱下大衣挂了起来，打开炉子开始烧水，并把水果罐头倒进碗里添满牛奶，然后艾尔希全神贯注地吃起橘子罐头来。等到这一切通通完毕我才终于开口。

“有件事我得和你谈一谈，”我说，“是关于我们过去认识的一个人。”

她稍稍放慢了咀嚼的速度。

有些时候，把问题摊开来讲，反会让其更加发酵。问题一旦诉诸语言，便会拥有蜷在你脑海中时所不曾拥有的巨大威力，而这种时候，置之不理反而更好，任其在那儿自生自灭。如果你能把某些想法封存起来，只要时间足够长久，而且确保不会乱窜，总有一天会感觉，那想法其实一开始就从未存在。而我现在非常清楚，一旦我告诉艾尔希，一旦我解开这个封印，那些担忧便会脱离我的控制，而且再也压不下来。

“我看到了一个人。”我说了。

“什么人？”艾尔希将勺子搁到碗边，彻底安静下来。

我费了好大劲才逼得自己开口，极不情愿地吐出那个名字。

“罗尼。”终于，我说了出来。

我观察着她的表情，没发现一丝波动。

“罗尼·巴特勒。”我又说。

她看了我一会儿，而后笑了起来。“你说什么呢，这怎么可能啊！

罗尼早就死翘翘啦。他们把他埋了，你不记得啦？”说完便准备重新拿起勺子，但被我一把抓住了手腕。

“没有，”我说，“他现在就在这里。我之前看到他了。”

“你怎么可能看到一个六十年前就已经死掉的人呢？应该只是一时糊涂了吧。”

“真的是他。”我猛地一拍桌子，甜点碗被震得晃了几下，艾尔希也被吓了一跳，“他是回来找我的。”

艾尔希再次开口说话时，声音轻柔得像是在耳语：“他早就死啦，弗洛伦丝。没有谁会回来找谁。”

“那我看到的那人是谁？”

“肯定是哪个长得很像他的人。毕竟人有相似呀，不是吗？你认错人了，仅此而已。”

我走到窗边，院里安静得只能听见树叶的沙沙声。“没错，我是一时糊涂了。不可能是他，对吧？毕竟都过去那么多年啦！”

她总是这样，三言两语就能帮人打消忧虑。这是你需要知道的关于艾尔希的第二件事，她总知道说些什么能安慰到我。“当然啦，弗洛伦丝。这种事根本就不可能，不是吗？没人能够起死回生。”

“你说得对。根本就不可能。就当我从没说过这话吧。”

“这就对啦！要是安布罗斯小姐听到你这么说话，别说一个月观察期了，能有两个星期都算你走运。”

我伸手去拿《广播时报》，视线扫了一眼壁炉台。直到这时我才注意到——

那只大象。

又面对着相反方向。

“你别再自己吓自己啦，”艾尔希说，“你记差了，仅此而已。”

典型的艾尔希风格。她总这样，说我只是杞人忧天，叫我不要自寻烦恼。我从学生时代就认识她。我们初识是在公交车上。公交车哦！

不知道现如今还有多少人能在公共交通工具上结识到朋友。可要让我来猜的话，肯定不会太多吧。相反，人们似乎都在竭尽全力无视彼此存在。

她并不相信我说的大象这件事，正如她也不相信我曾看到罗尼。我看得出来。

“你又在胡思乱想了，”她说，“别总这么杞人忧天好吗？”

我假意赞同她的意见，只是想要图个清净。我甚至抬脚离开窗边，没再搜寻罗尼身影，可时不时地又忍不住要往外看去。这模样被她抓到好几次，她不说话，只那么瞥我一眼。

“你还跟上学时一模一样，”她说，“要么是‘那女孩是不是不太舒服？咱们应该做点什么？’要么就是‘我听说诺曼爸爸总是打他，你觉得咱们应该向谁反映？’”

我没回话，只是又朝窗户挪近了些，以此表明我的观点。

“你不要太过絮叨别人的事，”她说，“诺曼能够照顾好他自己。”

“可事实是他并不能啊，”我转头看她，“诺曼又瘦又小，也没有别人为他撑腰。他说过他要跑到伦敦去。那地方肯定会把他耗得渣也不剩。”

“这事都过去多少年啦。”

“可我感觉就像是在昨天，”我说，“有时候，我觉得在过去和现在之间，肯定存在着什么秘密捷径，只是从来没人告诉过你，直到自己真正变老才终于发现。”

“你花了太多工夫操心别人生活，对自己的事反而不怎么上心。”

我又把目光转向窗外，不过能听见她一边说话，一边用手指敲击桌面的声音。

“记得吗，我们便是这么认识的。当时你也在做着自己认为正确的事。”她俯下身来，闯入我的视野。

“我脑子现在一团乱，根本没工夫想那些。”我说。

“有个女孩在校车上崴了脚啊？”她继续往我面前凑近，“你把座位让给她了，真不记得啦？”

我发现她视线在往我手上瞟。我的手此时正搭在大腿上，在不停地来回翻转。有时候，我会不自觉这么做，直到有人指出才后知后觉。“嗯，不记得，”我说，“我压根想不起什么崴了脚的女孩。你是把我和别人弄混了吧。”

“绝对就是你，弗洛伦丝。她一瘸一拐地上了校车，谁都没有起身让座，只有你除外。因为这个，过了几站之后，你才会坐到我身边来。我们就是这么认识的。”

“你就编吧。”我闭紧嘴唇，感觉所有细纹全皱在一起。

“我没在编。那是一个漫长瞬间啊，你不记得啦？”

我停下翻转手掌的动作。“什么叫作漫长瞬间？”我说。

她开始向我解释。虽然她声称已解释过许多次，可我好像总会忘记。所谓漫长瞬间，是指仿佛有股什么力量，将那瞬间拉得比原先稍长一点，好让你能利用这多出来的一点时间，做出比较正确的决定。这种时刻其实并不少见，只是我们并非次次都能留意。“但这一次你没有错过，弗洛伦丝。你做出了正确的决定，你让出了你的位置。我们也就这么认识了。”

“可我记忆里你一直都在啊。”我说。

“我们俩认识的时候，正好是你开始在意同伴，并会挑选同伴的年纪。早在你选择我之前，我就已经认定你了，”她微笑着说，“你身上总是带着善意，哪怕是在当时那个年纪。仿佛有谁将别人丢弃或忽视的好意通通捡起，然后全塞进你体内好生保管。”

我试着搜寻那段记忆，想要将它拉回现在，可它似乎离得太远，怎么拉都使不上劲。

她凑近看着我的眼睛说：“认真想想。有些事情你必须回想起来，弗洛伦丝，很重要的事。”

“是吗？”

“我们路上一直在笑，因为你让出的那个位置，旁边就是当童子军的那个男生，他全程什么事都没干，一直在向她普及急救知识。她则全神贯注地听着他说的每一个字。我想不起她叫什么了，高个子，黑头发。父母在商业街经营一家小鞋店。”

好像有点印象了。“他们后来移民了，那家人，全家一起，”我一字一句慢慢说着，生怕自己说错什么，“去了澳大利亚。”

“是的，没错。”艾尔希对我很满意，这种时候我一眼就能看出来，因为她眼里闪烁着光彩，“但那女孩留了下来，没跟他们一块离开。”

“当时的宣传口号是，男人得土地，女人享住所。工作有保障，只需十英镑。十英镑就能开启崭新生活。”

我转头重新看向窗外。

“罗尼·巴特勒也在那辆公车上。”我说。

汉迪·西蒙

汉迪·西蒙的脖子上，戴着一条圣克里斯托弗像章[①]的吊坠，尽管他去过最远的地方，也不过就是萨顿科尔菲尔德[②]。这是西蒙刚满十八岁那年，他的父亲送给他的。他唯一一次将它取下，还是1995年他做阑尾手术时。“它能保佑你平安，”他父亲说，“免受任何伤害。”总的来说，倒还算管用。虽然，过去二十五年间的无灾无害，究竟是由于圣克里斯托弗像章的保佑，还是因为西蒙天性谨慎，仍然有待继续观察。他摸了摸吊坠，看着屋顶的导水沟。虽然等会儿只是要爬个梯子，但原则上都是同等对待。

汉迪·西蒙不喜欢高处。他这辈子所有的糟糕经历，全发生在他双脚离开地面时。他母亲就是在飞机上去世的。从西班牙飞回的途中，

① 旅行者为求平安而佩戴或携带的旅行主保像章。

② 英国旅游景点。

在三千英尺的高空上，她心脏病突然发作了（“幸好那是在回程。”他父亲这么说，一边喝着下午茶）。那是他们第一次出国度假。西蒙后来时常想，要是他们当初选择前往马尔盖特[1]而不是马拉加[2]，她会不会依然活在这世上。不过，她那么爱喝甜雪莉酒，吃起来也没个节制，这个可能性估计会很低。当你的双亲比同龄人父母年长许多时，难免就会遇到这个问题：你很可能会在真正了解他们之前，就已经永远失去他们。

“我的出生是计划好的吗？”他曾问过他母亲。

“你的到来是个惊喜，”她告诉他，“是个奇迹。”

“和耶稣一样？”

“和耶稣倒不太一样。”她说。

他抬起靴子试探着踩了踩梯子第一级。樱桃树之家的这份工作，用到梯子的机会相当之多。他曾在员工休息室里，向比斯尔小姐提起过“卫生和安全问题”，可她只是默默挑了挑眉梢，便继续玩起了数独游戏。西蒙发现许多人都有这毛病，从不认真听人说话。他们都忙着自说自话，没注意到他说了些什么。因为这个，他们经常错失许多重要信息，而且不是什么逸闻趣事，是确切的统计数字和证据，铁一般的事实。事实是很重要的，事实能经受住时间考验。没有事实作为根基，世界将沦为一个巨大空壳，只有风言风语和道听途说，最后终将走向分崩离析。

他竖起衣领抵御寒风。东北风，刺骨般寒冷。阴云随着时间推移开始逐渐聚集。风一旦钻进樱桃树之家，便会像困兽似的疯狂肆虐。因为建筑结构的关系，风从遮挡最少的地方吹进来，然后一路横扫四方，钻进所有犄角旮旯里。人们以为角落是最理想的避风地点，但其实这里往往最为凶险。很简单的物理原理。他那天本想向安布罗斯小姐解释这

---

① 英国海滨度假胜地。

② 西班牙海滨度假胜地。

事，可她两眼无光显得毫不关心。值得注意的是，他并没因此打消念头。这么做不是他的风格。相反，他换了个法子，从网上找到资料并帮她打印出来了。毕竟，有的人属于视觉型学习者。实际上，视觉型学习者占人数总比的百分之四十三。

西蒙刚爬到第七级就知道自己错了。他感觉到有股力量在吹打梯子，也听到了金属刮擦瓦片的嘎吱声响。他寻思着这一生的经历是否会在他眼前迅速闪现，至少是那些比较重要的人生节点，可映入眼帘的却只有裂了缝的屋瓦和一只鸽子，脑袋一顿一顿地好奇俯视着他。也许他就不曾有过什么重要节点。也许他的人生节点至今没有到来，而且永远也没有机会到来，就因为这阵东北风，还有他先前多吃了个鸡蛋三明治。他感到梯子开始倾斜，眼看着就要摔倒了，这时突然传来一个声音，“扶稳了，年轻人”，随即梯子重新摆正，一切又都恢复正常了。

西蒙低头向下望去（这意外地需要极大勇气），看到一个头戴软毡帽、身穿长大衣的人正扶着梯子。是那个新来的，在日间娱乐室里见到过。叫什么名字来着？

“普赖斯。”男人自报家门，在西蒙安全落地后和他握了握手，他点头冲着梯子示意，“要我说，这地方在卫生安全方面还很有问题。”

“就是说呀。”西蒙努力咽了咽口水，但嘴里干干的什么也没有，“我也和他们说过同样的话。”

“现在的人就是这点不好。从不好好听人说话。”

“说得太对啦。”西蒙表示，这之后他又重复了好几次，“我得在梯子上绑些绳子，好把它给固定在墙上。”

“我来帮你吧，如果你不嫌弃的话，”普赖斯先生扶正他的毡帽，“我可以给你打下手。”

西蒙不太清楚樱桃树之家住客的平均年纪，但他感觉比起在这儿扶住梯子，他们更像是那种在超市排队结账时会磨蹭许久的存在。然而值得一提的是，这位戴毡帽的男士看起来却很是能干。仿佛随着岁月变迁，他体内的弦不仅没有松散，反而被拉得更紧了。

“别这么一脸担心的，西蒙，”他说，“我还没到行将就木的程度。”

西蒙急匆匆地连声否认。“奥斯卡·斯旺在七十多岁时夺得奥运奖牌，”他说，“福雅·辛格更是九十二岁高龄还参加了伦敦马拉松赛。历史上有许多在晚年取得重大成就的伟大人物。”

男子举起靠在导水沟上的梯子，说：“这些事实挺有意思的，西蒙。你能再和我说说吗？”

他当然是照办了。

弗洛伦丝

我知道艾尔希觉得这主意荒谬透顶，可她还是一起来了。这是她最大的优点之一。

“我当然得陪着你啦。这是朋友应该做的。”她说。

“你不想再讨论讨论？”

“有时这样反而更为省事，”她说，“干脆一点表示同意。不然肯定一整天都得听你在我耳边念叨不停。”

“盆栽棚是最理想的位置，”我告诉她，“只要我们躲进盆栽棚里，迟早有机会看到他，那样你就可以亲眼瞧瞧。我想证明我并没有出现幻觉，也还没有失去理智。”

“你当然没有失去理智啦。”她说。

但我其实有点没底。尽管这措辞实在荒唐至极，暗示着不管怎样总归过错在你。是你自己粗心大意，或是半道上分了心，进而导致失去理智。好比弄丢了家里钥匙，或是搞丢了一条杰克罗素梗，甚至还包括丈夫也说不定。不过，这说法大概也有一定助益，因为这暗示着，你还有可能——无论这可能多么细微——能重新找回你的理智。

盆栽棚里弥漫着木材防腐油和泥土的味道。看到门没上锁我们都很吃惊，但有些时候樱桃树之家确实像仍停留在20世纪50年代，那时家家都是夜不闭户，谁也不会想到去偷。棚内很暗。虽然有灯，但光线微弱，几乎照不到角落。后边有几个架子，一排排地摆满各种瓶瓶罐罐——我怀疑其中大部分都和标签内容并不匹配。架子底下，一排园艺工具倚着木板，在墙上投出奇形怪状的影子。那些工具我根本认不全，只知道当中有把大铲子，上面仍然沾着土块。艾尔希问我这些工具的名称，她说想借机训练我的思维。我告诉她我现在没有这份闲心，如果她真想知道它们的名称，大可以自行去寻找答案。随后我拉出两把旧的折叠椅，准备坐在上面等待。椅子一拉开，我就知道它们并不结实，不过她说只要我们坐稳不乱动就没有问题，于是我们在朽坏的帆布椅上坐下来，透过沾满泥土的脏玻璃向外看。

“我们本可以坐在家里休息，而不是缩在这里受罪，”她说，“一边喝茶一边听广播四台。”

我没搭她的茬，她也早习惯了。在这过程中，我听到窗外有只乌鸫在叽叽喳喳叫个不停。你简直想象不到，这么丁点大的小家伙怎么会有那么多话要说。

她抬高了一点音量。“我们本可以坐在家里休息，”她说，“而不是缩在这里受罪。”

我转过头，光线照到了我的镜片上，说：“你得亲眼看看他，艾尔希。”

我们沉默地坐了一阵。那只鸟也没再吭声。

“那个名字我有印象，”过了一会儿，我开口说，“盖布瑞尔·普赖斯，我之前肯定看到过。”

“你看到谁都说你认识，弗洛伦丝。这都成了你的习惯啦。”

我往后一靠，椅子随着我的动作发出嘎吱声响。

“这里是观察他的最佳据点，”我说，“而且我确实见过那名字。不是出于什么习惯。这是一个既定事实。”

盆栽棚确实很适合进行观察。樱桃树之家由四栋公寓楼组成，名字（相当没有创意）分别叫作 A 栋、B 栋、C 栋和 D 栋。安布罗斯小姐曾经发起一项活动，号召大家一起取几个稍有情调的名称。然而，就像安布罗斯小姐的大部分提议一样，这想法从未真正得到落实。几栋主楼聚在中间，每侧设有两处庭院。从我们当前所在位置看，两边都能纳入视野：院子里间隔摆放着常绿植物和陶瓷花盆，加上几条彼此互通的砾石小路，宛如一个精心制作的游戏棋盘。我们看到老人们从一张长椅换坐到另一张长椅，彼此交流着千篇一律的话题，一点点打发着下午的时间。我们看到安布罗斯小姐像往常一样拖着步子走回她的公寓，好像全世界的重担都压在她的肩上。还有在厨房干活的葛洛丽娅，躲在食堂后院抽了根烟。但一直没看到罗尼·巴特勒的影子。

“或者是你以为自己看到的那个人。”艾尔希说。

“他马上就会出现的，”我告诉她，“然后我们就能离开这里。”

“早知道应该带点三明治来。”她说。

我刚打算伸伸腿，突然想起这椅子并不结实，于是立马打消主意。

“还有那个小扁酒瓶，”她说，“我们不管去哪都带着它，你还记得吗？”

我说记得，但其实一直看着窗外，并没怎么专心去听。感觉有颗不安的种子，已经开始冒出头来。

“要是园丁先发现我们怎么办？”我说，“或者是那个勤杂工，我不记得他名字了。”

“西蒙，”她说，“你很清楚他叫作西蒙。你完全可以记起来的，只要再多给点时间。你得多花些时间回想，不要那么早就泄气，弗洛伦丝。”

我没回话，沉默着僵持了一阵子。

“你记得我们带着三明治去度假的情形吗，在我们小时候？”最后是她打破僵局，“你记得我们去过惠特比吗？”

我说我还记得，但其实并没把握。艾尔希一眼就看出来了，没什么能逃过她的眼睛。

"回想一下，弗洛伦丝，"她说，"认真一点。"

我照做了。有时候，在记忆真正复苏之前，你会首先感受到它的存在。即便它还没明确呈现在你眼前，但你能闻到，能尝到，能听到它在你脑海大声呼喊。

"火腿和西红柿馅，"我说，"还有煮鸡蛋！"

"是的，"她说，"没错！我们在绍尔特沃德凯特沙滩吃了三明治，我们去那里是想要寻找化石。"

我又想了想："但我们没有找到化石，对吗？"

"是的，"她说，"你说对了。我们一块化石也没找着。"

接着又是一阵沉默，然后我才开口说话。

"为什么会这样呢？"我说，"我能记得好多年前在绍尔特沃德凯特吃过的三明治馅，却想不起来那个勤杂工叫什么名字？"

她的声音有点颤抖，不得不提高音量加以掩饰。"要是我们知道的话，也用不着坐在这儿讨论了，你说是吗？"她说。

"我想是吧。"我回答。

"现在，再说一次他的名字，弗洛伦丝。那个勤杂工。别这么轻易就放弃，想想他叫什么名字。"

我没有回答。

又过了十分钟他才终于出现。我首先看到了那个勤杂工，迈着步子穿过草坪，手里抬着一架梯子的一头，但没太看清抬另外一头的是谁，周围太暗，玻璃又很脏。

我轻轻拍了拍艾尔希的胳膊："快看，你看到他了吗？看到了吧？"

她说："让我好好瞧瞧。"然后，她拿出眼镜望向窗外，"我暂时只看出其中一个人是西蒙；得等他们再走近一点。"

"他们马上就会过来。"我说。

他们来了。

距离很近。

太接近了，显然正是要往这儿来。

她还是没有看见他。我知道她肯定还没有。直到他们把门拉开，棚内一下亮堂起来，她这才把他看个正着。尽管他是站在西蒙身后，高大身形几乎完全堵住门口，而且脸上丝毫不觉惊讶，仿佛早料到我们会出现在这里。西蒙什么话也没有说，可我知道他一直在看着我们，连从架上取出绳索时也没错开眼。但我更担心的还是门口那个人。

西蒙他们走后，棚内又变得漆黑一片。我能听到自己的呼吸一下一下撞击着空气。“怎么样？”我说。

我们注视着他们先前所站的位置。盯了很长时间，终于，艾尔希开口说话了：“但这没有道理啊。”

我收回视线，转头看她，说：“不过，的确是他，对吗？是罗尼没错吧？”

她告诉我她不太确定。她说看起来是很像他，但这怎么可能呢？我记不清自己接着说了什么，只知道最后干脆大喊起来，因为有时你会感到特别恐惧，不知如何才能排解，只能通过喊叫加以宣泄。艾尔希耐心等着我宣泄完毕，然后，她才摸索着握住我的手。

“我第一次和人握手也是跟你。”她说。

我心里仍感不平，说的话都气冲冲的：“难道不该是你母亲？”

“我母亲一直忙活不停，为父亲回家做着各种准备。我应该也在某个时刻握过我姐妹们的手，”她说，“但我印象里第一次就是和你。”

她没得说错。我们经常紧握对方的手，在我们爬山、等红灯或在田野奔跑时，以及，在我们面对单凭一己之力无法应对的人生难题时。

“你还在吗，艾尔希？”我说。

她的手已十分苍老，皮肤粗糙而且松垮，骨头硌着了我的手心，但感觉仍然十分契合，还和从前一模一样。我需要点力量来支撑自己，于是她使劲捏了捏我的手，让我知道她一直都在。

“我就在这儿。”她说。

好长时间我们都未发一语。

“你觉得他有什么企图？”最终，我打破了沉默。

“我们还不知道那就是他。”

“可如果就是呢？”

“我不知道。”

“你觉得我们应该做些什么？”

“我也不清楚，”她又说，“但我认为，现阶段最好还是不要轻举妄动。”

“为什么？”黑暗中我只能依稀看到她身影动了一下，“我们得把这事告诉什么人。”

“可怎么说呢？”她说，“我们要如何向他们说明？说罗尼起死回生了吗？不，我们没有任何证据，你只需要相信我们就好。别忘了你还在观察期呢，弗洛伦丝。你必须得小心行事。”

我们再次陷入沉默。

“他们会把我送到绿岸去。”我说。

我听到她在黑暗之中轻声低语：“也许那便是他的企图。”

汉迪·西蒙

“盆栽棚？”

安西娅·安布罗斯放下计算器，双手交叠紧紧插入两肋：“为什么会有人跑到盆栽棚里去坐着？”

汉迪·西蒙在房间里四处乱瞟，想找出除安布罗斯小姐的眼睛以外能够安放视线的地方，然而她目光的存在感实在太强。

“我也说不清。”他答。

“那你到盆栽棚又是要做什么？”

“我们想找截绳索固定梯子。”

“我们？”

“普赖斯先生和我一起。”西蒙两只脚动来动去。每当他感到不安时，忧虑之情似乎总会直接反映在他脚上。

“那里边人还不少嘛，嗯？”

“是的，安布罗斯小姐。”

他早知自己选错了时机，一看到安布罗斯小姐正在算账就心知肚明。每月的做账工作总会令比斯尔小姐焦躁不已，而她的任何情绪都会影响到这里的每一个人。可他的合同上规定了应该上报此事：出于照料住客的义务。每个人的意见都很重要，这是他在年度考核中听到的评语。虽然他只是区区一名勤杂工，但并不代表他说的话就毫无价值。樱桃树之家重视这里的每一个人，并不以职务高低来界定其价值。

“简直就是一派胡言。”对此他父亲曾经表示。

“是这样吗？”当时他们坐在露台聊天，那还是在五年之前，西蒙刚来樱桃树之家工作时，微风撩起纱窗边缘，一排彩色丝带轻轻拍打着门边，“难道你觉得是工作决定了我们是谁？”

“这不是当然的嘛。”他的父亲这么说道，他这辈子都被人称作消防员约翰，“工作造就了我们的身份，不是吗？不然你以为那些姓氏都是怎么来的。”

西蒙没有回话。

“比如惠勒，”阳光刺眼，他父亲眯起了眼睛，“曼森、波特，还有泰勒[①]等等？”

“好吧，”西蒙说，“但这事不会发生在我身上。我绝不会让自己被工作所界定。樱桃树之家不是那种地方。”

“胡说八道些什么呀。”对此，他的父亲表示道。

汉迪·西蒙看着安布罗斯小姐，她已重新拿起计算器。他向来都搞不清楚离开的正确时机。有些人并不会做出明确表示。听到敲键声音再次响起，他挪动双脚发出了一点声响，提醒安布罗斯小姐自己仍

① 姓名作音译，译作职业分别是车夫、石匠、陶工、裁缝。

在此处。

“你先下去吧，西蒙。”她说。

“好的。”

他刚准备把门带关，听到她又出声把他叫了回来：

“西蒙，你下午和普赖斯先生待在一起的时候，他具体都做了什么？”

“帮忙搬梯子，安布罗斯小姐，”他看到她吃惊地挑起眉梢，“就他的年龄来说，确实非常能干。”

“可他到底多大年纪了？”她说。

“我并不是很清楚，安布罗斯小姐。”

“我也是，”她说，“我也不清楚。”

关门的时候，他看到她又放下了计算器，眼睛使劲盯着对面墙上那排档案柜。

西蒙竖起衣领，两手握拳紧紧揣进口袋里。有些时候，樱桃树之家的工作会带来这种效果，让他想钻进衣服里头然后彻底消失。小时候，他也曾梦想成为一名消防员，就像他的父亲一样，可等到十几岁时他就发现，自己根本没有足够勇气。他父亲曾一次救下将近一家人的性命，那时候西蒙都还没有出生。他把他们一个一个从失火房子里救出，就像拔牙似的。当时他才不过十八岁，就一举成了当地的英雄。陌生人会走上前来和他握手，或是请他喝点什么，无论到什么地方，都会弄出很大阵仗表示欢迎。甚至，这么多年过后，仍会有人不时提起这段旧事，随后流传开来，引来一片赞赏。而这种时候他父亲总会走出那个房间。他说那会让他想起被他落下而没能救出的那个人。即便如此，这份工作却完全定义了他父亲这个人。任何他曾经做过，或将会去做的其他事，在他决心冲入火场的那一刻，便全都彻底消失。像蜕皮似的，从他身上剥离开来。所有人都盼着西蒙子承父业，甚至还能青出于蓝，可他根本就做不到。他知道自己是那种灾难降临时，比起挺身而出，会选择赶紧逃命的人，而他唯一想要拯救的对象，估计只会是他自己。

“不是人人都有那种勇气。没人会因此小瞧于你。”他母亲这样对他说。

她告诉朋友们原因是他患有哮喘。

“可我压根就没得哮喘啊。”

“这事最好不要告诉其他人。”她表示。

经过日间娱乐室时，西蒙往里看了一眼，两手仍然揣在口袋里。有些住客已经早早出现，定定地坐在扶手椅上，静静等待夜晚到来。电视里大声播着园艺方面的什么建议，还有一排字幕在屏幕底部滚动播出，因为对于不少住客而言，声音再大他们也听不太清。樱桃树之家无论什么都很大声，收音机、电视机，甚至人也是如此。大声叫喊已经变为常态，成了理所当然。哪怕没有住客时员工们也会高声呼喊，仿佛大家的标准音量都已经过重新校正。唯有回到他安静的公寓，当他一边喝茶一边享受寂静的夜晚时，当耳边只听得到冰箱的嗡嗡响时，西蒙才会重新意识到，这世界究竟有多喧闹。

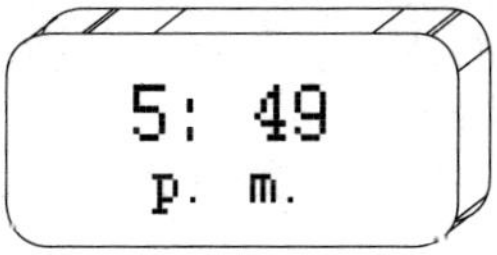

——难道我过去这84年时间，都是坐在观众席上看戏不成？

——其实没有谁是观众。即便是剧场内的那些坐席，也同样都是舞台所在。

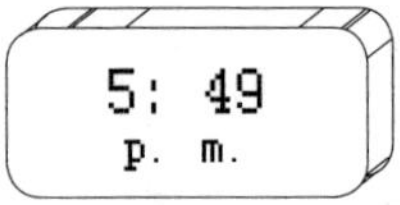

我从没干过什么了不得的大事。没攀上哪座高山或赢得什么奖牌。没有站上舞台，享受万众瞩目，或是一马当先地冲过终点。如今当我回首看去，自己这一生实在是平平无奇。有时我甚至会觉得纳闷儿，自己的存在究竟有何意义。“上帝是否早有安排，而他又把我安放在何处？”我曾这样问过牧师。他带着一沓传单来到樱桃树之家，将它们分发给所有人，并试图说服我们信教。

“人人都有他的用武之地，克莱伯恩女士，”他说，“耶稣爱这世上的每一个人。”

“这我相信，”我说，“但光有爱还不够呀，不是吗？你得需要有个什么目标。我想知道我的目标是什么。”

我巴巴看着他，期望他能给出什么有趣的解答，让人听了心情舒适并甚感宽慰。可他只是看了一眼手表，便和霍尼曼夫人讲起了丰收节的事宜。

所以连牧师也不知道我的存在有何意义。

艾尔希说我不该这么钻牛角尖，可到了我这年纪你就知道，这样最能打发时间。

“可是，肯定得有什么原因，不是吗？”我曾这么和她说过，“不然难道我过去这八十四年时间，都是坐在观众席上看戏不成？”

“你当然不只是观众啦。其实根本没有谁是观众。即便是剧场内的那些座席，也同样都是舞台所在。”

我并不明白她的意思。这种时候我往往只会点一点头，那样能省下不少时间，也不会让我们彼此为难。她总是把这种话挂在嘴边。就像那个崴了脚的女孩的故事，我肯定有一半都是她杜撰的。可是，这事确实很令人好奇。好奇自己的人生是否的确存在某种目的，可某天当它真的飘然飞过你身边时，你却没想到要将它拽下来握在自己手里。

如今躺在这里，除了胡思乱想也没有别的事情可做了。当然，我想得最多的还是关于罗尼的事。在盆栽棚里他明明都站在了艾尔希面前，可她就是怎么也不肯承认。她简直一点也没有变，从上学时就是这样子，总是一上来就叫我不要担心，甚至不等我先摆出证据，不先把来龙去脉了解清楚。唯一不同的是，这件事的来龙去脉再也不会有人知悉。我从没想过事情会演变成这种局面。你以为在保守秘密多年以后，总有一天会找到什么人将它和盘托出，“这事我从没告诉过任何人……”，于是秘密从此消失，变为某种别的存在。唯有当你的生命真正走到尽头，当你孤身一人躺在干净地毯上时，你才会恍然间意识到，自己一直没找到那个合适的倾诉对象。

弗洛伦丝

“今天下午，贾斯汀会把他的手风琴带过来。”

安布罗斯小姐站在我的客厅正中，虽然地方太小，其实分不出什么中间边缘。

“要不还是下周再看吧。”我说。

她深吸一口气：“就五分钟，弗洛伦丝。我们一起过去。”

“那都不值当我脱下大衣的工夫。”

“没问题，”她说，“去了那儿你想怎么样都行。”

“他两只眼睛凑得很近。”

“什么？”

“贾斯汀的眼睛，”我说，“这表明他带有某种犯罪倾向。人两眼的间距能说明很多问题。我读到过的，在一本杂志上。”

我开始端详她的脸。

“弗洛伦丝，我相信贾斯汀肯定——”

“而且他一点也没变瘦，不是吗？”

“弗洛伦丝！”

趁着她恢复冷静的工夫，我在房间里扫视了一圈。餐椅紧紧贴在桌边，报纸已经看完并折好放在角落，花瓶则立在餐具柜的中间。仔细一看，位置好像稍有点偏，大概往左偏了一英寸。报纸放在右手边的角落，花瓶有一英寸偏向左边。还是应该反过来才对？

“我改主意了，”我说，“我要留在这里。我有事情要忙。”

“弗洛伦丝，我们不是说好了吗？”

“一直都是你在说啊，”我说，“我可什么也没表示。”

“社交活动和良好饮食同等重要。你需要和人打打交道，否则的话……”她没把这句话说完。

“否则怎么样？”我说。

她皱着眉头苦笑一下：“否则的话，也许把你送去绿岸确实是个正确选择。”

我用尽力气闭紧嘴巴，担心会蹦出什么不中听的话。

“准备好啦？”安布罗斯小姐将围巾塞进夹克衣领里。

我点点头。

随着她把门拉开的动作，我脑海中最后闪过的，就是那只大象了——此时正面朝窗口，在等着我回去。

一进屋我便开始搜寻他的身影。

我一一打量每张面孔，而且看了都不止一遍。他们一直走来走去，我担心会看漏什么人。我甚至还来回走动了一圈。其间有过那么一两回，有人想找我搭话，但我完全没有接茬，因为一个不小心你就会被绕进去，接下来得和某个人没话找话地硬聊上个两小时。最后，我在后面找了个椅子独自坐下。有人给我端来了一杯茶，想必是在安布罗斯小姐授意之下。我接过来，将茶托摆在膝盖上。

房间逐渐被越来越多住客、手杖和大衣填满，没过多久，周围顿时被各种纷杂的对话所包围。我听不清任何人所说的内容，他们全都站着，而且声音飘忽不定，但时不时地会有个别单词钻进我耳朵里。园艺问题吧，我心想。还有电视节目，或者是在谈论天气。关于这些话题，我想说的很早以前就已说完，因而我只是坐在那里，和所有人保持着适中距离。

过了一会儿我才发现，艾尔希已经坐到我身旁。

“怎么，归根结底，”她说，“你还是来啦？”

我扶住放在膝上的茶托：“我没什么选择余地。安布罗斯小姐心情不妙，根本听不进别人拒绝的话。”

“你肯定会喜欢的，弗洛伦丝。贾斯汀他弹得很棒，还带动大家一起唱歌。连霍尼曼夫人也不例外。”

“我反正是不会唱，”我说，“他还没有来，我刚才看了一遍。”

艾尔希瞟了一眼房间那头：“他就在那儿啊，在那棵垂叶榕旁边。他正要把手风琴给拿出来。”

“不是贾斯汀，”我四下望了望才低声说，“我是说罗尼。”

艾尔希摇了摇头：“我们不是达成共识了吗？在确定之前不再去做无谓的担心。”

“哪有，”我说，“我可什么也没同意，都是你在自说自话而已。你怎么还说得出什么不要担心，你自己明明都亲眼见到他了！”

“就算那人真是罗尼，虽然很有可能，只不过是某个长得像他的人——”

“长得和他简直一模一样。”我说。

“——那样的话，我们也只要按兵不动，严阵以待就好。他可能根本没有什么企图。可能一切都只是巧合而已。”

“他进过我的公寓。”

“你怎么知道？”

"他动了我屋里的东西。我真想马上过去把他抓个正着。"

声音的浪潮以我们为中心向外扩散开来，还有不少人在往这边看。

"弗洛伦丝，别大声嚷嚷。要是安布罗斯小姐发现——"

"我没嚷嚷。我是在表明我的立场，"我说，"我绝不会放过他的。"

艾尔希又摇摇头："应该是你记差了吧，忘了原先放的位置。"

"我没忘。他动的是那只大象。"

"可不应该是大象啊，毕竟大象从来不会忘记。"

杰克将军，退役陆军上将，说话支支吾吾，永远穿着那件破旧的灰色风衣。我抬起头时，他正倚着拐杖面带微笑，尽管他一笑起来，嘴角总是有点颤抖。没人和他说话的时候，他会习惯性地主动加入别人的对话。我一直把他叫作杰克总管，而非上将，不过他说对此他并不怎么介意，因为杰克总管这种叫法听上去仿佛他还有点用场。

"最近很少在这儿看到你呀，弗洛伦丝。我都快忘了你长什么样儿啦。"

"我们星期二才见过的呀，在强健心脏活动上。"

"没有，"他说，"我一直留意着你，但你缩在公寓没有出来。"

艾尔希叹了口气："你还对安布罗斯小姐说让她闭嘴。"

"有吗？我完全没印象，"我在房间扫了一圈，"也许我该向她道歉。"

"我相信她不会放在心上。"艾尔希表示。

我正搜寻着安布罗斯小姐的身影，突然间就看到了他，罗尼。他站在一边，靠在墙上，饶有兴致地听着别人说话。他双手交叠抱在胸前，脸上的神情和多年前在工厂大院时一模一样。他吃饭时总是独自站在一边。吃完以后，他会从鞋里抽出火柴并点上烟。那时候他就总摆出一副生人勿扰的姿态，让人自觉地闭上嘴巴。

"他在那儿。"我以为自己声音很轻，可人们又把头转了过来，艾尔希则闭上眼睛晃了晃脑袋。

杰克回头看了看："新来那个？"

“其实也算不上。”我说。

“弗洛伦丝，”艾尔希抓住我的手臂，“不是说好先不声张吗？你还没学到教训吗？将事情和盘托出并不总是最佳选择。”

“你刚才那话什么意思？”杰克又凑近了点。

“我认识他，”我说，“好多年前就认识了。”

“那就把他叫过来吧。”杰克拿着拐杖就要挥动起来，我急忙伸手拦住了他。

杰克坐在对面椅子上，想从我脸上找到解答。我也说不清自己为何要告诉他。也许是他眼底流露出的忧心，让人不忍拂其好意。也许因为艾尔希立场太不坚定，我想找个人来分担我的忧虑。也有可能，是他让我想起了我父亲，有种能让我倚靠的安心感。不管出于什么原因，总之我和他说起了那只大象，还有罗尼嘴角那块疤痕。不过我并没有全盘托出。有些事情，因为在心底埋藏得实在太久，分量已经变得太过沉重，不知道应该从何说起。

他凝视着我。

“你怎么看？”我说。

“我不想看到你这么不高兴，弗洛伦丝。”

“这算什么意见啊。”我说。

一名员工端着托盘走了过来。不是那个德国姑娘，这女孩子长发及腰，绑了一根很粗的麻花辫，红脸，戴一块对她手腕而言过大的手表。我没心情吃东西，又不想要冒犯于她，便用餐巾纸把三明治包起来，偷偷塞进了我的手袋里。

“你怎么看？”我又问了一遍，在她走开以后。

“我在想……”他支吾半天才把话说完，“我想，既然你真这么担忧，那我们也不应该掉以轻心。”

我长舒一口气而后抱起双臂。“你瞧，”我对艾尔希说，“杰克并没觉得我在犯傻。”

“谁也没有这么暗示过啊。”她说。

“我们应该告诉什么人才行，”我加大力气抱紧双臂，“比斯尔小姐，警察，还是政府部门？”

“你现在还在观察期哦，”艾尔希说，“如果就这么冲到比斯尔小姐面前去，看起来会像什么样子？”

“我正处在观察期，”我告诉杰克，“要在一个月内向安布罗斯小姐证明，我并没有失去理智。”

杰克看了我们一眼，而后把手伸了过来：“听我说，弗洛伦丝。我们不妨试一试我医生一直告诉我的那个法子？”

我仍然没有松开手臂。“什么法子？”我说。

他只好拍了拍我的膝盖：“不如我们先看看情况，观望一阵？”

我又在房里绕了一圈。他们唱起了醉酒水手的歌曲，我能听见杰克和艾尔希的声音。尽管我站在房间最远这头，也就是罗尼所站的位置。或者说，他之前所站的位置，因为他已不见踪影。我能看到小推车和布告栏，还有霍尼曼夫人缩在扶手椅上的身影，但罗尼·巴特勒所站的位置已经空了。

“他去哪儿了？”我低声琢磨。

无人应答。

我来到走廊。唯一看见的只有那个德国姑娘，一下钻进某个房间又消失不见了。“你是在找我吗？”我大声喊，可双开门合上之时，她早已经不见踪影。甚至接待处也都没有人。只有电话铃声兀自响起，过后转接到了比斯尔小姐的声音，然而她并没有露面。

“感谢致电樱桃树老年人之家。出于培训和监督目的，所有通话都将被录音。”

我又沿着走廊往回走去。循着前方飘来的歌声，终于又听到了杰克和艾尔希的声音。我一路走着，经过每一扇门都要透过小窗看上一眼。直走到厨房门口我才又看到他。他就站在一盘三明治旁边，正从口袋里往外掏什么东西。

“他想下毒害我们。”

杰克护送我们回到我公寓。我和他说了没这必要。对此我非常之笃定，早在他提议之前就这么告诉他，但他还是执意如此。

“他干吗要那么做呀？”艾尔希脱下外套，在壁炉旁她的老位置坐下，“罗尼有什么理由非要毒害谁吗？你又在胡思乱想了？”

“那我问你，他在那里是要做什么，站在食物旁边鬼鬼祟祟？”我径直走到窗边，猛地拉上窗帘，“为什么他要到厨房去？”

“也许就是想再拿一块三明治，”她说，“或者进去添点牛奶。他们给的分量总是很少，不是吗？对什么都抠抠搜搜的。”

“他们根本不允许我们进厨房。”我在另一张扶手椅上坐下，又回头看了窗帘一眼，有一道光透过窗帘间隙射了进来，“门上写得清清楚楚，标明了是员工专用。出于培训和监督目的，一切都将记录在案。也许他们有他进出厨房的监控记录，也许他们监视了他的一举一动，也许我们可以去找人问问看。”

艾尔希捏了捏皱成一团的眉心，我则又朝窗户那边看了一眼。

杰克走过去，将窗帘拉得严严实实。“这样好点了吗？”他说，我点点头，“好了，咱们先退后一步，想想应该如何是好吧。”

“先把灯打开吧，”艾尔希表示，“我现在什么也看不见。”

直到这时——当我打开台灯，光线照进房间每个角落以后，我才发现。因为先前一直在担心被人发现三明治的事。

“那只大象。”我说。

我们全望向壁炉台。

那只大象不见了。

汉迪·西蒙

“九十七？”汉迪·西蒙想找张椅子坐下来，可找了一气也没有找着，“九十七岁？”他又重复一遍。

“是的，九十七岁，”安布罗斯小姐用食指点了点文件夹，“他看着完全不像九十七岁的人。你能相信吗？”

西蒙认真思索起来，整张脸都皱成一团。他想起了他的祖父，八十岁后突然发病被送上圣约翰医院的急救车，又想到街角商店那位老太太，单凭一根拐杖和电视上学来的一句狠话就击退了一帮流氓。

“我也说不准。”他说。

安布罗斯小姐又问一遍：“你能相信吗？”然后西蒙才领会到这问题的真意，不是为了寻求有理有据的解答，只是希望身边有人能够赞同自己。

“不，”他说着，五官再次皱到一起，“我不敢相信。”

西蒙看向外面的娱乐室。安布罗斯小姐的办公室由玻璃面板分隔开来，不过是那种通体都带着格纹的，当你透过玻璃向外看时，总觉得仿佛是透过棋盘在观察别人。贾斯汀收好手风琴后，大部分住客都转移到了电视房。盖布瑞尔·普赖斯背对着他们，坐在一张通常是员工专用的硬椅子上。他人面对着电视屏，但从他脑袋的角度来看，很明显他正望着别的地方。

“这事估计有点猫腻儿，”安布罗斯小姐说，“只是我暂时还找不到问题在哪儿。”

不得不说，安布罗斯小姐在这方面并不怎么可靠。相反，比斯尔小姐就总能指出问题的症结，无论是在白天还是夜里，而且还有着惊人的准确度。

“也许我们应该问问比斯尔小姐。”

这话刚说出口，西蒙就意识到自己错了。他有时会有这种感觉，好像脑子和嘴巴之间存在一个巨大黑洞，因为没有什么能将它堵住，总是想到什么就脱口而出。

“这点小事没必要去麻烦比斯尔小姐吧，你说是吗，西蒙？”

西蒙准备开口回答，不过为了保险起见，干脆只是点了点头。

“你留神盯住他吧，”她点头朝着棋盘那边示意，“顺便也注意一下其他人。最近几天，弗洛伦丝·克莱伯恩的表现尤其古怪。也许是时候该评估一下是不是要把她送到绿岸去了。”

就这样，汉迪·西蒙摇身一变成了一名间谍。这既让他感受到了自己的重要性，与此同时，也让他不由得要厌弃自己。

西蒙从来不是那种责任心很强的人。他这辈子大部分时间都花在了逃脱责任上边，纵然如此，这么些年也总还是有那么几次，哪怕他拼尽全力，也仍然无法摆脱。

他穿过庭院朝停车场走去，鞋底在砾石路上拖出一道路径。启动引擎，收音机突然跳出天气预报的声音，在整个车内回荡开来。“天阴，多云，即将降温。”车子驶出大门，他知道那个牵帕特达尔梗的女人，会边过马路边留意过往车辆，而驾四轮驱动车的男子，则会在等待变灯期间点燃香烟。沿路一直开到尽头，能看到屠夫从窗口将托盘拉出，还有果蔬店的那个女人，搬着一个移动指示牌，穿过某个门道而后不见踪影。如果第一个路口能赶上绿灯，那么西蒙就只会瞄一眼路旁汽车展厅的那面橱窗，而用不着盯着看上整整三分钟。不过，要是他能在开到花店时换成二挡，也能抢在第二个红绿灯变灯之前通过路口。他会记得猛打方向盘绕开停车场进门处的那个坑洞，运气好的话，还能直接驶进外带窗口前的空位。柜台后的那个男子会说：“晚上好，西蒙先生。”并递给他一个白色塑料袋，之后谁也不会再对彼此多说什么，一直到下一周的同一时间。回家后西蒙会坐在长靠椅上吃晚餐。他母亲不会再来阻止他了，尽管这么做早就不是第一回，但每到这时他还是会想起她来。吃完以后，他会将白色塑料袋和空纸盒丢进脚踏式垃圾桶并关掉厨房灯。他会呆望一会儿微波炉上的时钟，听着寂静房间里电冰箱自顾发出的低声嗡鸣。西蒙通常很快就能入睡，但那天晚上，他会躺在床上，回想那些曾登上他人生舞台的陌生人，然后想到，说不定，他们偶尔也会想起他来。因为不知怎么他总感觉，每个人的生活似乎都以某种方式和其他人联系在一起，即使他们自己或许并未留意。这想法意外地令西蒙感到颇为安心，然而没等弄清原因他便会沉沉睡去。

弗洛伦丝

我看到艾尔希望着杰克。她眼里的疑惑已有所消减，但那里边并无歉意。我也不会上赶着去要求，我更希望那是出自真心。

“我早说了他来过这里。我是不是跟你说过这事？”我说。

杰克走到壁炉台边说：“我想知道他为什么要拿走大象。”

“因为大象从不忘记，”我说，“他这根本是在放话，告诉我们他还记得从前的事。”

艾尔希拿眼角斜了我一下。

“我所说的都是事实！”我大喊。

“我只是希望你能轻点声音说话，”她说，“我们必须保持冷静，弗洛伦丝。这事需要好好想想。”

“我是想把事情表达清楚，”我又喊道，“我现在是不怎么中用了，但至少还能把事情说明清楚吧。”

“如果他当年真的没有淹死，而且这个人也真的就是罗尼，”她说，“那你觉得他现在是想干吗？在事情过去这么多年以后？”

“我不知道。”我不假思索冲口而出，她皱起眉头看了看我。

杰克还在那边仔细打量壁炉台，说：“这已经是非法入侵了，只是没发现犯人就是他的证据。”

“有可能他现在还在这屋里。”我站起身来，可两条腿像是已不听使唤，于是只好又坐了下去，“也许他还没有离开这里。快去其他房间看看，核实一下。”

我听见杰克在屋内四处走动——开门的声音。

艾尔希一直注视着我。我试图在她眼里找到什么，能排解我内心恐惧的东西。这是关于艾尔希的第二件事，她永远知道说些什么才最合适，现在我就等着她来开口。“一切都会好起来的，弗洛伦丝，”她说，“如果那人当真是他，至少他已开始有所行动。比这更糟的我们都经历过，对吧？”

我点点头。没错，比这还要糟糕得多。

“不过如果那人真的是他，”我说，“有件事情我就很纳闷儿了。”

“什么事？”

我犹豫了一会儿之后才回答：“1953 年被埋下的那人又是谁？”

问题仍然横亘在那里，到杰克回来也没得到解答。他表示已经“全部检查完毕”，然后拉出一张餐椅坐下。

“这下你总该相信我说的话了吧，”我说，“是不是可以别再质疑我，而是帮我一起寻找证据，免得他们真把我送到绿岸去？”

“谁也没有质疑过你。”艾尔希把手伸了过来，但我两手仍继续搭在膝头上。

“那个三明治！”我这才突然想了起来，“你现在信我没乱说了吧？我包里头还装着一些，”我说，“得赶紧把它们都处理掉。拿东西包起来扔进垃圾桶里吧，免得真的祸害到谁。”

杰克伸手去够我的包，此时它正放在餐桌的那头。“这个吗？”他说。

“是的，”我说，“你来处理吧。赶紧把它们清理干净。我可不想碰到它们。”

他把包打开，往里一看。

“怎么啦？继续啊。”我说。

他仍然在盯着。最后他总算把手伸了进去，但拿出来的却不是三明治。我突然意识到了那会是什么，甚至抢在我看到之前。

是那只大象。

我坐在扶手椅上，端着杰克走前泡的那杯甜红茶，茶水肯定已经变凉，能看见杯壁上一圈圈的褐色茶渍，几乎快要漫到杯边。我额头上冒着冷汗，心知自己裤袜上已滑了道丝，因为先前挂到了餐具柜，每动一下那口子都在不断扩张。公寓里还残留着一股什么能量，在四处徘徊寻找着落脚点。此时屋内只剩下艾尔希和我两个人，周围逐渐暗了下来。我已分辨不出阴影中那些家具的轮廓，它们随着天色渐暗越发变得模糊起来。

“要我把灯打开吗？”我听见她说。

我没回话。杰克一走我就立马关了灯。我也不知是为什么，感觉这样好像安全一点，不至于那么显眼。

“或者要打开收音机吗？”她说，“想不想听点什么声音？”

我嘴里已说不出完整的话。

“你以前很喜欢听音乐。你第一次来我家喝茶时，我们聊的就是音乐。那时候我妈妈也在场，你还记得吗？”

我眼睛看向她。

“还有我的几个姐妹。你还记得多特和格温吗？”

“我能想起她们的脸。”我说。

她微笑地看着我，我也对她回以微笑。

“这些才是最重要的，弗洛伦丝。咱们试试列举三个特征吧？先从格温开始怎么样？”

我努力回想了一阵子，感觉回忆像解除封印般重新浮现出来了。

“总是待在厨房里，”我说，“一天到晚都在织东西。她给你织过一条围巾，对吧？还有大多数时候，格温是唯一一个能理解你母亲的人。”

“是的，她是这样的。那多特呢？”

“从来不肯消停，一直忙这忙那的，总要给自己找点事做。她是不是没结婚，后来自己搬了出去？”

“是的，”艾尔希说，“你做得很好，弗洛伦丝。”

“问题在于名字。”我两手扶额皱起眉头。

“名字其实没那么重要啦，不是吗？”

“也许是吧。只是我从来就不擅长记名字。”

从来如此。我脑子好像就是怎么也记不住。哪怕年轻时候也是如此，常常是刚听对方说完，转眼就不知顺着哪个间隙溜走，忘了个一干二净。艾尔希有好几个姐妹，从一开始就把我弄得晕乎乎的。

艾尔希，格温，贝丽尔和多特。

听起来艾尔希母亲应该是照着五线谱[①]给她们取的名字。

每个好孩子都该得到恩惠。

Every Good Boy Deserves Favour.

或许其实本该还有个孩子，名字会以 F 开头，但艾尔希父亲上了前线，最后回来的只剩下壁炉台上的那封电报。她母亲坚信是他们弄错了，她会翻着白眼冲着电报啧啧咂嘴，好像是那东西故意要骗她承认自己已成了寡妇。

“他们怎么知道那就是他啊？”她会对艾尔希的姐妹们说，对我们说，更多时候会对着空空的屋子说，“他们怎么会知道？”

没人知道该如何答复，尽管她们会使劲盯着天花板或地上，或看着彼此的眼睛想寻求解答。没人再敢和艾尔希母亲对视。那样实在太过危险，像驾着一辆汽车奔驰，却不知要去往何处。一直以来，那封电报就摆在壁炉台的信架上见证着一切。然而无论艾尔希父亲究竟是生是死，现实就是她们现在只有姐妹四个，而且也不得不接受不会再有一个名字以 F 开头的姐妹的现实。至少，直到艾尔希和我在公交车上相识前是如此。她第一次带我回家喝茶时，所有人都围坐在餐桌边，她突然间大声喊起来：“现在连 F 也有啦！我们全都聚齐啦！”

大家都没作声，连她母亲也沉默着。

“你们没看出来吗，五线谱全凑齐啦！ E、G、B、D、F。”她一边说一边轮流指着我们。

---

① 五线谱中的五条横线自下而上依次代表五个音：E、G、B、D、F。下文的“Every Good Boy Deserves Favour”即为方便记忆的口诀。艾尔希几个姐妹的名字依次为 Elsie、Gwen、Beryl 和 Dot，首字母刚好与之对应。弗洛伦丝的名字为 Florence，以 F 开头。

“那我呢？”她母亲这时说，“你准备把我摆到哪儿去？”

她的名字是伊莎贝尔（Isabel）。

“我不知道。”艾尔希表示。贝丽尔望着桌子对面。连格温也轻轻摇起头来。

“还有查理（Charlie）。你们父亲要怎么办？听到你这番话他会怎么说？”

我们都静静看着信件架。我连口水都不敢咽，深知眼下弄出这种动静，估计足以吵醒死者，甚至可能包括她的父亲（如果她的父亲是真的已经去世）。

随后我推开正在吃的那块维多利亚海绵蛋糕，拿起餐巾擦了擦嘴而后说道：“是这样的，科勒克利夫太太。查理的名字以 C 开头，而中音 C 是五线谱正中间的音值。没有它，其他音节都不复存在。”

听了这话，她母亲在餐桌对面绽放出了笑脸。从那以后，她们全家都对我特别友好。

此刻，我看着艾尔希，回想起了那段往事。

“每个好孩子都该得到恩惠，”我说，“你母亲很喜欢我，对吧？”

“当然啦。我们都很喜欢你。”

“多特和格温呢？”我说，“她们喜欢我吗？”

“你这根本是明知故问。”

“连贝丽尔也是吗？”

她顿了一下，也知道我听出来了。“至少不亚于她喜欢其他人的程度。”她说。

我指尖描摹着扶手椅上的纹路。沿着线条来回摩挲，想找到最开始的位置。“我经常会想起贝丽尔，”我说，“那之后我们经历了许多事。而那些她都没有机会参与。”

艾尔希只叹了口气，但一个字也没说。

我继续用指尖描摹着纹路，终于找准路线回到了起点。

“我们不能就这么放过他，”我说，“必须想法子证明他的身份，趁现在还来得及。”

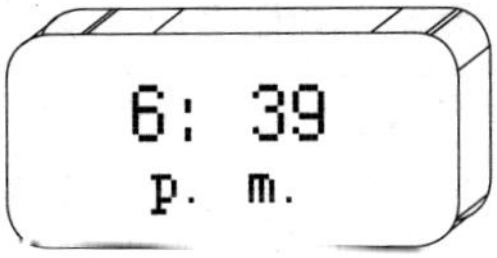

等到救护车过来后，她会坐在后面陪着我，即便车子一路左摇右晃，她也绝不会松开我的手。

一次也不会。

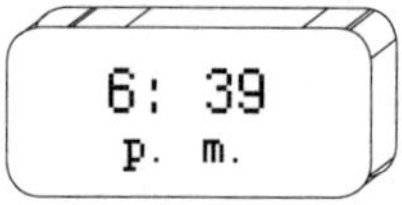

得有人给他们写封信，给委员会。餐具柜里有新的巴西尔登·邦德信笺纸，等我身体恢复以后，我会抽一张出来写一封。

问题在于那些垃圾数量实在太多了。人们总是东西用烦就随手一扔，而我们就快没地方安置它们了。我读到过的，在一本杂志上。用完一件东西后，不应该直接扔进垃圾桶，而是要尝试着将它再利用，杂志上面这么说。我也告诉过不少人，可是谁都没听进去。

“你别操心那些垃圾啦，克莱伯恩女士。这是我们分内的职责。”他们说。

可这事总得有人操心吧，不是吗？而其他人似乎都不怎么上心。厨房后面有几个大废料桶，我去看过，好多东西都是浪费。多余食物可以给需要的人。还有衣服也不在少数，只需要稍微缝补一下就好，可现如今人们连针线都不会用了。葛洛丽娅发现时，我已搜集了一大堆。

“这些事不用你操心，弗洛伦丝。”她说完，将东西从我手中拿走又都放了回去。

我没有大吵大闹以示不满，因为她并不知道我先前已来过一次。我已缝好了一件连帽夹克，还有好几双袜子。所有旧报纸也全收了起来，预备到了晚上好打发时间，还有鸡蛋盒可以装我那些小玩意儿。艾尔希说它们还有股味道，但她向来都有些吹毛求疵。我们太容易对事物感到厌倦，我对她说。不应该轻易就把东西扔掉。只要开动脑筋，肯定能找出别的用途。

我打算找葛洛丽娅帮忙写那封信。她是个讨喜的姑娘，葛洛丽娅。总是笑眯眯的，眼神很友善，说起话来也挑不出毛病。人人都会有心情不佳的时候，对吧，我只是不凑巧碰上了而已。也许最后发现我的会是葛洛丽娅，那样的话，我会再和她解释一下废料桶的事。等她过来敲门的时候，我会大声向她喊话，但又不希望她太过恐慌，因此我可能会这么说："很抱歉给你添麻烦啦，但我现在遇到了一点状况，葛洛丽娅。"我会让她别叫救护车，但她还是会坚持这么做，因为她就有那么善良。等到救护车过来后，她会坐在后面陪着我，即便车子一路左摇右晃，车上的引线和装备箱都随之来回摆动，她也绝不会松开我的手，一次也不会。

"别担心，弗洛伦丝。我会一直陪着你的。"

急救员会坐在她的对面。他会把手搭在膝盖上，我则会向下望着他的靴子，心想这磨得可够严重的，然后问问他的轮班是否就要结束。

他会回答"没多久了"，然后冲我眨眨眼，我则会试着回想上一次别人冲我使眼色是什么情形，但肯定什么也想不起来。

"你总这样，弗洛伦丝。总是那么为人着想。"葛洛丽娅会这么说，然后握紧我的手。

我会告诉她如果她不介意的话，可以直接叫我弗洛。

我不太清楚葛洛丽娅一般什么时间下班。五点吧，大概会是。现在五点应该已经过了，但她总会碰上延迟下班的时候。现如今人们都这样，不是吗？

弗洛伦丝

星期二的下午，我通常要去理发室，谢丽尔会给我洗头，然后拿梳子倒腾一阵，直到她觉得看上去焕然一新。不是切丽尔，而是谢丽尔。虽然我经常会忘记，也不明白这两者有多大区别。

那里算不上真正的理发室，就是住客休息室后面的一个房间，但她们总会使出全身本领，还张贴了各种神奇的发型海报，并把一罐罐发胶整齐摆放在门边的小咖啡桌上。她是个古怪的姑娘，谢丽尔。金色短发，总皱着眉，手腕内侧有个文身。很显然，文的是她小女儿的名字，不过从来不会有人问起。我上回过去的时候，直到关上门后才发现罗尼也在那里，而到了那时，我已没有法子脱身。

他就坐在另一张椅子上，还冲我笑了一下。但那笑容实在太浅，即便你想礼尚往来，恐怕也都笑不出来。

"克莱伯恩女士，"谢丽尔从柜台后面走出来，并随手拉出一张座椅，"今天想弄成什么样？"

她总是会说这句话，今天想弄成什么样？我想着也许哪回可以吓她一跳，比如弄成丽塔·海华丝[①]那种红色，或维罗妮卡·莱克[②]那款垂肩秀发。但我知道那样只会让谢丽尔越发皱紧眉头，因而我还是一如既往地回了那句话："老样子，谢丽尔。"跟着她便拿出梳子并将一小块围布披到我肩上。

另一个姑娘在给罗尼理发。没人知道她叫什么名字，因为总共就她们两个人，大家都叫她"不是谢丽尔的那个"。"谁给你吹干头发做了发型？"人们会答"不是谢丽尔的那个"，而我们大家全都明白，因为那所指的就是她。她知道我们这么做，而且似乎并不介怀。眼下，不是谢丽尔的那个正用手指夹住罗尼的一缕头发在修剪发尾。我透过镜子在默默观察。

"你适应得还好吗，普赖斯先生？"不是谢丽尔的那个问。

"非常好，"他说，"感觉像是已在这儿住了一辈子。"

他的声音一点都没变。我想封住耳朵不去听，但还是会钻进来，每个字都听得我翻肠倒胃。对于一个性格暴戾的人而言，他说话时几乎称得上轻声细语，很像女人的声音。如果你听得足够仔细，甚至能听出他有个地方口齿不清。

---

① 美国著名女演员，20世纪40年代红极一时的性感偶像。

② 美国著名女演员，活跃于20世纪40年代，第一位依靠发型Peek-a-boo成名的演员。

“你说你是哪里人来着？”女孩从口袋里掏出另一把剪刀。

他没有马上回答，过了一会儿才说：“就这儿那儿地到处走走。”我听出来他笑了一下。他说起话来还是那么自以为是，即便已过去了这么多年。

“那多好啊。”她说。

谢丽尔开始梳理我的头发。我看着镜子，纳闷儿自己何时开始变得这么苍老了。“娱乐室会举办各式各样的活动，普赖斯先生，”她说，“如果你想多认识些人的话。”我心想，坐在你面前的人明明是我，你要说话也应该是和我说，而不该去搭理他。

我听到罗尼在调整坐姿，仿皮面料被他压得嘎吱作响。“我太忙了，没有工夫参加，”他说，“尤其最近这段时间。”

“你都在忙些什么呢？”不是谢丽尔的那个问，她太年轻，一下就上钩了。

我听到那椅子又传来动静：“事实上，我是在追溯我的家族历史。”

我相信镜子里他肯定在盯着我，但身穿工装服的谢丽尔挡在了中间。

“我也一直想这么干，”谢丽尔将发尾拢到我耳后，“肯定非常有趣吧。”

“哦，是的，”罗尼说，“相当有趣。”

“你追溯到哪一辈了？”谢丽尔放弃拢到耳后的主意，开始想着怎么把我头发分到两边。

罗尼过了一会儿才回答。他总这么干。好像他要先把自己的想法细细品味一番，才肯真正诉诸语言。“追溯到我想追溯的那一辈了。”他说。

“我都不知道该从哪儿开始，”不是谢丽尔的那个对着镜子说，“我知道我曾祖母曾经住在普利斯坦丁，但那边的亲戚全都联系不上了。”

我肯定罗尼又挪了位置，因为当我抬起头时，镜中他的身影似乎又近了些。“这事其实挺神奇的，你会发现只要稍做调查就能得到那么多信息。只要你能下定决心，想找什么人都不成问题，”他笑了笑，“哪怕是曾住在普利斯坦丁的曾祖母。”

“你真这样认为吗？”那女孩说。

“任何人都有迹可循，”他起身扫掉夹克上的碎发，“真到那时你就会发现，这世上已不存在什么不为人知的藏身处。”

他一边说，一边看着我。我担心他们能听到我粗重的呼吸声。我担心谢丽尔会问我有没有事，怎么脸色如此苍白，要不要给我倒杯水来。不过谁都没有说什么。罗尼出门回到休息室，那女孩将他的痕迹从地上完全扫干净，谢丽尔则从架上抽出一块毛巾裹到我肩上，而后说：“咱们现在开始吧？”

我什么也没有说。我坐在那里试图专心去听收音机，可播放的曲子完全不合我心意。我听到不是谢丽尔的那个说起她住在普利斯坦丁的曾祖母，谢丽尔则装作感兴趣的样子不时应几句。我听到剪刀的咔嚓声，风筒的呼呼声，还有水流冲过水槽的动静。我希望这些杂音能盖过脑子里的万千思绪，可结果却完全是事与愿违。

付账的时候，为了转移注意力，我一直盯着谢丽尔腕上那个文身，在她伸进抽屉摸索零钱的时候。

“真是个好名字，”我说，“爱丽丝。很久以前，我有个阿姨也叫作爱丽丝。”

我刚开口，她手中的硬币便掉了一地。她花了好长时间才把它们都捡回来，捡完以后，她重新站起身来并第一次直视了我的眼睛。

“太感谢你了，克莱伯恩女士。”她说。

“不用客气，谢丽尔。”我回话。虽然我也不太清楚她具体是在感谢什么。

从理发室出来，我去了大门旁边那家小店。我想着进去随便看看，买点什么犒劳一下自己。我知道罗尼肯定不在，比斯尔小姐允许他独自去逛超市。我之前见到过，他从院里走过，提着购物袋。至于他都买了什么，我就没法告诉你了。我想着也许杰克或者艾尔希会在附近，那样我们就能一同回我公寓。

果不其然，店里没人。只有柜台后面那个男子，他连结账时都不会抬起头来，更别说你刚进店的时候了。我曾经试过引起他注意以打发时间，跟着发现他总戴着那副小耳机，大半时间他根本什么都听不见。

“我就随便看看，”我大喊着，走了进去，“不用管我。”

他当然是照办了。

我实在是尽力了，要在一间那么小的店铺消磨时间并不简单。光对着一条面包，你又能盯上多长时间啊。面包的牌子，叫作 QwickStop。我好几次都用它来招待比斯尔小姐，可她说她的职责不允许。我其实不知道所谓职责具体指什么，然而可以肯定的是，要是比斯尔小姐如此认定，她无论如何也都会坚持到底。店里用的全是基本色而且挺亮堂，但看起来依然很陈旧，像是需要重新整修一番。里面卖的都是些基础生活用品。一排排的牛奶面包和卫生纸。另外还有一个冰柜，整齐摆放着即食套餐和冰激凌，还有个小角落陈列着蛋糕和小点心。我在冰柜面前打量了良久，估计再久一点那男子就要越过收银台朝这边张望起来。最后，我选了一块巴腾堡蛋糕。家里备块小蛋糕还是挺有用的，万一突然有人造访，端出巴腾堡蛋糕就绝对错不了。虽然我觉得屋里可能还有一块没有开封，装在锡罐里头收到了某个地方。

我走到柜台去付账，男子已把耳机取下来，但他仍然高声说话：“一磅七十四便士。”我也照样喊回去：“谢谢。”接过零钱放进钱包的时候我说：“需要我帮你四处看看整理一遍吗？”他瞪着眼睛看着我。

“要不我帮你打扫一下货架？”我又说。

“我们有专门的清洁工，谢谢。”

“我不用你付我钱，”我说，“反正我碰巧也闲得很，马上就能开始干。”

“真的不用。”他说。

我刚要给他指出几个地方，证明这其实很有必要，那个绑麻花辫的姑娘突然走进来了。她此时已脱下制服，裹着围巾，穿一件比她至少大两码的超大外套。

“你是来找我的吗？”我说。

她皱眉摇摇头，将三板巧克力放到柜台上。

“饿了？”那男子说。这回他没有大喊。

“就是想吃点甜食。”她说。

我冲她笑了笑：“我刚买了份美味的巴腾堡蛋糕。要不你去我那儿坐坐吧，我会烧壶开水沏杯茶，再给你切上一块怎么样？”

她越过围巾看我一眼。“不用了，谢谢你，克莱伯恩女士。”她说。

“你最好是快着点，”我说，“免得它们都融了。”我讪笑一下，但她并没有回答。

我等了一会儿，但他们已聊起了两人都看过的电视节目，我完全插不进话，只好丢下他们自己走了。我选了绕过庭院的那条远路，然后在长椅上坐下来，抬头望着我公寓的窗户。我特意留了盏灯没关，但从外面其实看不太出来，哪怕你站在那里抻着脖子使劲打量。我本打算直接回去，但转念又想应该去一下住客休息室，去看一眼布告栏。我剪完头发后还没去看过，也许他们公布了什么重要的内容。

我进去时，杰克正看着他调成最大音量的电视节目笑得很开心，艾尔希则坐在角落里透过落地窗在观察外面的小鸟。我径直走到布告栏前边，但上面什么也没变动。他们俩也都没看到我。要不是我走到咖啡桌前，想拿本杂志带回去看，估计他们根本都不会留意到我。

“弗洛伦丝！”杰克的声音盖过了电视里的罐头笑声，“你今天都干什么啦？”

我眼皮都懒得抬一下：“我剪头发了。”

“是啦，”他说，“难怪了。挺好看的。”

“我只是过来拿本杂志。我还有好多事要做呢，我得走了。”

“你不把外套脱下来？在这里待一会儿？”他说。

“不了，你忙你的吧。”我点头冲着电视示意。

走到门口我又听到他喊我。“弗洛伦丝，”他说，“你杂志忘拿了。”

我走回去，他拿起遥控器关掉电视：“就当帮我个忙吧，陪我待一会儿行吗？”

“你不是在看电视吗？”我说。

“那是先前没人啊。”他伸手指向旁边那张扶手椅。

艾尔希在角落喊话了：“看在老天的分儿上快坐下吧，一直杵在那儿可太突兀啦。”说完她晃晃脑袋笑了起来。

“那就一小会儿，”我说，“我不能在这儿待太久。”

我一边脱外套一边把先前发生的事告诉他们。

“他查过我的行踪，”我边说边扯下一边袖子，“他肯定是调查过我。”

“他可能只是单纯在讲自己追溯家族历史的事，”艾尔希越过茶杯边沿看我，“待在理发室那种环境里，的确很容易会错意。那地方味道太冲，而且流水声一直不停。”

“不对，”我说，“他是特意来找我的。他肯定打探过我的去向。”

“可他为什么要那么做？”杰克说。

我好像看到艾尔希轻轻摇了摇头。

“因为从前的一件往事，”我说，“因为发生在贝丽尔身上的一段遭遇。”

这下可以肯定艾尔希是在摇头了，但我已决定不予理会。

艾尔希说我控制不了自己。她说我一直都是如此，说我嘴上没个把门的，总是一不留神就什么都说了出来。

“有些事最好是让它就这么过去，”她说，“而你却总想着挖出来都摊给大家看。”

“贝丽尔是艾尔希的姐妹，”我告诉杰克，“她遭遇了一件相当可怕的事。”

“杰克才不想听这些呢，”艾尔希说，“你还是跟他讲讲工厂的事吧？不管怎么说，我们在那里度过了一段美好时光，你说是吧？”

“我根本就不想去工厂，”我说，“我们两个都是。”

这是真的，我们本来不想的。可有时你会阴差阳错地踏上某条小路，原本只想着过来瞥上一眼就继续上路，可回过头时你才猛然发现，想要回去并不是你以为的那么简单。幸运的话，你最终还能返回原路继续前进，可绝大多数人都会变得摇摆不定，在漫长的人生道路上，因为三心二意而总是止步不前。我以前从来不会这样。我一直很清楚自己想要做什么，即便在我还是孩子的时候。

“贝丽尔也在那个工厂工作吗？”杰克说。

我摇摇头：“很显然，我们现在不该谈论贝丽尔的事。”

杰克皱着眉：“那工厂是怎么回事？既然你不想在那儿工作，你想做的又是什么呢？”

“我想当个科学家，”我告诉他，“我想为这世界带来什么改变。”

是的。我第一次宣告这事时，我们正围坐在我家的餐桌边。空气中弥漫着暖气和糕点的味道，我的狗，塞斯，趴在我们脚边，尾巴一下一下地拍打着地毯。艾尔希说过她有时候到我家里来，只是为了体会一下那种温馨氛围。她说她只有在那个时候，能看见餐具好好地摆放在餐垫上。

“我想要发明点什么东西，”我移开挡道的课本，将点心匙挪过来，“能够改变世界的东西。”

“那你呢，艾尔希？”我母亲问。

艾尔希把手探下去抚摸塞斯脑袋。“可贝丽尔说了，我们最后都只能去工厂里上班，我不知道待在那种地方，你还能怎么改变这世界。”

“贝丽尔她知道什么呀，”我说，“就会叽里呱啦说个不停。”

这是真的。贝丽尔的确话很多，而正是这一点造就了她最终的悲剧，不过当然啦，那时我们都还不知道。

“如果你想，就是在这餐桌边也能改变世界，”我妈妈将一摞餐盘从底下碗橱抬了出来，“只要你能做出明智的决定。”

杰克听得十分认真。“她说得对，”他说，“你妈妈说得很对。”

我的妈妈永远是对的。她看起来就是那种一辈子都不曾走过岔路的女性。她头发总用发夹固定，衣服也都熨得笔挺。不管什么时候我回到家来，她都会从房间某处出来迎我，一边擦手或拿出什么好玩的东西。感觉她就像个完美母亲的标准模板，是照着艾尔希妹妹经常落在她们家餐桌上的那种版型图剪下来的。我想，当一个母亲应该是她一直以来的愿望。弗洛伦丝的妈妈，她总这样向人介绍自己，可这样却让我觉得，好像因为我的出生，她的种种其他面貌全都被我无意间吞噬了。

我转过头去看着杰克。“我希望我们都能上大学，”我说，“我全都计划好了，可艾尔希就是不肯答应。”

杰克说话的语气很温柔：“她不想去？”

“并不是我不想去，”艾尔希说，“你知道当时什么情形。你很清楚我不能去的原因。”

那天傍晚我们坐在草坪上，望着塞斯追逐飞蛾的身影。它从没成功抓到过一只，只能气呼呼地冲着它们大吼，吼得一声比一声高。听来有股诡异的紧迫感，像发生了什么只有狗能感应到的异常状况。没想到夏天这么早便已经过去，艾尔希和我裹紧羊毛衫，蜷在弃置不用的躺椅上。夜晚已无可避免地开始转凉，我从空气的流转中感受到了季节在悄然变换。

我从躺椅上坐直身子。“你怎么知道自己不是读大学的料？”我说，“我们才刚十四岁，连自己是谁都还说不清。”

初秋的夜晚已经降临，院子那头的角落里，光线逐渐暗淡下来。我们虽然年仅十四，但我知道艾尔希早已认清她的处境。因为她的母亲暴躁的脾气、偶尔绝食几天的行径、得像哄孩子一样哄她下床的模样。这种机会艾尔希有过好多次，当她发现母亲会在凌晨打扫房间时，当她母亲把父亲的衣服送出去，又在几小时后站到别人家门口请求对方归还时。加上艾尔希的几个姐姐，一个接一个地，似乎都想从那家中逃出去。格温在参加教师培训。贝丽尔已开始考察婚纱，即便她身边都没看见男人的影子。多特则搬去了米德兰兹，和一个名叫哈罗德的讨厌鬼结了婚，他所有精力全放在对别人的想法指手画脚上。艾尔希母亲说她这么做，根本是存心要给她们添堵。

“总会有别的法子的，不是吗？”我说，“不管怎么样，都不会只有一种选择吧。”

她没有答话。

“你不觉得吗？”我说，“我们做出的每个细小决定，最终都有可能改变全局。”

她还是不说话。我知道，对艾尔希而言，展望未来就像是让她重读一遍她从开篇就不怎么中意的一本书。

“你永远不会知道以后会发生什么，不是吗？”我说。塞斯趴在两张躺椅之间，抬起脑袋来回看着我们。

艾尔希望着院里那些树，枝头已染上些许秋意，在等待季节变换的时机。“是的，”她说，“没人知道。”

来年一月我母亲就去世了。

“肺病，”艾尔希妈妈说，“这种病是会遗传的。”

我想说不只肺病，肾病、肝病还有心脏病，这些全都可能遗传，不过艾尔希的父亲去世以后，她妈妈就变得对死异常迷恋。一个人终结生命的方式越是激烈，她就越是喜欢。她曾经为了看一棵树，冒着瓢泼大雨走了整整三英里，因为之前有人骑摩托车撞上去最后身首异处。“这一点很重要，”她说，“过来瞧一瞧。”起初，我实在不明白，她为何要做出如此病态的事，后来我才意识到，这对她而言是种慰藉。她是想要提醒自己，上帝并非只让她陷于不幸，悲剧也会落到别人身上。不知为何这会让她觉得，在投身命运的这条路上，我们其实都没有多少选择权。当我试图开解她时，贝丽尔看着杂志头也不抬地说：“要我说，除非有人懂读心术才能知道她在想什么。”或许艾尔希的母亲确实有此需要，可问题是根本没人能办到。她心里藏了太多的故事，我怀疑她自己可能都理不清。

那年夏天我们开始进厂工作。

“这不过是权宜之计，”我说着，坐到艾尔希身旁那个工位，“只要我父亲重新振作起来就好。”

那个工位我坐了整整四十年。

“所以你们俩都没去上大学？”杰克说。

我摇摇头：“我们都去了工厂上班，顶头上司是个卑鄙小人。他会来回地走来走去，冲着每个人大叫大嚷。”

“贝克特先生，”艾尔希说，“监工的名字。”

“是的，贝克特先生。你没给我足够时间回想。催得也太着急了吧。没准再有个一分钟时间，我就能自己想起来了。”

艾尔希听完挑了挑眉梢，但我装作没有看到。

杰克端过他的茶杯：“你们厂是做什么的？”

我笑了笑：“紧身胸衣。”他也跟着笑了起来，“全是用撑骨和嵌条拼接而成，”我说，“缝的时候感觉像在挟持人质。”

“你的表现非常出色，”艾尔希说，“是贝克特先生的明星员工。”

我望向休息室的那头，一直望进了过往时光里。那感觉可比眼下实在多了。你有时甚至会觉得，当前生活是如此无关紧要，如此可有可无，只是一个出于礼节原因必须不时点个卯的地方。我慢慢回过神来，杰克还在等着我往下说。“当时有个女孩，”我说，“就坐在我和艾尔希旁边。她完全找不到窍门，每次穿针手都会抖。”

“你是说克拉拉？”艾尔希接话。

我点头：“她说贝克特跟她父亲很像。她很怕他。”

“克拉拉后来怎么了？”杰克问。

我压低声音：“她上吊自杀了。”

“才没有呢！”艾尔希放下茶杯，杯底磕到茶托发出刺耳声响，“这都是从哪儿听来的？”

我不理她，转头看着杰克："艾尔希母亲说人们发现她时，她的身子都还在晃。"

"压根没有人上吊自杀，"艾尔希已经没东西可以放下，只好抬高说话音量，"你把事情都记混了。她为什么要那么干呀？"

"她害怕，"我说，"贝克特先生经常欺负她。"

"后来呢，他应该受到惩治了吧？"杰克说。

艾尔希俯下身来试图和我对视："可是你帮了她，弗洛伦丝。你不记得啦？你教她怎么穿针，怎么撑住胸衣。她后来也变得非常出色。"

我盯着她："我完全没印象。"

"你花了很多时间教她。她开始跟着我们一起参加周六舞会，后来还和在鱼档干活的那个男孩结了婚，之后搬去了威尔士。我记得是这样。"

我张嘴想要说点什么，但最后还是吞了回去。

"试着回忆一下，弗洛伦丝。在那个漫长瞬间，你是怎么做的？"

"慢慢来，"杰克说，"不用着急。谁都会有记忆混乱的时候。"

我像摆弄卡片似的依次翻弄各种念头，想找出能与之吻合的。外套此时仍搭在我的膝头，我手指揪着一处来回搓弄。过了一会儿我只是说："我连一段可靠的记忆都找不出。"

"我相信你肯定能行，"杰克握住我的手，"说说你印象比较清晰的事，你确信绝对发生过的事。"

我停手不再搓弄衣服，直直看着他的眼睛。"罗尼·巴特勒也在那个工厂工作。"我说。

"你最后一次看见它是什么时候？"

问话的是穿橘色连体衣的那个姑娘。面对刚弄丢东西的人，人们会问出各种各样无意义的问题，而这一句绝对可以稳摘桂冠。

"我要是能答上来，"我说，"不就知道应该去哪儿找了吗？"

她长得颇有特色，小眼睛，小耳朵，戴一串十字架。不过若说她当真进过教堂，我反而会觉得很吃惊。

“它是什么样子的？”她问。

“那是一本书啊，”我闭上眼，“就长着书的样子，里头有字。”

“但封面是什么颜色呢？”

“我不知道。蓝色，或者绿色，大概吧。我记不清了。我没怎么留意封面，里面的内容才是我感兴趣的。”

“我妈妈说过，东西总会在你觉得最不可思议的地方出现，”那女孩说，“不如我们试试看？”

“那难不成会在冰箱里？或者是在马桶水箱里？”

女孩笑了笑：“对了，说得没错！”

我又一次合上眼睛。

那本书应该就在我之前放下的地方。在扶手椅旁的那张小桌上。每天晚上我都会放在那里然后去睡觉，第二天早晨再重新拿起，一直看到艾尔希来。

“肯定是你昨晚把它放到别的地方去了，”女孩把靠垫都翻过来瞧了瞧，“可能你当时有点走神了吧。”

“我没走神，”我说，“我神志很清楚，谢谢。只是年纪大了而已。”

女孩两手叉腰站在屋子中间。“好吧，它总会出现的，”她说，“在你最意想不到的时候。”

我觉着，这句话大概是“我懒得再找”的意思吧。

“这事儿也不是第一回了，”我坐在扶手椅上，看着她一一拿出篮子里的清洁工具，“上个星期，一品脱[①]牛奶从冰箱里不翼而飞。我确定它原本就在那里，那天早晨我才刚把它打开。还有上上个星期，我发现有本《广播时报》压在我枕头下。”

那女孩一声也不吭。

“是你们谁干的，对吗？一定是这样。我宁愿你这么告诉我，那样

---

① 一种容积单位。

我就不用再担心了。”

她还是不说话。

“要是再这么下去，”我说，“我可要去找安布罗斯小姐谈谈了。”

女孩继续把碧丽珠清洁剂往餐具柜上擦。

“或者是比斯尔小姐。”

女孩的抹布定住了，她说：“我先给你泡壶茶吧，克莱伯恩女士，然后我们再找找看。”

我就知道搬出比斯尔小姐的名头能管用。我有自己固定的习惯。我会在窗边看《广播时报》，坐在扶手椅上读书。每个周一买一品脱牛奶，刚好够我喝上五天。这些习惯组成了我每天的日程。当日子只剩下生活琐事时，只有这些习惯能支撑你过完每一天。

我听见那女孩接了壶水然后在抽屉里翻找起来。

“记得把东西放回原处啊，”我大声说，“这些我心里都有数。”

我又听到她拉开了冰箱门。

“里头还有四分之三品脱牛奶，”我发觉自己声音在抖，尽管态度上我非常强硬，“别以为我什么都不知道。”

冰箱门显然还没关。

“记得好生把门关上，”我说，“不然之后会很麻烦。”

冰箱门还是没有关，过了几分钟，女孩回到客厅来。

“这是你那本书吗，克莱伯恩女士？”她的语调非常平静。

我从她手上接过来，摸起来感觉凉凉的。

我要求他们给我换锁，为了这事还颇费了一番周折。他们花了两小时时间，试图让我打消这主意，但我一直没有退让。

问及缘由时我只说是“安全问题”。我并没有提及罗尼，不过那完全只是因为，一个上午艾尔希都在跟我解释我不能那么做的原因。

“我也和你一样害怕，”她说，“但我同样害怕的是，他会害我们被送到绿岸去。我们当中总得有一个保持冷静。”

“你在乎吗？你都不在乎他要做什么。”我肯定是使劲拉了长沙发上的靠垫，因为当我看过去时，它们全已散落在地，“根本没人在意我的感受。”我说。

“那可是我的妹妹啊，你没忘吧？我的妹妹，不是你的！”

艾尔希喊了出来。艾尔希以前从不大喊。我不再担心那些靠垫，而是转过头去看她，接着全身都开始颤抖起来。当她搂住我的时候，我感觉她的怀抱莫名地很宽广。仿佛她周身散发的善意，让我整个人都缩小了些。

“咱们干脆走吧，艾尔希。”我把头埋进她羊毛衫里低声说，羊毛的味道让我感觉很安心，“离开这里，到他永远找不到我们的地方去。”

我们并肩站着，米黄色墙面将我们紧紧包围。这地方已变成了看守所、拘留室。“我们能走去哪儿啊，弗洛伦丝？”她说，“我们已无处可去啦。”

“那我们该怎么办？”这下换我大喊起来，屋里空间实在太小，声音无处飘散，回荡在耳旁。

她退后一步，双手扶住我的肩膀。“我们还是一切照旧，而且必须坚定立场，”她说，“不要给他可乘之机。就当这是一场比赛。”

“可我好像连比赛规则都还没摸清。”

她手下使劲，紧紧抓住我的肩膀。“别让他看出你在害怕。不要让他轻易就得逞。”

“可我就是害怕啊，”我说，“管不着谁会看出来了。”

她直直盯住我的眼睛：“为什么你觉得他是在针对你，弗洛伦丝？你是不是还有事情在瞒着我？”

我刚准备开口回话，但那念头只冒出来一下，瞬间就又消失了。

杰克来了，然后我们一起等待锁匠的到来。杰克刚一走进屋来，我的心情似乎就有所好转，即便他还一句话也没说。他拉上窗帘，打开台灯，并端来一杯茶放到桌上挨着我手边。每隔一段时间，他会看过来并提醒我喝口茶。

“他们很快就会过来，”他说，“锁匠那些人。我们不会等太久的。”

“真希望我们也能像你一样冷静，杰克。”艾尔希说。

我视线看向他：“肯定是因为他当过兵。老兵通常都比较沉稳。”

他也看着我：“大概是吧，虽然我也碰上过几次危急时刻。”

“至少你平安回来了。”我说。

“我差点就回不来了。”

我们都听出来他无意再往下说。

“你在市政厅的舞会上就能看出来，”我说，“好多男士都缺席了。我们只能互相给彼此当舞伴，我和艾尔希。”

艾尔希朝我看了过来。这是真的。和艾尔希父亲一样，许多年轻人都被战争夺去了生命，再无机会在狐步和探戈之间进行选择，只剩下名字被刻在纪念公园的冰冷石碑上，见证由别人的生活谱成的小夜曲。不知有多少人曾驻足看过他们的名字。

一天，我们步行穿过那个公园，艾尔希和我两个人。那时战争才刚结束不久，天色昏暗，我们来到纪念碑前。“你觉得他们勇敢吗？”我说。

“勇敢首先意味着你拥有选择权，不是吗？”她说，“意味着你本可以转身走开却没有那么做。”

我看着碑上那些名字。实在是太多啦，得仰起脑袋才能看到顶。

“我不觉得他们谁有这个选择权。”她说。

“嗯，”我看着他们的年龄说，“我也不觉得。”

“我们用勇敢来形容他们，只是为了让自己心里好受一点。”她说。

战争把每个人的生活都变得千疮百孔。即便是在战争结束很久以后，那些缺口也一直没能复原，那些年轻人所留下的缺口。我们竭尽全力地去填补那空缺，去重新安排生活并慢慢向前看，去让自己改头换面，可身边空荡的位置却总在不断提醒我们。最明显的就是在星期六的晚上。舞厅里全都是女人，她们只能在满是同性的环境里，在每个人都在努力适应的世界中，寻找勉强能够凑合的舞伴。那时她们还没意识到，到了晚年这景象还会重演，只能和姐妹一起携手度日，身边没有丈夫陪伴，还要再次寻找生活的意义。

“你以前跳舞吗？”杰克问。

“我们都会跳，”我说，“艾尔希喜欢狐步，但我偏爱探戈。探戈的路线比较明确，狐步舞则需要满场到处跑。”

“那正是乐趣所在呀。”艾尔希往后一靠，阳光穿透窗玻璃爬上她的脸庞，加深了脸上的每一道皱纹，“但你也没次次都和我跳。有时候，你会很干脆地拒绝。”

杰克抬起拐杖敲了敲地毯。“我以前倒挺会跳狐步的，”他说，“在这个东西挡道之前。”

“这一点也很重要，知道什么时候该坐下休息。”我说。

锁匠终于来了。艾尔希说我问的问题太多。杰克又泡了一杯茶，想转移我的注意力。我知道他打的什么主意，我又不傻。可是，有些事我必须弄清：这些锁都是从哪儿来的，总共有几把钥匙，锁匠那儿有没有备份。不一会儿锁匠闭嘴不再答话，他端起杯子喝起茶来，眼睛一动不动地盯着报纸同一处地方。

“我不是很喜欢他。”房门一关我立即说道。

杰克看着那人走下楼梯。“他的文件完备。我都检查过了的。”

“他会听见的！”艾尔希说。

“我才不管他听不听得见，”我说，“他还把地毯踩得一团糟。”

其实并没有，但我想不到还能挑点什么错。不管怎样杰克还是刷了刷地毯，然后另起了一个别的话题，讲到当今世上手艺人已所剩无几，至少在这点上我们都能达成共识。

我们仨重新坐下盯着那把钥匙，它就摆在餐桌正中，全然不知自己曾惹下多大麻烦。

安布罗斯小姐过来的时候，只差一刻就到整点了。她盯着新锁看了几分钟才开口。

“这下你总满意了吧？”她说，“大家为了说服你花了那么多工夫，而从一开始就没人进过你公寓。”

我视线盯着暖气片没移开。

“你该知道，这件事对你现在这境况可不太有利。我希望这会是最后一次？”

她说到最后又变成了问句，但我决定不去回应，杰克也只默默盯着掌心。

安布罗斯小姐走了，听到大门咔嗒关上我才从暖气片上抬起头来。

“这么做又有什么用！”我大喊。

艾尔希抬手掩住她的眼睛。

“你知道他什么德行，”我说，“年轻时候他就很会撬锁，到任何地方都是如入无人之境。他有这个天赋。不然的话，他还可以直接配一把新钥匙。”

“可他怎么配呀？”艾尔希说着，手还放在先前位置，“总不能凭空变出来吧。”

“安布罗斯小姐把所有钥匙都收在她办公室，在墙上那个小锡柜里。”我说。

杰克皱眉：“当真？”

“就挨着那个文件柜。”

他上身探过来：“文件柜里都有什么？”

“我们。”我答。

我们坐在日间娱乐室，密切关注着安布罗斯小姐的办公室。

“我从没干过犯法的事。”我说。

艾尔希视线扫过来：“坐姿正常点，弗洛伦丝。”

“我这么坐正常得很。”

可我自知其实不是。我坐在椅子的最边缘，而且低下头时才发现，两手的关节都已经泛白。我听见雨水敲打落地窗的声音，叫嚣着要钻进屋里来。大雨来势十分凶猛，将天地间变得模糊一片，叫人什么都看不清。

“说不定她会在里边待上一整天，”我说，“说不定我们根本都没机会进去。”

我拿起靠垫摆正过来，随后继续盯着那办公室。安布罗斯小姐坐在办公桌前，认真打量着她眼前那面墙，仿佛所有人生难题的答案，全都列示在那面墙上。

“她总归要出来走动的，”艾尔希说，“是个人都会如此。”

日间娱乐室里空荡荡的，只有霍尼曼夫人，她正坐在那边打盹，靠着安布罗斯小姐用来支撑常春藤攀附到墙上去的那个棚架。除了安布罗斯小姐，没人知道为何要这么做。杰克坐在布告栏边的椅子上默默等待，我们都对着电视机但谁都没有认真看。电视里正在播放某档园艺节目。有个人站在露台上，穿一双干净的惠灵顿长筒靴，在说明播种方面的技巧。

杰克用手杖指指电视屏：“到了我们这个年纪，播种什么的，可以说是相当乐观了。”

我手下使劲，指关节又泛白了。

“这节目马上要播完了，”艾尔希说，“接下来是个古董节目。好像叫作《货真价实》吧？大家都很喜欢看。”

“说不定，如果我是张卷顶桌的话，来看我的估计都会比现在多。”我说完这话，发现大家都看了过来。

连霍尼曼夫人也不例外。

安布罗斯小姐

安西娅·安布罗斯望着外面的日间娱乐室。杰克上将正在阐释什么观点，弗洛伦丝·克莱伯恩则盯着她看了整整二十分钟。现在杰克也加入进来了，皱着眉头，有点坐立不安。

安布罗斯小姐拿出她的笔记本。她自己已做了不少记录，因为她其实并不认为汉迪·西蒙有多么靠得住。况且有些事其实很难诉诸语言，光看文字往往是不够的，更重要的是直觉，那种事情好像有点反常的直觉，而这令她相当不安。

“能打扰你一下吗？”

突如其来的声音吓得手中的铅笔都飞了出去，她急忙探到地上摸索起来。

“普赖斯先生，当然可以。有什么我能为你效劳的？”

盖布瑞尔·普赖斯等到她找到铅笔，重新坐好，并拿掉沾在上唇的一根落发以后才开始说话。

“这事恐怕有点棘手，”他透过格纹玻璃看了一眼日间娱乐室，“我能和你私下谈吗？”

她犹豫一会儿而后说：“当然可以。”随后他把手伸到身后关上了办公室门。

安布罗斯小姐感觉日间娱乐室一下子消失了。真奇怪呀，光是这么咔嗒一声，仿佛其他人就被隔绝在了万水千山之外，而非只相隔一块玻璃面板。电视上闪现着各种古董家具，霍尼曼夫人还在角落打盹，杰克则漫无目的地挥舞他的手杖。就连雨此时都停了下来，这静默让她感觉整个世界是一出精良戏剧，是为取悦于她而创作和上演的。不过，她自始至终都只能是个观众。

“安布罗斯小姐？”

“抱歉，我走了会儿神。你说什么来着？”

“那位高个子女士，”他点头向娱乐室里示意，“不好意思，我还没记住所有人的名字。”

“克莱伯恩女士？”

他点点头。“对，应该就是她，”他又确认了一遍门是否已经关好，“老实说，我觉得她可能有点问题。”

“什么问题？”

“脑子老化了，”他指尖敲敲太阳穴，“缺了根筋。”

“什么意思？”

他叹了口气，然后两手撑着桌面。“我觉得她可能有点老糊涂了。”

“是吗？”安布罗斯小姐看了看她的笔记本，“你为什么会这么想？”

“你应该知道，我不是爱抱怨的人。”

“那当然。”

“但她一直——怎么表述比较好呢——在监视别人？”

“别人？”

“就是我，其实，”他说，“用望远镜。”

安布罗斯小姐靠到椅背上。

“我本来不想说出来的。我不想给弗洛伦丝惹麻烦，而且也并不介意被人监视。”他笑了一下，但安布罗斯小姐注意到那笑容并未到达他的眼底，“可我觉得还是应该说点什么。老年人嘛，都比较脆弱，不是吗？尤其到了那个年龄。”

“是这样的。”安布罗斯小姐皱着眉。

“那这事就交给你啦。”他说。

她以为他会马上离开，但并没有。相反，他就站在那里，有那么一瞬间，唇边似笑非笑，眼睛好像在看但其实并未把她放在眼里。终于，他打开门锁走了出去，安布罗斯小姐这才感觉呼吸顺畅起来。

她需要好好想想才行，可脑子里刚冒出一个什么念头，便会被杰克敲打拐杖的动静和霍尼曼夫人的呼噜声所打断，而且弗洛伦丝·克莱伯恩的声音也很有存在感。于是她拿上本子和铅笔，外加一支口红——以备不时之需，决定出去走一走。

弗洛伦丝

“她出去了。”我说。

艾尔希看着安布罗斯小姐远去的背影说：“还真是。”

杰克守在过道望风。

安布罗斯小姐的办公室让我联想起了旧货市场。所有东西全都摆在外边。抽屉没有关严，柜门微微开了条缝。各种物品摊在柜台似的办公桌上。

“咱们从哪儿开始找起？”我拿起一个订书机，底座张开，露出里面一排银色订书针。

“真不知道她这样怎么能干成活，”艾尔希表示，“这也太容易分心了吧。”

我翻弄着一堆笔帽和回形针，本来该放在桌角那个塑料盒里。“也许这反映了她的心境？”

“眼花缭乱？”

“乱七八糟。”我说完，艾尔希笑了笑。

透过玻璃面板，能看见杰克的帽子顶正沿着过道来回移动。艾尔希同样也看到了。“咱们抓紧行动吧。”她说。

我们仔细搜查起来。很奇怪，在一个杂乱无章的地方进行搜查反而很困难，因为你根本不知道他们有多熟悉自己那堆烂摊子。有的人可能非常敏感，清楚地记得杂物具体掉在地板什么位置，抽屉到底拉开了多少英寸。我们必须非常小心，可即便已经竭尽全力，最后的成果，也只有塞恩斯伯里超市的半打收据，以及去年的员工圣诞贺卡。

“比斯尔小姐这样挺可爱啊？”我说，“她很适合小精灵的装扮。”

“别分心，弗洛伦丝。试着集中注意力。”

“只可惜她脸上没有笑容。”

“弗洛伦丝！我们是来找证据的，记得吗？能阻止他们把你送走的证据。时间已经不多了。”

我放下那张圣诞贺卡。“那就是我说的文件柜，”我望着对面那道墙，“里边应该会有些好东西。”

文件柜盘踞在房间角落里，宛如一头银色巨兽。这款式如今已被时代淘汰，每次只能拉开一个抽屉，以防柜子会整个倒下来，伤到无辜过路的人。

抽屉全都上了锁。

“好抽屉都是带锁的。”我这么说，知道她没空来质疑我。我们将房间打量了一遍。能藏钥匙的地方实在太多了，光想想都会让人感到气馁。

“如果你是安布罗斯小姐，”艾尔希说，“你会怎么做？”

我四下看了看：“我大概会先整理一下。”

艾尔希把脸埋进手心。“我说的是钥匙。”她表示。

“钥匙吗？”我又回想了一遍搜查的情形而后说，“放在哪里都有可能。”

“应该是用万用胶粘在桌子底下了。”杰克这时出现在门口。

我朝桌子底下摸了一把。

艾尔希顿时扬起眉梢。“你怎么知道的？”她说。

“战争可是很锻炼人的。”他冲我们眨眨眼。

艾尔希拿过钥匙走到文件柜前：“试试能不能插进去吧？”

钥匙进去了。第一个抽屉顺着轨道滑了出来，伴随着一阵嘎吱声响，仿佛是被我们从沉睡之中唤醒过来，档案袋就这么出现在了我们面前，一段段无声历史整齐地排列在里边，期待着有什么人来倾听。

“要看看我们自己的吗？”我找到标签 C 并将自己的档案抽出来。

“不要了吧，”艾尔希把我的资料放回去，“除了他我们谁的档案也不看，哪怕是我们自己的。反正那些事你应该都一清二楚，没有必要去看这个吧。”

“我想着回顾一下可能也不错。”我说。

我关好最上层抽屉并拉出下一个抽屉，然后把手伸了进去：“P，普赖斯·盖布瑞尔。”

我们打开看了起来。

“九十七岁？”

刚看到“出生年月”我们就停了下来。

“罗尼不是和贝丽尔同岁吗？”我说。

也许是因为出乎意料吧，我想，突然听到姐姐的名字，艾尔希眼眶顿时红了。人们需要多被提起，反正我是这么觉得。我们应该有意无意地提及他们的名字。有些时候，名字就是我们所能留下的唯一信息，如果人们既不敢自己提也害怕听人说，那么这名字必然会逐渐褪色最后彻底消逝，因为再不会有人谈论起我们。

“一般不都是反着来，往年轻了弄吗？”我说。

艾尔希翻开文件，一张剪报落到地上。

“我就知道我听过这名字，”我说，“我早跟你说过，对吧？”

老人遭遇抢劫，英雄见义勇为

昨日，有歹徒光天化日之下，意图抢劫退休老人盖布瑞尔·普赖斯（97岁），丹·卡特（18岁）见义勇为，将坏蛋束手擒来（图见下方）。

事发当时，普赖斯先生刚刚领完他的养老金，突然就被人推倒在地。他的呼救声引起了卡特先生的警惕，卡特先生随后立即跑来出手相救，成功将犯人制伏并移交给了警方。这事登上了国内多家报纸，卡特先生还接受了BBC[①]电视台的访问。“我只是做了任何人都会做的事。”他表示。

记者未能联系到普赖斯先生请其为此事发表感想。

“也不是谁都会这么干的，对吧，”我说，“我在旧报纸上见过这个

① 英国广播公司。

标题，而且广播里也曾播报过这件事。他们有个节目专门报道好人好事。”

除此以外就没什么了。一封胆固醇过高的医生证明，一封安装假牙的牙医证明书，一条社工出具的简单评述：适应能力低下，日常起居困难，自理能力不足。

“我看他可是能干着呢。”我说。

我们接着往下看。

“罗尼·巴特勒不是在惠特比出生的吧。”艾尔希说。

“对，也许那是盖布瑞尔·普赖斯的出生地。如果真有盖布瑞尔·普赖斯这么个人。”

我们再次看向剪报配图。照片已经拍了好几个星期，即便纸上油墨颗粒十分明显，但印在上面此时迎视我们的人，毫无疑问就是罗尼。

“难得竟然没有一个人认出他来，”艾尔希说，“明明报纸上全都印着他这张脸。”

我目不转睛地盯着那照片。“也许已经认出了也说不定。”我表示。

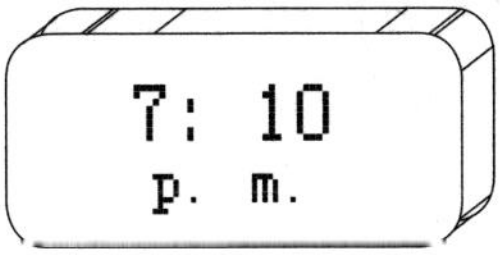

照片这东西，还挺神奇的。它们能让你停留在某一时刻，并且永远定格在那里。

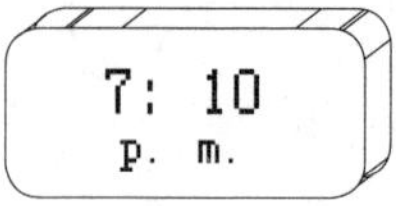

照片这东西，还挺神奇的。它们能让你停留在某一时刻，并且永远定格在那里。我房间角落小桌上也摆了一张。我的照片不多，因为从来没人正经拍过我，不过这张是学生时代的合照。我们所有人站成一排，看着相机镜头展望着将来。我和艾尔希分别站在队列两端。每次看到老照片，我总会自动寻找自己的身影。

“这个是我，”我会说，“我在这里，快看！”像是偶然撞见了一个老朋友。

我们全都穿着制服，且都做着“茄子”的嘴型。唯独除了小艾琳·埃佛勒斯。仿佛她早已经料到，自己根本不存在什么未来。她七岁那年，在兰迪德诺的沿海公路上，被一辆电车给轧死了。我经常看着相片上的艾琳，想象她被困在木头相框背后，看着除自己以外的所有人都慢慢变老。她一直有些格格不入，哪怕是在那张相片里。每个班上都有这么个人，一直游离于群体之外，小小身影总在操场边缘徘徊，不清楚自己的位置何在，哪怕隔着老远你都能轻松分辨出来。艾琳·埃佛勒斯就是这么个人。再加上，她还体弱多病，经常胸闷。这正是她最初要去兰迪德诺的原因。我们站在市政厅前的台阶上，各自躲在母亲身后，听她们交流着之后有何安排。我其实想和艾琳说说惠特比，并建议她“不如到那地方去看看”，但最后我什么也没说。因为没人和艾琳·埃佛勒斯说过话，这是我们大家心照不宣的。

那是我最后一次见到她。

相框旁边，摆着一部电话，时间一周周过去，根本没派上过用场。如果有人问我电话号码，我还得翻出那张纸条才能知道。

“我们给每位住客都配备了一部电话。”我曾听比斯尔小姐这么说过，在她领人参观的时候。可我现在根本就够不着，如今躺在这地上。就是能用的时候我也从没用过。不管他们怎么想，事实就是这样。

“如果你再乱打电话，弗洛伦丝，”安布罗斯小姐说，“我们可要把它撤走啦。”

我才没有乱打电话。我根本没打电话约过计程车。我招来半打计程车能有什么用，况且还都去往不同地方？她还帮忙付过比萨钱，用她办公室里的备用现金。她也是没办法，系红围裙的那个男子怎么也不肯走。我知道是罗尼干的。用他那轻柔的耳语般的声线，冒充成他想成为的任何人。

“别看我。”我说，可她并不理会。分比萨时她视线也没从我身上移开。“这么浪费实在没有必要。”她说。

我一口也没吃。我这辈子都没有吃过比萨，我说，也不准备从现在开始破例。可她压根都没再搭理我。这是樱桃树之家常有的问题，人们有时会忘记你还在等着对方回应。

樱桃树之家的另一个问题是，这地方根本就没有樱桃树。我和比斯尔小姐提过不止一次，但她总也不给个准话。“当中总会有一棵吧。”她只能想出这种说辞，但事实就是一棵也没有。不过，人们就爱给这类地方取这种名字。伍德林地、橡树庭园、松苑小舍，不知为何，往往都会带上树名。还有精神疗养院也是如此。这些林子里全都是些已被遗忘的人，期待着何时能再被想起。上一次我和比斯尔小姐讲起这事，她说我们可以种一棵樱桃树，并举办一场种植仪式，邀请某个名人过来拿着铁锹拍个照，类似那样的无聊活动。当然啦，最后还是不了了之。感觉你可以照你所想的随便取名，企图将它变成什么别的东西。大家都知道这并不会改变那东西的本质，但却能影响人们对它的看法，而这一点或许才是最重要的。你会开始怀疑那东西是不是名副其实。

就好像那个日间娱乐室。其实根本不是什么日间娱乐室，简直就是全天娱乐室。大家现在肯定都在那里，而眼下决计已不是白天。他们会坐在德绒质地的长沙发上，沉浸在电视屏幕所呈现的肥皂剧生活里。有人会把遥控器忘在那堆靠垫底下的什么地方，然后安布罗斯小姐不得不从玻璃门后边走出来，把手伸进沙发间隙不断摸索直到找到为止。他们会打打瞌睡，起身走走，就某些假想内容展开一些稀里糊涂的论辩。没人会注意到我的缺席，因为我平常就从不参与。

艾尔希总是叫我一起去。她总说："试试看嘛，没准你会喜欢的。"

艾尔希觉得和别人交谈很简单。厂里一旦来了新人，她就会像被磁铁吸引似的跑到人面前去。可我不行。你不可能换件衣裳就彻底地改头换面。所以我总会随她去，我自己则默默听着别人谈话的只言片语。唯一的问题是，我躲在一边的时间太长，当我终于转身离开时，我怀疑这世上根本就不会有人留意。

要是煤气取暖器是开着的就好啦。

弗洛伦丝

那一天是星期二。星期二举办的是强健心脏活动。强壮的彼得身穿正面印有"Just Do It"的T恤，充分发挥着他那让人感觉度秒如年的本领。我打算趁着没人注意，赶紧溜回我的公寓。因为想得出神没有留心，差点没听见安布罗斯小姐在喊我名字。

"弗洛伦丝？"

跟着她反常地沿着我身后这条路径小跑而来。

"我不去啦，"我喊道，"我现在有好多事都做不了，难道连缺个席都不行吗？"

"弗洛伦丝，我能和你谈一谈吗？"

我调整好表情才转过身。

她终于跑到我的面前来。"去你公寓吧？"她点头朝院子那头示意，"咱们稍稍聊几句？"

“你就直接开始说吧，”我表示，“要是真只有几句话，可能没等进门就全聊完了。”

“其实呢……”她的声音和步调都慢了下来，“我收到了一份投诉。”

我抬起头来看向屋顶。有只鸟正站在日间娱乐室外的导水沟上，大理石般的眼珠一直追随着我们。它通体乌黑，但并不是只乌鸫。

“怎么说呢，也算不上是投诉吧，更像是种观察结果。”

它体型更大，比鸽子还大。

小鸟横跨几步，一边两脚来回倒换一边听我们说话，塑料导水沟上传来的声音足可见其好奇心。该怎么称呼你呢？比鸽子更大的鸟吗？

“或者观察结果也不是很准确，可能应该叫作担忧。是了，没错。某个人向我表达了他的担忧。”安布罗斯小姐点点头，很满意最终这个措辞。

我皱眉看着那只鸟。“某个人是哪个人？”我问。

安布罗斯小姐清清喉咙：“唔，老实说，是普赖斯先生。”

“普赖斯先生？”鸟儿猛地冲向空中，我仿佛能听到它的笑声在整个庭院飘散，“普赖斯先生有什么好担忧的？”

我掏出钥匙往门口送，希望她没发现钥匙尖在抖。

“咳，事实上，他担忧的正是你。”她说。

“我？”我竭力摆出平常的表情，“他干吗要担心我啊？”

安布罗斯小姐抽搐了一下，像是突然扯到了腿筋，说：“他说你总在看他，弗洛伦丝。”

“我看的东西可多啦，”钥匙定在空中没动，“新闻，天气预报，还有身边这个世界。”

“是的，这我相信，”安布罗斯小姐顿住了，视线停在了钥匙上，“但你看那些并没用望远镜。”

钥匙掉到了地板上。“望远镜？他说我用望远镜监视他？我甚至连望远镜都没有，又从何而来地用望远镜监视他呀。”

安布罗斯小姐冲我笑了一下，像是面对着那种不人擅长接球的小狗。“咱们先进去吧？”她说完，冲门口点点头。

“我这辈子都没听过这么荒谬的话。”我使劲拉扯雨衣，却怎么也钻不出来。

安布罗斯小姐先我一步走进起居室。

“这根本就是诽谤，”我总算把衣服脱了下来，“我要向比斯尔小姐反映。你帮我打个电话给她。”

我走进起居室时，安布罗斯小姐仍然立在门边，嘴巴微微张着，手搭在门把上。

我顺着她视线望过去。

那东西就摆在窗台上，肩带搭着暖气片。旁边还有个棕色皮套，看起来像是手工制品。另外还有一小块布料，是用来清洁镜片的，我估计。

安布罗斯小姐开口了，可视线仍然定在那里。“要不咱们先烧壶开水？”她说。

“没有人要把任何人送到绿岸去。”杰克说。

我们同坐一张长椅，三个人一起，开始集思广益。我们静静看着，树叶从枯枝上缓缓掉落下来，慢慢堆积在我们脚边。连长椅都透着沁人的凉意。林子里已打过一场早霜，寒意不再蛰伏，一路钻进我骨头里。

“他们可能就要来抓我了，”我说，“也许已经在来的路上。”我惊慌失措，先是胃痛，接着连说话都开始发抖。

艾尔希表示：“你先别自己吓自己啦，弗洛伦丝，冷静下来。你还在观察期呢，记得吗？”

“我根本没做错什么。”我说。

她叹了口气：“这是个比喻，仅此而已。”

“乌鸦！”我大喊出声来，我自己其实也知道，可有时根本就控制不住，“那是一只乌鸦。这下他们不能把我送去绿岸了，我想起来那是乌鸦啦。”

杰克抬起头问：“你到底在说什么呀？”

“我一直没想起那叫什么鸟。现在我记起来了，是乌鸦。那边又有一只，你瞧。”

“它叫什么很重要吗？你想怎么叫它？”他说。

我盯着那只乌鸦看。“不是鸽子的黑鸟。”我说。

艾尔希扬起她的眉梢。

“它看起来有任何变化吗，在你取了这个新名字以后？”杰克说。

我摇摇头，看着那只不是鸽子的黑鸟。

“此时此刻，你在这里看着它的样子，听着它的声音，望着它飞远去。记不记得它叫什么，难道真有那么重要？”他说。

“我想也没有吧。”我说。

“那你何不先坐下来，我们来想想怎么解决这个问题。”

我这才意识到自己站了起来。

杰克叹了口气。气息从他体内呼出，仿佛是他的想法具象成了白气，在院子里飘散开来。“我想你还是得和我说说贝丽尔的事。”他说。

他们是在舞会上认识的，贝丽尔和罗尼。

我其实也不知道应该从何讲起，于是干脆先从舞会入手。我告诉杰克，无论每周六晚的舞会上负责演奏的是哪个乐队，他们都一定会表演阿尔·鲍尔利[1]的歌曲，并带领全场融入曲中氛围。我们则会昂首挺胸地横扫整个舞厅，直到上了年纪，只能老实坐在底下。

“艾尔希和我总是搭档跳舞，”我说，“直到她遇见了阿尔伯特。”

“谁是阿尔——”杰克说。

“我这辈子最爱的人。”没等他把话问完艾尔希便答了出来。

“她被一个小伙子给迷得团团转，”我说，“大多数人都是如此。”

“你没有吗，弗洛伦丝？”杰克的上身微微向前倾。

① 本名为阿尔伯特·阿利克·鲍尔利，歌手、爵士吉他手，20世纪30年代在英国很受欢迎。

“嗯。我没有。”在向他解释之前，我看了艾尔希一眼，想确认自己的记忆并没经过添油加醋，因为我非常清楚，她从未忘记一星半点，“然而，贝丽尔却不是例外。”我说。

每当你跳起舞来，周围人群在你眼里便像是坐上了传送带。你看到他们说说停停，视线在房间飘来飘去。那晚，我记得贝丽尔远远站在角落，尽她所能地和我们划清界限。当时在场的还有几个机床工人，靠在门边有一搭没一搭地聊天。因为不爱说话，罗尼·巴特勒一个人倚在舞台边，眼睛四处打量。艾尔希和我每旋转一圈，周围景象便会为之一变。人们会移动位置，会换手端饮料，唯独罗尼一动也不动。有些人天生就喜欢默默观察，静静旁观。他们距离人群虽只有几步之远，却仿佛将其他人都隔绝在万水千山之外。

下一支舞我们没有上场。我看见贝丽尔站在对面，在舞者的间隙里时隐时现。我看见罗尼朝她走了过去。她抬头看他，而后开始拨弄颈边项链，指尖夹着串珠来回挪动。人们旋转起来，他们一下不见了。即使我踮起脚尖越过人们头顶，也再没看见他们俩的身影。我先前都没发现，一直到艾尔希开口说话，才知道她也在看着他们。

“我知道我们和他算是同事，可我从来都不喜欢罗尼·巴特勒，”她说，“贝丽尔应该会没事吧？”

我们两个倚在墙边，在努力地平复呼吸。

“她是个成年人了，肯定不会有什么事的。”

我想并不是我说了什么才会令她感到不安。真正的原因恐怕是我回答之前沉默了一阵。

“那她没出什么事吧？”杰克说。

“一开始是的，”我告诉他，“可谁又不是呢？”

我试图回忆后面的情形，可是什么也想不起来。

艾尔希拍拍我的胳膊：“你每周六晚都会在我家留宿，弗洛伦丝，你肯定可以想起来的。既然你真的要告诉别人，至少也要说得准确点吧。”

周日那天早晨，贝丽尔很晚才来到餐桌边。坐好以后，她一直气冲冲的，打架似的摆弄着粥碗和茶壶，以及挨在她手边的任何物品。

“你这是生的哪门子气啊？”格温捅了捅炉火，顿时腾起一股浓烟。

贝丽尔挥手驱赶烟雾：“你不能把后门打开再弄吗？”

“这东西需要修理了。每回烧个火都那么大动静。”

“她起了没？”贝丽尔把手放下，抬头望着天花板。我们也都抬起头来。

“还没，”我说，“你昨晚玩得开心吗？”

我问得其实很委婉。

“这又关你什么事？”

但她立马识破了。

“我们看到你和罗尼·巴特勒说话了。”艾尔希说。

格温不再拨弄炉火，抬头看着我们俩。

“我想和谁说话都行。”贝丽尔向屋里所有人发话道。

“弗洛伦丝说他不是什么好人，”艾尔希看向桌子对面我的位置，“她不怎么喜欢他。”

贝丽尔把粥咽下然后望着我说：“弗洛伦丝谁都不喜欢。我怀疑弗洛伦丝大部分时间甚至都不喜欢她自己。”

隔周，贝丽尔把罗尼带回家来和大家见面。她像显摆什么成就似的把他介绍给我们。作为一项成就，他基本没说几句话。事实上，他喝下了一整壶茶，其间一句话也没有说。贝丽尔全代劳了。她会问他一个问题，然后不消一会儿就自己作答，彻底帮他省却了麻烦。而她每次转头看过去，他也只是点头回应。

连她们母亲都曾试过和他搭话。

“你认识我丈夫查理吗？”她先说。

罗尼靠在椅背上摇摇头。

“他肯定会高兴得不得了，看到贝丽尔交了男朋友。”

罗尼望向那边的壁炉台。

她妈妈伸手去端那只茶壶。“他眼下不在家，在为政府办事。”她站起身来，挡住了罗尼投向电报的视线，“他会回来的，随时都有可能。”

我们看着她的身影钻进了厨房里，罗尼又往椅背上靠了靠。“她脑子有点糊涂了，是吧？”他说，“你母亲。”

“他就是有点害羞而已，”后来贝丽尔一边整理桌面一边说，“熟了以后你们就会喜欢他的。”

可无论艾尔希还是我都没有这方面的意愿，而且事实上，他也没给我们这个机会。每次他来到这个家里，都是一声不吭地转悠。摆出看报纸的架势偷偷观察所有人，然后闷声不响地吞下别人的食物。我们有次看到他在厨房，脚搭在桌上，鞋子踩着亚麻桌布。没等艾尔希开口发难，他就把脚放了下来，慢慢地，默默地，把鞋子踩到地板上。

“要是你父亲回来发现，有别的男人把脚跷到桌子上，那可不太好是吧？”说完他拍拍脑瓜笑了一下。

艾尔希和我看向壁炉台上那封电报，那一刻，我仿佛明白了她母亲是什么心情。

不久后，但凡罗尼过来，我们就不再下楼了。我们会坐在艾尔希房间里，留神去听。罗尼的话似乎只在他和贝丽尔独处时才能找到出口。我们能听见他的声音像连珠炮似的穿透地板而来。他会挑剔她穿的衣服或说话的方式，或是他当天看不过眼的任何琐事。贝丽尔的声音也会颤巍巍地响起，但每隔一阵，他会厉声说上几句，然后贝丽尔立即沉默下来。

一天早晨，她眼角发青地出现在餐桌前。

大家将她团团围住，想方设法地努力刺探，想要把她嘴给撬开，但她始终都只说一句“我绊倒了”。

向来总爱说个没完的她，开始什么也不对我们吐露。

在我说话这段时间，杰克全程盯着地板，视线始终没有移开。我不知他曾见证过多少伤心事，但看得出他眼里的忧伤又加深了些许。

“她们的母亲也被他害得病情加剧了，”我说着朝艾尔希瞥了一眼，“他给她灌输各种乱七八糟的信息，说政府在秘密地监听百姓，怂恿她把墙纸撕开看能不能找到窃听器。我有次就亲眼见到，他给她指出还有哪面墙没检查。”

话头一旦打开，我又联想起好多别的事，不由得想要一吐为快。罗尼经常殴打贝丽尔，后来甚至演变成了惯例。如同大部分惯例一样，她最终似乎逆来顺受了起来。大多数时候，她都会眼睛乌青或嘴巴红肿地出现，把袖子挡在面前加以遮掩。

厂里好多女工来干活时都和她一模一样，谁也没有过什么想法。伤处会由乌变紫，由青转黄，而所有人都不置一词。好像她是换了块方头巾或一副新手套。然后某天早晨，为了重新宣告主权，那里又会再次变乌。

“这还不是最糟糕的，”我说，“更糟的事情还没发生。”

我们都试着劝过贝丽尔。那天甚至多特也来了，而且尽了她最大努力，可爱情就是这么没有道理。我发现它总会在最出乎意料的情境下降临，而你一旦陷入其中，下半辈子都要为这负担所牵累。

“这关系持续了好几个月，”我说，“根本没人能拦得住。”

甚至她们母亲也曾做过尝试。她们的母亲，那时的活动范围已经无限缩小，基本上都很少下床了。可那天傍晚罗尼走进屋来，嘴边叼着一根香烟，艾尔希母亲直接操起信件架，照着他脸猛地扔了过去。电报在空中打了几转，最后落到地上。

“得把她关起来才行了，你老娘，”罗尼这么说，随后擦掉嘴角冒出的血，“得把她关进精神病院里。我倒是很乐意去告发她。”

“你敢！”艾尔希说，可他只对她笑了一下。

他脸上血流不止，嘴角破了道口子，看着皮开肉绽的。

“得让他去医院看看才行，”我说，“照个 X 光片，缝上几针。”

我听见时钟嘀嗒嘀嗒吞噬时间的声音。

没有一个人开口说话。

“我父亲会带他过去。”我说。

从医院回来后，我父亲称罗尼是“一个不太正常的年轻人”，这可能是他说过的最接近批评的话了。

因为这事，罗尼掉了颗牙，还多了个伤疤，就在他嘴角处，一笑起来就会消失。

杰克仍然紧盯着地面。

我开始去叠别人落在座位上的报纸，因为突然间，我感觉身上充满力量，却毫无用武之地。

艾尔希说：“我们都尽了最大努力，弗洛伦丝。大家都尽力了。只可惜她听不进去。”

我把报纸翻过来又折过去，试图理清自己的思绪，说：“我们应该加把劲去阻止他的。”

“这件事跟你并无关系，弗洛伦丝，”艾尔希说，“阻止他也不是你的责任。”

“如果有事让你烦心，那么我也不会高兴。贝丽尔也是一样的。我是你们家的一分子，不是吗？我代表着五线谱的 F 调。这是你自己说的呀。”

我想我肯定又在大喊了，因为杰克和艾尔希都很夸张地四下打量是否有别人听到。

“那晚的事根本就不该发生。我们本来应该能阻止的！”我的声音响彻整个庭院。

“什么那个晚上？”杰克说，“发生什么事了？”

我的手不再来回翻转。

这感觉就像在摸索滚到沙发底下的什么东西。你指尖能够将将触到，就是怎么也抓不着它。

我呆望着他。

“我想不起来了，”我轻声说，“完全没印象。”

我看向艾尔希，而她也注视着我。

“这是怎么回事？”我说，“我要说什么来着？怎么又不记得啦？”

“我不知道。”她说。

那报纸仍然在我手里。所有头版头条、天气预报、广告标语都在告诉你或这或那的各种信息，一字一句一清二楚。

我又把视线投向艾尔希。我需要她帮我回忆后面的故事。

“这事我真帮不上忙，弗洛，”她说，“我那时候并不在场。”

“你什么都想不起来吗？关于你说的那个夜晚？”杰克说。

我打量着手里那份报纸。有张照片印在头版头条。一群人围站在搁板桌旁，没有特定对象地大笑。从他们的站姿来看，这些人显然互不相识，摄影师完全是为了图省事，才让他们都站在一起。

“我记得当时还有别人，”我看着那张照片，“不是只有我自己。”

“还有谁？”杰克说，“你认识吗？”

艾尔希凝神看着我。

“克拉拉当时也在那儿，”我说，“她并没有上吊自杀，对吗？她肯定没有，因为那天晚上她也在那里。我现在想起她来了。”

艾尔希的视线越过我，不知望向了什么地方。我不清楚她所凝望的，是未来还是过去某个时间点，而从她的眼神来看，她自己显然也不太确定。

“是的，克拉拉，”最终她开口说道，“克拉拉也在那里。”

“那么，”他说，“咱们何不去问问她，看看她还记得些什么吧？你知道她如今在哪儿吗？”

这事用不着去问艾尔希，答案瞬间出现在我脑海里。

我吸了口气才开口回答。“她就在绿岸。”我说。

汉迪·西蒙

汉迪·西蒙把笔塞进写字板夹。自从盆栽棚事件发生以来，比斯尔小姐执意要定期进行人数清点，而能干这事的似乎也只有他了。

“你很可靠，西蒙，”她当时说，“我相信你能胜任这份工作。”

西蒙喜欢把事物进行量化，他只是不明白，清点老人数目的意义何在。

“那样我们就能知道他们在哪儿，”比斯尔小姐表示，“从而准确掌握他们的去向。不然就没人清楚他们都在干些什么。现如今到处都需要清点人数。”

“是这样吗？”

“对啊。像上议院呀，乐购企业[①]之类的，他们全都这么干。”

安布罗斯小姐给了他一个写字板夹，还有一支很粗的笔，只要按下不同按钮，就能写出不同颜色的字。红色表示姓名，绿色代表位置，她当时这么说了，但西蒙总会忘了这事，结果所有记录全成了浅褐色。每天两次，他得出去四处走动，然后开始搜寻人影，找到以后，他却总也想不起来他们的名字，只好去向他们本人问询。

安布罗斯小姐指着他的名单。“我觉得他们有些人是在捉弄你。”她说。

“是吗？”

“唔，据我所知，咱们这儿并没有哪位住客名叫罗伊·罗杰斯，”她扫了一眼那页，“或者叫作德斯蒙德·图图的。我们得严肃一点对待这事，西蒙。除非能提供确凿证据，否则绿岸不会轻易接收转送人员。”

他们又给了他一张带相片的表格，以作确定身份之用。但问题是，住客们会耗费大量时间寻找自己的照片，胡闹的时间比之前还翻了一倍。与此同时，其他工作自然就越积越多了。

---

① 英国大型连锁超市。

“我不想再负责这事。”当他们在走廊照面的时候，他曾这样告诉比斯尔小姐，可她只是无动于衷地与他擦身而过。

不过，他已逐渐找到窍门。这些老人家都有自己的固定习惯，他们会在相同的房间，相同的时间，吃相同的餐食。他们对世界的看法也从不改变，每天都要和相同的对象，在相同的走道里，说着相同的对话。他已经能准确无误地找到他们。然而，还是会有那么几个，要比其他人棘手些。好比说，弗洛伦丝·克莱伯恩，她就总是忙这忙那的，叫人永远摸不清她行踪。

“我不明白你干吗要浪费这份时间。”在他找到她的时候，她这么表示，“你那张表格上连人都不齐全，而且我的照片一点都不像我本人，”她戳了戳那份名单，“看着像具刚挖出来的干尸。”

西蒙只是沉默。他已经有经验了，面对弗洛伦丝，任由一切自然消退反而更能解决问题，就像处理脓包一样。

“那边下水道里积了好多落叶，”她继续说着，“另外女厕也需要补充卫生纸了，不然我们可要去造反啦。”

“我稍后会去处理的，弗洛伦丝。”

“你干吗不现在就去呢？干吗还站在这里和我瞎扯？”

“已经一点了，”西蒙说，“每天一点钟我都会返回员工室，坐在窗边，吃我的杯面。”

员工休息室并非寻找慰藉的好去处。它位于主走廊的尽头，宛如一个巨大果盆，堆放着大量不知如何处置的物品。里面有成堆的空文件夹和人们不想再穿的衣服，角落里则是很高一沓《当代失智症！》的往期杂志，因为没人知道如何取消订阅。就连家具都很是混乱。多余的椅子和破旧的沙发摆在一起，比斯尔小姐把钩织毛毯盖在那上面，全部都是住客们亲手所织，且通常是临终床上的作品。

“心力衰竭。”安布罗斯小姐会这么说，当她拿起那块粉紫相间的布料时。换成另一块后，她则会说是“左腿蜂窝组织炎”。

西蒙靠在“重度肺炎”的盖毯上，等着他的杯面泡开。除他以外屋里就只有厨房里的葛洛丽娅。她此时坐在窗台上，抽着一支兰伯特和巴特勒香烟，透过窗户细缝向外吐着烟气。

“你是觉得外面太冷才不去单车棚后面抽吗？”他说着，搅了搅杯面里的鸡肉和蘑菇，“要是让比斯尔小姐发现你可有的受了，她肯定会给你好看的。”

“我都已经五十二了，完全可以自己做主，况且她也不会发现，”葛洛丽娅将烟头弹到砾石路上，那地方已经积下不少了，“她还在停车场里打太极。”

“真不知道她那套把戏是从哪儿来的。”西蒙戳了戳他的杯面。

葛洛丽娅瘫在一张椅上坐下来：“中国吧，大概是。”

“不，我是说她干吗非得在这儿做？”

“因为它能给你大脑排毒，西蒙，帮你减轻精神负担。难道你不需要给大脑减负吗？”

“暂时还好吧，”他说，“至少我自己并不觉得。”

她啧了一声：“每个人的内心都会有所郁积。我们平时生活中自然就会累积下来。”

“那需要做的也该是这些住客，而非我们员工。他们大多都已积累了八十余年的分量。”

“这还得考虑卫生和安全问题，西蒙。她担心有人在做某个招式时会扭到脚，而且运气的时候也需要很小心，绝不是闹着玩的。”

“那你怎么不去，让自己保持年轻没有负担？”

“我的烟瘾犯了，”她说，“况且，我老爹说了，老不老其实取决于心态。我们之所以变老，是因为心病在作祟。”

“你老爹这论调可够古怪的。”西蒙擦了擦他的裤子，刚想开口说点别的，可想了想便闭上嘴，只又在裤子上擦了擦。

“别再想着约我出去啦，西蒙。我之前就说过了，我年纪比你大太多啦。”

“也就只有十岁而已，况且你不是刚说了，老不老得看心态吗？”

“这不是重点。外面多得是年轻姑娘，你干吗不试试去约她们？”

西蒙在脑子里把樱桃树之家的员工全过了一遍。女性员工确实挺多，但每次轮班结束以后，她们不是被丈夫接回家去，就是自己开车，回到半独立式住宅里，去过她们半独立式的生活。“我想想，前台那个丹妮斯也许还不错。”他说。

“唉，要我肯定不选她，”葛洛丽娅吃力地站起身，走到水槽边开始冲洗她的咖啡杯，“她有间卧室放满了各种真人玩偶，她母亲特意请了一天假才把它们全洗了一遍。”

西蒙凝望着天花板：“那后勤部的洛林呢？”

葛洛丽娅从水槽边转过身来微微张着嘴：“你可不能去约洛林。”

“为什么不能啊？”

“因为她估计是同性恋。我可以很有把握地这么说，西蒙，因为我以前也是。”

他呆呆地望着她。

“别这么一脸震惊的，外面的世界可精彩着呢。你应该深入其中好好体会。”

问题是，他倒是想，只是一直不得其门。

“下班后要去喝一杯吗？”他说，“只是作为朋友，或者就是认识的人，工作完了一起喝点酒？”

“今天不行，”她把搭肩衫从头上脱下来，静电拉得她头发都竖了起来，“我得过去看看我老爹。他周六下午要参加重现南北战争场景的活动，我答应了要帮他缝件紧身上衣。”

“他都八十二了吧，葛洛丽娅。”

“心态好就没问题，”她含糊地说着，从他身边挤过去时轻轻拍了拍他头顶，“另外你的杯面要放凉了。”

门砰地关上，再看不见她身影，西蒙转头望向外面的庭园。有个住客独自坐在院内长椅上，默默看着其他人三三两两地谈论着什么。西蒙开始思索自己晚年和他们出生时的情景，感叹所有人的命运竟能如此紧密相连，而将大家联系起来的各种因缘际会，却至今都没人能说清。

弗洛伦丝

“这地方一点没变，不是吗？”我说，“还是那么令人不愉快。”

我好多年都不曾见过绿岸，可车子刚一驶进车道，看到它出现在我眼前——感觉就好像是，自己仅仅错开了一眼。那种坚实牢固，好像永远不会改变的乔治亚式建筑，即便其他地方都历经衰败、重建甚至翻新改造，像绿岸这种地方也只会默默观望、等候，不断沉淀着过往。

我们一行总共四人。我，艾尔希，杰克上将，还有杰克的儿子克里斯，他被他的父亲劝服，答应充当司机带我们出行。因为这事，比斯尔小姐将他彻底盘问了一番。她手拿写字板夹，围着他绕了个三百六十度，问出的问题足以填满两面 A4 纸。我们透过格纺玻璃全看在了眼里，杰克一直倚在拐杖上，仿佛我们是要出征牧羊犬资格赛的羊群。

克里斯是我们唯一的希望。比斯尔小姐永远不会允许我们独自外出。

走出办公室时，他额头上冒了一层汗，还多添了一道细纹，不过他朝我们竖起了大拇指，接着活动了一下他的膝盖。

“他是一个数学老师。”杰克说。

我们坐在车子后座，艾尔希和我。克里斯开车，杰克则坐在副驾驶座，用他最大的音量指挥着方位。我的心情让我变回了要去海边度假的小孩，路过的所有路牌全都大声念了出来。

“让行，前方两百码，”我说，“这有个红色倒三角路标。”

“咱们让克里斯好好开车吧？”艾尔希越过前座间隔指了指，“我相信他完全可以胜任。”

“厕所，前方两百米。男女厕都有。”

她压低声音：“你想上厕所啦？”

“并没有，谢谢关心。”我大声说。

路上经过了好几个园林式购物中心，像一堆堆花椰菜开放在城市边缘。空荡荡的商业街上，门面已经颇多损毁，或钉着木板，或破败不堪，向外界无差别宣告着自身的亏蚀状况。人们拖着满载生活用品的手推车，站在路边等待自控人行横道的橙色数字慢慢倒数。年轻人则成群结队，聚在街角打发漫长的午后时光。这一个个的生活场景，都莫名地透着点孤单。为了消磨时间，我开始详细描述看到的每件事物。艾尔希原本打算不予理会，过了一会儿也加入我的行列来。每隔一段时间，克里斯会透过后视镜看我们一眼而后皱起眉。

车子经过一家体育用品店，橱窗里绿色和橘色的假人静静望着窗外。“我完全认不出来了，”我说，“卖纸袋装糖果的那家小店哪里去啦？”

艾尔希四下打量一圈说：“如今可能都没人再买纸袋装的糖果了。”

“到处都是理发店。我都不知道人们有这么多头发需要打理。”

车子碰上红灯停了下来，我伸长脖子越过艾尔希望着那片教堂墓地。一排排墓石排列得整整齐齐，通过银行和建屋互助协会间的那道缺口，和玛莎百货遥遥相对。

“这里将会是我的最终归宿，”我说，“毫无疑问。”

“你再吃颗糖吧，别说这些丧气话了。”

我把手伸进袋子里：“我不过是实事求是。”

她拿过空包装纸然后收进她口袋里，无奈道：“行吧，既然你要实事求是，那么最后也不会是埋在这里。你的归宿应该是镇子另一头的那片墓地。”

“他们新修了一片墓地？”

“是的，”她说，“老年人数量实在太多，他们只好另外安排了一块地方。跟停车场是一个道理。”

“那太可惜啦。”车子已经开动，我还在透过后窗张望。

“是呀，”她说，“我原以为我们俩都能埋在这里，在圣坛旁边那个角落。”

我又拿了块糖准备待会儿吃，然后说：“这下我们只能埋在郊外那片空地，俯瞰着外环路了。”

车子终于抵达绿岸。云层低垂，天色阴暗，雨点也开始溅到我们身上来。透过爬满雨水的挡风玻璃，我们看到了面前那栋建筑，轮廓模糊得逐渐和阴云融为一体，砖墙上的白色印迹也被洗刷得一干二净。

“我们到了。”克里斯表示，虽然这话相当多余。

可我们谁都没有动作。

我伸手去拉车门把手，却又中途改变主意，而后重新收回大腿。

“咱们进去吧？”杰克点头朝雨幕示意，“你也一起来吗，克里斯？”

克里斯从杂物箱拿出一张 CD 和一份组合套餐，说：“我还是在这儿等着吧。听听阿巴乐队的歌曲，消磨下时间。”

“里头应该会暖和点。”杰克道。

克里斯抬头看了看那乔治亚风格的方格玻璃窗，然后摇摇头。

“我可要进去啦，”杰克说，“我情愿去见识一下绿岸，也好过坐在这里看着你吃大虾三明治。”

开门的是一位女士，穿着一身深浅不同的米色衣服，仿佛她的整个衣柜都是按照那排色谱所选。小眼睛，薄嘴唇，呼吸声很重。

她做出了“啊”的嘴型，但是没有发出声音，接着退后将我们让了进去。里面铺着米色地毯，贴着米色墙纸，还挂着厚重的天鹅绒窗布。不过，你首先会注意到的，还是这屋里的那种气氛。沉静的，带着年代气息，像走进了一间只在圣诞节才打开的屋子，每呼吸一口，那沉滞的气息都会把你肺给填满。

“克拉拉住在大楼的西翼。”女士说着，拐进一条长长的走廊。刚走了没多久，她突然开始宣传起来。

“请看左手边，这里是我们的临时娱乐室，配备了48英寸的等离子电视和一位时刻相伴的工作人员。”

我瞟了一眼，电视机是关着的，48英寸的屏幕漆黑一片。

“而在右手边，则是我们屡获殊荣的美丽花园，可以透过落地窗来尽情欣赏。”

“屡获殊荣？”我低声对艾尔希说，而后拉了拉把手。

“出于健康和安全方面的考虑，这道门常年都是上锁的。”女士转过头来冲我们笑了笑，我也对她回以微笑并把手从玻璃上拿下来。

每路过一个房间，我都会朝里边看一眼。屋里安静而且空荡荡的，只能偶尔远远看到一个穿制服的身影。“大家肯定是外出旅行啦。”我说。

我们来到另一条走道里，空气中弥漫着薰衣草的香味和些许陈年气息。“通常我们并不允许访客进入住客房间。”全身米色的女士说道，“不过克拉拉——”她看了一眼她的笔记，“她待在公共区域会觉得不舒服。”

“她一直这样，”我说，“她很怕人，尤其是她父亲。”

“我们花了好长时间才说服她来参加舞会。”艾尔希表示。

“舞会？”我皱着眉头思索起来。

“弗洛伦丝，这正是我们过来看她的原因——询问那天晚上舞会的情形。”艾尔希说。

那位女士看了看她的笔记说：“舞会？这上面完全没有提及舞会的事。”

“唔，”我说，“我想也是。”

“我们得到二楼去，”那位女士看着杰克，“你想要搭电梯吗？”

电梯坐落在大厅角落，配备铸铁大门和一套相当复杂的滑轮装备，很明显是由电梯井顶悬吊下来。

“我走楼梯就行了。”杰克表示。

“别太在意那根拐杖，”我说，“他只有指使别人时才用得到它。”

直到我们踏上台阶，杰克都还笑个没停。

越往上爬，薰衣草的香气就越淡了，逐渐被等候室里清洁剂的气味所取代。闻起来像是一间医生诊所，或是你印象里的那种手术室。周围陈设也都变了。一个个花瓶换成了一张张床单，油画则变成了健康和安全标语，高高挂在石膏墙上，因年代久远而有些发黄。甚至地毯也换成了亚麻油毡，仿佛是地心引力把所有柔软物品都拉到了最底下。

女士右转又来到一条走廊。门上开始标示出号码，宣传的台词也随着干花一并消失了。每扇门里都是一幅痛苦缩影：眼神空洞，嘴巴微张，双手搭在扭成一团的床单上。不过更糟糕的，恐怕还是静静躺在平整床上的那些人，已说不出话的那些人。我凝望着每一间房，感觉自己也在被那种生活所凝望。每扇门外侧都贴着一张照片，使整条走廊看着像是摊开了的巨型家庭相册。照片取景大多是在花园或者海边。还有他们抱着孩子站在圣诞树下的画面。那位女士察觉到了我们关注的视线。

“这样能让员工知道他们从前是什么样的人。”她解释说。

我试图将屋里的人和圣诞树下的人进行匹配，还有海滨大道上卖冰激凌的商人。阳光刺眼，他们眯起了眼睛，在黑白两色的世界里微笑着看我。可现在这些人都已经荡然无存。

“我们到了。”女士停在标着“47”的那扇门外。走廊那头，我听到了谁的歌声。

“《前进吧，基督战士》。”我说出歌名。

“没错。”艾尔希说。

女士轻咳一声：“咱们进去吧？”

47号房里光线相当充足。我们在绿岸走动的这段时间，乌云已从九月的天空迅速散去，雨过天晴，淡淡的阳光洒向大地。屋里那些僵直的线条，窗台的尖角，还有空无一物的白墙，全都裹上了一层温和的柔光。床头柜上放着一盒纸巾和一杯水。屋里空得几乎能听见回响。

那位女士说话了：“她什么东西也不缺。”而此时我们连屋子都还没进。

我抬头看向天花板，乳白色的一片，无动于衷地回望我。

“我们没有找到她的家人，”女士伸出一根手指在某页笔记上移动着，“她之前住在威尔士。丈夫多年前就去世了。”

“丈夫？”我说。

“她嫁给了弗雷德，舞会上认识的那一个。”艾尔希说。

“总是一身鱼腥味的那个？”

“他在鱼档里工作，弗洛伦丝。我跟你说过多少回了，可你总也记不住。”

女士扫了一眼她的笔记：“鱼？这里没有任何和鱼有关的信息。”

“唔，”我说，“我想也是。”

“我们还去参加了他的葬礼，你记得吗？”艾尔希说，“克拉拉冒着倾盆大雨站在他墓前，因为不忍心丢下他离去。你说服她坐进了车里。别人的话她都听不进。”

“他们找到她时她身子还在晃。”我说。

“不对，”艾尔希一把抓住我的衣袖，“你真不记得啦？度量两次才动手，找准角度再来缝。”

她等了几分钟让我去回想。

“我帮过她？”我说。

我们都看着墙上时钟，一下一下度量着时间。

“你帮过她。”

门打开来，一个穿棕色制服的姑娘搀着一位老太太回到座位上。过了一会儿我才意识到，那位老太太正是克拉拉。她肩膀那么瘦小，眼神如此平静，两只手都已苍老且血管分明。我只能看到一具破碎残缺、没有灵魂的躯体，但她这时笑了一下，我顿时奇怪自己怎么没在第一眼就认出她来。

“克拉拉就在这里了，”艾尔希说，“你跟她说说话吧，弗洛伦丝。

她和你关系最好。”

那位老太太皱眉看着我们：“你们是谁呀？”

我看看艾尔希，又看看那位老太太，然后迈步向前。皮鞋踩在刚拖的地上发出吱吱声，我伸手将风衣腰带系了起来。

“我是弗洛伦丝啊，”我说，“弗洛伦丝，工厂里的同事。你还记得吗？”

我凝视着她的眼睛，一双因为使用过度而显得很浑浊的眼睛。我看到问题在她脑海中穿梭，可思绪太乱她找不到答案。

我又说了一遍“弗洛伦丝”，接着上前一步，然后说：“弗洛。”

屋里静得掉根针都能听见。

克拉拉突然两手一拍，欢快的情绪瞬间填满了整个房间。“弗洛！”她说，“你是来带我回家的吗？我一直都在等着，等了好长时间啦。”

克拉拉的意识在过去与现在之间来回转换，像是在反复地穿脱一件大衣。我们很难跟上她的思绪，杰克更是一头雾水。她在两者之间随意穿梭，只截取她所需要的片段，不断粉饰着过往时光，直到它们变成能让她感到温暖而安心的存在。在这个四壁空白毫无装饰的房间里，我们试图和她对话，努力引导她不去触碰任何阴暗或不安的内容。

全身米色的女士看了看手表。

“你还记得贝丽尔吗？”我说。

克拉拉重复了一遍这个名字。

“她是艾尔希的姐姐，”我思索着应该如何说明，然后看着艾尔希说道，“你会怎么形容她？”

“列举三个特征，”艾尔希表示，“这件事你很擅长。”

“深色头发，”我迟疑一下，“有点急脾气，总是一副心不在焉的样子。她死了，你还记得吗？”

克拉拉抬头看着我们，眼里逐渐噙满泪水。“贝丽尔死了？”她说。

“是的，”我答，“但那事已经过去很久了。她以前经常和罗尼搭档跳舞。你对他还有印象吗？”

我们默默等候着。克拉拉显然正在脑海各个角落拼命搜寻。

“他淹死了，”她终于开口说话，“尸体被冲上兰利沙滩，鱼吃掉了绝大部分。”她笑了一下，“弗雷德肯定会很骄傲。”

“你还记得贝丽尔去世那晚的情形吗？”

这话说完，房间随即陷入了寂静。寂静之中，我听到了自己的呼吸，杰克换手拿拐杖的动静，还有全身米色的女士翻动文件夹的声音。

“舞会上的事？”克拉拉说。

我点点头，而后屏住呼吸。

“我真想再听听阿尔·鲍尔利的歌曲。”克拉拉抬头看向天花板，好像阿尔·鲍尔利本尊就飘在她头顶上。

我转头看着艾尔希和杰克。

“那你记得一个名叫盖布瑞尔·普赖斯的人吗？”杰克说，“那晚舞会上他也在吗？”

克拉拉思索了一会儿，接着唱起歌来：

“深夜中，有星星和你相伴……”

“贝丽尔去世那一晚，”我说，“你还能想起些什么吗？”

“深夜中，你和我悄悄相会……”

全身米色的女士合上了文件夹说：“她不会再理人了。一旦开始唱起歌来，她可以好几天这么持续下去。”

可当我们转身离开时，克拉拉停下歌声并大声呼喊起来：“你说你叫什么名字来着？”

“我是弗洛伦丝，克拉拉。你工厂的旧相识，弗洛。”

等到我们走到门边，她又大喊：“你会再来看我的，对吗，弗洛？你不会忘记吧？”

沿着走廊往回走的路上，她的声音一直在我们耳边回荡。

往回走时我们都没有说话。只听见艾尔希趿着鞋走路的声音，还有杰克的拐杖戳在油毡上的动静。来到第一层，地毯的柔软触感似乎给全身米色的女士赋予了一股全新的活力，她突然开始哼起歌来。

“哼歌和唱歌的区别是什么？”我问艾尔希，可她似乎也不明白。

全身米色的女士打开正门，走到外面门廊上。“唔，一切进行得相当顺利。”她表示。

“是吗？”我深吸一口九月的空气。

“比上个访客可好多啦。这一次她非常平静。”

我已走到台阶最后一级，这时听到杰克问话的声音：“上一个访客？那是什么人呀？”

我站定等候着回音。

“是个老伙计。保健员称他凑到克拉拉耳边说了会儿话，她就变得歇斯底里起来了。不清楚具体说了些什么，但她向来很容易受刺激。我们花了好几天才让她恢复冷静。”

“他长什么样子，那个老伙伴？”杰克追问。

我甚至还转过了身去。尽管我也不明白自己为何要如此，但我已能猜到她会怎么说。

我们心烦意乱地走回了车旁。坐上车时，克里斯刚用手背擦去嘴边的蛋黄酱。

“怎么样，有收获吗？”

杰克直视前方，视线落在远处。“嗯，好像还有点意外惊喜。”他说。

我用袖子擦去窗上凝结的水汽。

“总之咱们先回家吧。”艾尔希说。

我张嘴说话，又给车窗蒙上了一层雾气：“无论那是什么地方。”

回程路上非常安静。我不再去念什么路牌标示，杰克也决定相信克里斯的驾驶水平。雨又开始下了起来，但雨势不大而且时断时续，每隔一会儿，刮雨器便会发出一声挫败的噪音，因为挡风玻璃上已无任何水迹可供擦除。

汉迪·西蒙

汉迪·西蒙咬着笔头，皱眉看着那份表格。比斯尔小姐递给他时，他的午休正好结束。他当时就皱起了眉，而且自那以后几乎再没展开。

“人手都有一份的，西蒙，”在注意到他的表情后，她解释说，“我不是在单单针对你。”

个人发展规划表，第一页的表头显示。总共有好几页纸，可他至今停在第一页没敢往后翻。

现状分析、发展方向、具体措施，表格顶端列示着。西蒙长叹一大口气，终于开始下笔。

“不是要你写这些，西蒙。”安布罗斯小姐越过他肩头看了一眼。

“这上面说了答案没有对错啊。”他用笔头在纸上敲了敲。

“话是这么说，但总归是会有的，”安布罗斯小姐说，“而且这么写绝对有问题。”

西蒙画掉了那句话。

“不然你回头再来写吧。”安布罗斯小姐往底下指了指，“那个问题比较简单，你要不先去写那个？”

你有哪些优点？

西蒙再次咬起笔头来。

“我完全想不出来。”他说。

“总会有点什么吧？你最擅长什么？”

“填字游戏，”西蒙答，“我开瓶盖也很厉害，别人打不开的橘子酱瓶盖我都能打开。”

“这样啊，那就写呗，”她说，“不过只写上‘擅长解决问题’和‘为人友善’就行。比斯尔小姐就喜欢这种用词。”

“不用提橘子酱是吗？”

“是的，”安布罗斯小姐表示，“最好不要。”

你有哪些弱点？

“不能吃鲜虾鸡尾酒薯片？”西蒙抬头看向安布罗斯小姐，而她却摇了摇头。

“再试试，用不着太具体。”她说。

他慢慢将纸上的折痕抚平：“太难了，还得去想自己的弱点。”

“只要你用心去做，其实都很简单的，”安布罗斯小姐拿起挂在椅背上的大衣，“我需要再拿一张 A4 纸。”

她走以后，西蒙把整份表格都翻了一遍。比斯尔小姐声称个人发展规划表曾经风靡一时。“它能帮助我们加强这方面的意识，”她说，“让行动与我们的目标更为合拍。”

西蒙并不觉得自己真有什么非要实现的目标。他看了一眼其他部分。其中有一整页全都围绕目标展开，包括短期目标、中期目标以及长期目标。

“更换日间娱乐室的屋瓦”，他在短期目标那栏写道，接着又把它画掉并移到了中期目标。还是实际一点比较好。

“实事求是”，他把这点写进优点那栏。他笑了笑，也许这事真没他想的那么难。他看了一眼最后一页。

你如何改变身边的人？

西蒙用笔头挠了挠脑袋。

你如何衡量你的成功？

成功真有法子具体衡量吗？也许他的父亲可以吧。他父亲拥有一枚荣誉奖章，显示他曾获得什么成就，从那栋大楼救出了多少人命。尽管他一次也没从抽屉拿出来，因为在父亲自己看来，他其实还是个失败者。其他人拥有各种证书或名字后缀，甚至他珍阿姨家养的那条狗都曾获得过玫瑰花饰。西蒙倒是有一个木工的普通程度证书和一枚蓝彼得徽章[①]，不过那徽章是他从旧货市场淘来的。尽管他十分热衷于测量各种事情，但西蒙突然间意识到，他并不知道该用什么标准来评定自己。

没等他想出个所以然来，门突然间打开了。进来的是葛洛丽娅，还有美容室的谢丽尔。西蒙赶紧将发尾抹平，担心自己的发型会引来批评。

“你们都写了这些？”他问。

葛洛丽娅越过他肩头看了一眼：“我父亲帮我写好了，花了整整一周末时间。感觉他还挺享受的。”

西蒙心想要是他父亲，肯定几分钟就能搞定一页。

谢丽尔则没回话。谢丽尔经常不回话，大家都已经习惯了。她会坐在角落盯着咖啡杯出神，或是来回揉搓自己的手腕。就像有些人喜欢转动婚戒，或拨弄头发。

“你卡在哪里啦？”葛洛丽娅问。

西蒙拿笔在纸上敲了敲：“你如何改变身边的人？”

“怎么啦？”

“我不觉得自己能改变任何人。”他说。

葛洛丽娅坐在沙发扶手上说：“你当然可以啦。每个人都可以。”

西蒙还等着她详细阐述下去，可她却已经走到窗边，并坐到了窗台上。又来了，经常是别人已经结束话题，西蒙却还觉得意犹未尽。

“她又发作了，”葛洛丽娅说，“弗洛伦丝。”

---

① 《蓝彼得》为英国人气儿童节目，主持人会解决现实世界的各种挑战，并为孩子们教授艺术和工艺技巧。蓝彼得徽章一般授予节目中的参演嘉宾，或取得重大成就的成功人士。

西蒙伸长脖子想去看，可有人搬过来还没整理完的一堆文件把他视线挡住了。“她在干吗？”

“绕着院子四处晃悠，抬起脑袋盯着窗户，不时高声喊上几句。照这么下去，她很快就得到绿岸去了。我往冰箱补货的时候，听到他们说起她的事。”

“新来的那个住进来后，她的情况就越发糟糕了，”西蒙说，“那人叫什么来着？”

“盖布瑞尔，”葛洛丽娅拂去缝隙中的尘灰，“我挺喜欢盖布瑞尔。他给了我一个很美味的咖喱食谱。”

“他也帮我搬过梯子。”

“我打算试着做给住客吃，”葛洛丽娅表示，“不过得给它取个别的名字。”

“这么说是什么意思？”

“如果我说这是咖喱，那么肯定谁都不会吃。可要是把它叫作‘萨默塞特辣汤’，估计他们都会再添一碗。”她轻轻拍了拍自己的脑袋。

西蒙收回视线看着表格。

“你还有周末两天可以填啊，”葛洛丽娅说，“除非你有别的安排？”

西蒙觉得，这简直是星期五最叫人厌烦的地方。人们突然对你空闲时间的安排有了兴趣。他很清楚自己会有何安排，因为他每个周末的安排都一样。他会在家里电视上看足球比赛，也许还会再看部电影，最好是某部之前没看过的。然后在周日前往麦当劳的汽车餐厅，边吃边透过挡风玻璃看旁道上的车来车往，接着他会舔舔手指头，收拾好空的烤肉酱袋和沾了盐的纸盒，然后统统塞进垃圾桶里，免得把他的车给弄脏。最后他可能会在停车场里待上一会儿，考虑是不是要养一条狗（尽管他知道自己永远不会），或者是到莫里森超市里去逛一逛，嘴里嘟囔着圣诞商品这么早便已经上架，却还是给自己买了一盒百果馅饼。

“老样子，”他说，“做做运动，周日去外面吃个午餐，到什么地方徒步走走，顺便看看郊外的风景。”

西蒙自己也很是吃惊，竟然编排得还有那么点意思，于是他决定接着编下去。

“我还想着去看场电影，”他说，“你们俩谁有兴趣吗？仅仅作为朋友，哪怕只是同事，一起看个电影也很正常。”

葛洛丽娅摇摇头：“我去不了，西蒙。我要去做瑜伽静修，让我的心灵保持平静。”

西蒙看向谢丽尔。谢丽尔弱弱地说了句“不了，谢谢”，甚至没有给出任何借口，就继续盯着自己的手腕。

葛洛丽娅将烟头扔到砾石地上而后拉下窗户。

“她还在外面呢。咱们要不要向谁反映一下？”

“由她去吧，”谢丽尔说话了，“我挺喜欢弗洛伦丝。”

西蒙和葛洛丽娅都盯着她。

“她身上带着一股善意，”谢丽尔说，“只在她以为没人注意时才会流露出来。”

西蒙看回表格上的问题。空白的地方丝毫没减少。

“不用这么忧心啦，”葛洛丽娅从她胸前摸出一条颈带，“不过是份表格而已。”

他本想着说点什么，却只是把笔头塞进了自己嘴里。她们走后，他重新翻回了第一页，发现那些问题仍然很棘手，于是他来到窗边葛洛丽娅坐过的位置，开始观察起了弗洛伦丝。在这过程中，他唯一能听到的，只有时钟嘀嗒嘀嗒的声响。

弗洛伦丝

我犹豫着不知该坐哪张长椅。那边离公寓最近，但和所有主体建筑都隔着很远距离，而靠近日间娱乐室的这张则满是鸟粪。我三番五次地中途改变主意。我看到葛洛丽娅正从员工室窗口打量我，但这是一个自由国度，只要我愿意，我想怎么改主意都行。

真希望我压根没提议要请她吃蛋糕，我不过是客气一下而已。就是那个粉色头发的姑娘，穿绿色搭肩衫，一双小脚，手指甲被她咬到了贴肉的位置。“你看着很累，”我对她说，当时她正在换床单，花了太长时间整理床角，“要不我给你倒杯茶吧？稍微放松一下。”

“我们不能这么做，克莱伯恩女士，”她说，“比斯尔小姐不准我们拿住客的任何东西，就是一杯茶也不可以。”

“哎呀，只要别让她知道就行啦。”我说。

我把水壶放到炉上，决定给她用我最喜欢的那个杯子，印着戴安娜王妃的那一个。我在她去世以后买来的，为了给我自己留个念想。连艾尔希我都没给她用过，因为她太笨手笨脚了。

“我放两颗糖行吧，”我大声说，“给你补充一点能量。”

我还在搅动时她进来了，打着呵欠，都没想过抬手遮掩。如今好像都没人在意这些。

“不然再吃点蛋糕吧？”我说，“稍微犒劳一下自己？”

“我不能吃，弗洛伦丝，说真的。”

“胆子放大点，我又不会告诉别人。正巧我还有块巴腾堡蛋糕，就在你头顶那个橱柜里。”

她仰起脑袋去够把手，一切仿佛都成了慢动作。起初我还没明白究竟发生了什么，那些东西又都是从哪里冒出来的。它们散落在桌面上，还有几个滚到了地板上。

女孩站在那里没有出声。

“我没买这么多，”我说，“只有一个是我的。其他那些是谁放进来的？是你吗？”

她一声也不吭，只一直盯着它们。

总共有二十三份，她数了一遍。我想让她通通带走，可她说她不能这么做，还说她必须上报给比斯尔小姐，然后会有人过来处理。

可一直没人来。

我等了好久。

最后，我不得不走出屋外，我实在受不了了。那个味道，杏仁蛋白糖的味道。真可笑，我本来挺喜欢那味道的。它让我联想起圣诞节，我的母亲端着搅拌碗，满身面粉地冲我笑。如今整个房间都充斥着那股味道，可我却直犯恶心。我甚至试过躲进浴室把门关紧，对味道进行隔绝，可不知怎么它还是会钻进来，我照样能闻得到。杰克和克里斯去了别的地方，我也没能找到艾尔希，于是我决定就在长椅上坐着，直到有人来把它们处理干净。

“你还好吗，弗洛伦丝？”

是那个勤杂工。说得多，做得少，看着总是有点迷糊，喜欢穿双运动鞋，尽管他看起来不像那种常去健身房的类型。

“我是西蒙。”他说。

西蒙，是了。如果再多一点时间，我就能自己想出来了。

“不觉得有点冷吗？”他说，“独自一个人坐在这儿。”

“难道拉着别人一块坐就会感觉暖和点吗？”我说。

他没回答，但我自认为这问题十分合理。

“呼吸新鲜空气有益于老年人身体健康，”我说，“我读到过，在一本杂志上。”

“我只是担心，你在外面待得太久了点。”他说。

我端详他的脸。我从来不擅长猜年龄，但我估计他应该在四十岁左右。艾尔希说我猜谁都是这个年纪，可我发现大多数人看着都很吻合。他脸上皱纹不多，但因为经常想事，眼睛周围已出现细纹了。我有时会纳闷儿，是不是人年纪越大就越喜欢想事，于是皱纹也就随之增多，进而更容易促使你去思索。

“你该刮胡子了，西蒙。”我说。

我没想到自己直接说出了口。有时我以为那些话只是在脑子里过了过，可看到对方表情才发现，自己已不自觉地说了出来。西蒙只是笑了笑。

“也许是吧，”他说，“不如我送你回公寓，然后我们一起喝杯茶，稍微暖和一下身子？”

我微微挺直了背脊。“我不想看到那些蛋糕。”我说。

“什么蛋糕？”

“我根本就没有买。大家肯定都觉得是我干的，但真的不是我。我甚至都没那么喜欢杏仁糖了。”

他皱着眉头看着我，于是我向他说明了事情的缘由。

“应该有人来清理的，可是一直没人来。所以我才会坐在这里，为了躲开那些东西。”

西蒙把手搭了过来，我由着他没挣开。

“不如我来帮你处理吧，弗洛伦丝？咱们现在一块回去，怎么样？”

我从抽屉深处给他找了个旧购物袋。

“这里总共有二十三份蛋糕，”我说，“但其中只有一个是我的。不知道其他那些都属于谁。”

他把它们全部捡起，装进袋子，并打了个结。“别担心了，”他说，“就交给比斯尔小姐去处置吧。”

“你一定要告诉她，好吗？告诉她那些并不属于我，不然她肯定会为此指责我的。”

他点点头并对我笑了笑，脸上的思虑神色一扫而空了。

“看来它们掉下来的时候，还碰坏了你的杯子。”他说。

印着戴安娜王妃的那个杯子，此时倒在地上的一摊茶水里。

“这是我最喜欢的杯子了，”我说，“这下我恐怕会忘记她啦。”我的声音发颤，原因我自己也说不明白。这情况以前从没发生过。

“听我说，”西蒙表示，“我很快就能帮你修好。只是杯把掉了而已，你就放心交给我吧，弗洛伦丝。”

他把杯子用报纸包好并放进他的上衣口袋。

我抬起头来看着他。

“你可以叫我弗洛，”我说，“要是你愿意的话。”

我强忍着眼泪，直到他走了以后才哭出来。

我好多年都没这么哭过了。我人生中曾有过那么几回，因为哭得实在太多，连眼泪都已流不出来，但近年来已很少发生，感觉没有多大意义。我以为我已经忘了该怎么哭，可西蒙前脚刚走，我就意识到这和骑自行车是一个道理。

真是怪事，你可以忍受生活中或荒谬或悲痛的各种遭遇，拼尽全力去战胜千难万险，然而一旦有人向你表露出善意，这善意却反而会令你不自觉哭出来。因为这细微善举将你的心门打开，从而让所有苦痛都有了可乘之机。

“从现在开始，我们必须监督你的购买行为，”安布罗斯小姐说，“我们得确保你不会再犯迷糊。”

她问我想不想去看营养专家或是营养医师。

我问她这两者的区别何在，她只是干咳一声，就埋头在抽屉里找起东西来。我不明白人们的职位从何时开始变得这么麻烦，而这些名头又都是从何而来。我好奇这种名头是否会让人们更满意自己，还是说，它只是让其他人更容易听从他们。我告诉她我谁也不想见，我告诉她我唯一想见的只有愿意相信我的人。可对此她甚至都懒得再搭理。

我都不知道杰克和艾尔希是否还相信我，不过杰克给我带了个空气清新剂。“用来去除杏仁蛋白糖的味道。”他说。上面标着丛林小径。我把它放在沥水板上的一个塑料小盒里。它闻着有点像消毒水，但我没有说什么，不想显得自己太不领情。那家店里也有空气清新剂出售，还有薰衣草甸和冬日仙境两种味道。可我闻着都像是消毒水。我能看出的唯一区别，只有印在正面的那张图片。我一个也没有买。戴耳机的男子如今倒会看着我了。他还会把我买的所有东西，全记在柜台底下那个本子上。

我对他说：“谁都会有这一天的，只是现在轮到我了。”说完勉强挤出一丝笑容。

而他还是面无表情。

杰克把清新剂拿过来时，又问起了贝丽尔的事。他本想说得委婉一点，但立即被我识破意图，这方面男人其实相当蹩脚。他想知道她究竟出了什么事，最后又是怎么死的。他说这些也许能够派上用场，还说我们可以用罗尼那套去对付他。

奇怪的是，我虽分辨不出那些空气清新剂的区别，但无论何时只要有人提起贝丽尔，我能闻到的就只有刷着清漆的舞池木地板的味道和溅在上面的啤酒味道。我还能听到当时演奏的乐曲。所有音符，全都在我脑海回响。长号来回伸缩，手指扫过琴键。人们跳着探戈、华尔兹还有狐步舞，不断旋转将其他一切通通掩盖。我告诉他我想不起来了。我告诉他无论顺着哪条思绪回溯，最后都会走进死胡同里。安布罗斯小姐曾经说过，所有记忆都储存在我脑海里，我需要做的，只是想办法将它们提取出来。

“就像是你个人专属的检索系统，弗洛伦丝，”每当我忘记什么事的时候，她总是这么说，“所有记忆都保存在你脑海的抽屉里，我们要做的，只是找到钥匙将它们重新打开来。”她边说边拍拍自己一侧脑袋，好像我不知道脑袋长在哪里。

如果你在日间娱乐室里待的时间够久，肯定会有人拿着电影明星、国家总理和流行歌手的照片走到你面前来。

“来吧，弗洛伦丝，”他们会说，“试着打开你脑中的小抽屉。”

可我有时连认自己的脸都有些费劲，怎么还指望我能认出他们来？我干脆对着所有照片都回答温斯顿·丘吉尔，然后他们过会儿就会走开去找别的人。

我试图向杰克解释这道理，试图告诉他，有时候是某些记忆不想被重提，它们会缩进脑海的角落处，躲在其他记忆后，力图避免暴露自己。

“除了克拉拉，当时是否还有别人在场，”他说，“或许那个人会记得？”

我看了一眼艾尔希。她坐在房间角落，视线看向这边，显然也在认真听。

“西里尔当时也在，”她说，“西里尔有可能会知道。”

“西里尔·索特？”

“瞧，”她说，“你比你自己想的厉害多啦。你记得他的名字。你打开了一个抽屉，弗洛伦丝。”

西里尔·索特如今住在一条驳船上。我们听到了这种传闻，但不确定是否可信，因为有些老人家实在无事可做，会靠彼此间传递些风言风语来打发时间。不过，这一回，传言倒是的确属实。

“你觉得他还会记得贝丽尔去世那晚的情形吗？”杰克说，在我们坐进车里后。

“别的不说，”艾尔希说，“他肯定会发表一番见解。”

“他是个非常理智的人，据我所知，”我说，“至少，他当年相当理智。”

克里斯把车停在了木头长椅和垃圾桶边的狭窄空间，我们从车里出来，站在纤道上。我好多年没有来过这里。艾尔希的母亲以前常在这岸边走来走去，对着空气自言自语，我们会远远跟在后边，直到她耗尽了全身气力。我印象中，那水边总有股奇怪味道，可此时我深吸一口气，却没什么特别的。只有花草树木的清香和一股淡淡的柴油味。我记忆中的，恐怕是战后特有的那股气息，那时整个世界都散发着陈腐和破旧的味道。

在上游处停泊着一批小船。船身刷成了各种颜色，且都写着金色的字体。它们靠在运河岸边，上上下下地同步浮动，宛如一个阴谋集团。

“你觉得哪艘会是他的？”艾尔希说。

“西里尔的应该会挺与众不同吧，”我在阳光下眯缝着眼睛，“看哪一艘最格格不入估计就是了。”

我们留下克里斯，朝着那些船只走去。水里有帮鸭子跟着我们走了一路，排成一列果断坚定地划过水面，像是要去参加什么重要会议。

“这地方挺有吸引力的，对吧？”杰克拄着拐杖在纤道上敲了一路，“一早起来拉开窗帘就能看到这种景致，比起食堂防火门可好多了。”

“整个生活节奏也会跟着放慢，”我说，“像有人拔掉了给时钟上弦的钥匙。”

“如今都没人用那种能上弦的时钟了，”艾尔希挽住我的胳膊，“我觉得那才是问题所在。”

西里尔·索特坐在一张折叠躺椅上，旁边就是他的船。我说对了——船身刷成了鲜黄色，名字叫作九死一生。此外，他的名字也用红色涂料写在那底下。

“西里尔·索特爵士？”我念出声来。

“我自己给自己封的。当你有了头衔以后，人们对待你的态度就会多一点尊重，”他点头冲着那船示意，“我不明白为何只有女王才有这权力；反正我是没给她投过票。说起来，你也是时候该出现了。我都等了一上午啦。”

“你知道我们会过来？”我说。

“我看到你了，”他指了指空着的躺椅，“我之前预感到了这个场景。这种情况在我身上经常发生。我跟他们说过，我们的总理即将换人。我也预测到了，环路上会新开一家乐购。我甚至还预见到了威尔士最终取得独立。”

“可威尔士并没独立啊。”杰克表示。

西里尔敲敲鼻翼笑了笑。

“但你的预感好像并不太准啊，”我说，“只准备了两张空椅子。”

西里尔泡了一壶茶，我们坐在九月的阳光下，看鸭子。艾尔希不得不在脚凳上将就坐下来，不过也还好，她毕竟是在大家庭里长大的。我们默默听着，西里尔舒舒服服地躺在椅子上，老调重弹地说起他在六十年前就公开发表过的那一套。只不过，首相不同，爆发战争的国家名字不大熟悉，指责的对象也都换了一拨，但观点实质上并无变化。他只不过把从前那些话，放在现代语境里重复了一遍。

“这就是国家现如今的问题，”他表示，“伪善之人实在太多，到处散播着各种无稽之谈。”

“伪善之人？”

“你只要看看那些慈善商店就知道，”西里尔将茶杯搁在自己肚子上，“到处都是，那种店，跟彩旗似的隔一段就能看见一间。”

“他们做了很多善事啊，西里尔——”可杰克根本没机会把话说完。

“反正是没帮过我，那些人。我一分钱也没见到过。”

“老年人关怀协会也没有？”杰克问。

他哼了一声。“没人关怀过我的年纪。这么做当真有必要吗？”他拍了拍自己的脑袋，“反正都是心理作用。”他夸张地说。

“是吗？”杰克从躺椅上转过去，“这话怎么说？”

“这不是显而易见的吗？”西里尔将杯子放上折叠桌，那精准细致的态度，通常只在人们准备发表重要观点时才出现，“你预料什么事发生，然后它们就会发生。”

“会吗？”杰克疑问。

“当然会啦，”西里尔将杯子向左移动半英寸，“你预料大吃一顿后会消化不良，你预料下雪后会觉得冷，于是事情果然就发生了。变老也是一个道理。”

“是吗？”艾尔希说。

“大脑这器官，相当厉害呢。每二十八天就会自我更新。”

“那说的难道不是皮肤吗？”杰克表示。

“可皮肤也是大脑控制的啊，”西里尔边说边点头肯定自己，“什么都要归它管控，因此只要你能骗过大脑，一切就都能如你所愿。”

“可是，随着年龄增长，所有器官都会变得迟钝，”我说，“大脑尤其如此。”

“我可没有，反而变得更灵敏了，懂的也比六十年前多。我租了块菜地，报了门计算机课程，而且还在学习小号。那里头有一大堆乐谱，”他拇指往后，指了指那艘船，“我已经练习了好长时间。”

我点点头，向周围船只表示同情。

“何况我还会参加战争重演活动。这周六的刀锋山之战，有兴趣吗？”

我们都嘟囔着表示了推辞。

“人人都会变老的，西里尔。你看我们，”杰克用极尽理智的声音说道，“我们都像是变了个人。”

“从外表来看，也许是吧。但内心深处，我还是六十年前的那个自己，”他戳戳胸膛，告诉我们他心脏的位置，“改变的只有外面那层皮囊。”

杰克调整坐姿看了我们一眼，问道：“那么在六十年前，你又是个怎样的人呢，西里尔？”

西里尔笑了笑而后抱起胳膊说：“我当时可是个万人迷呢，对吧？非常受欢迎，那时候走在路上总会有人上前来打招呼。”

我想笑笑作为回应，可怎么也挤不出来。

“女士都围在身边任我挑选，全都被我迷得不行。我简直都要挑花眼了，选择范围实在太广。”

“那你最后选择了谁？”杰克问。

“我亲爱的艾琳，愿上帝保佑她的灵魂安息，”他在胸前画了个十字，“她是无可比拟的。你应该还记得她吧？”

我突然有些焦躁起来。

我张了张嘴又看向艾尔希，可到头来却只能说：“我迟些再告诉你。”

“我们结婚五十五年，一句气话也没说过。她是在睡梦中去世的。那天早晨我一醒来，就发现她已离开人世。”西里尔舔了舔他的拇指，而后擦起了杯边的一块污渍，“你肯定会想啊，对吧，毕竟在一起这么长时间，总该有个机会正式道别才对。”

不知道是不是因为太阳被阴云所遮蔽，西里尔看着比先前苍老了许多，也显得更加脆弱了。有时候你能依稀看到人们身上的裂缝，只要观察得足够仔细。你能看到他们哪里曾经破裂，又如何努力修补回来。

“我的妻子死于癌症，”杰克突然说，“我觉得在睡梦中离开其实算是种福分。”

“对别人而言，也许是吧。‘回头见了，西里尔。’这就是她对我说的最后一句话。我真希望有什么迹象能提前告知你，这将是你和那人说话的最后机会。‘到此为止啦，伙计，好好把握吧。’”

我们安静地坐在那里，听小船在水里缓缓漂荡，岸边有只鸽子柔声呼唤着，在等待它的伴侣前来。

“你还和谁有联系吗，”杰克最终打破沉默，“舞会上的那些人？”

“他们当中绝大部分现在都已埋进土里，要不然就是被关在收容所。”他抬头看了我们一眼，“抱歉，别见怪。”

“没关系，”我说，“这么说你和大家都断了联系？”

“我听到过一些消息。双胞胎搬去了萨里郡，要不然就是肯特郡，反正是个偏远地方。玛贝尔·福格和她孙女住在一起，家里有一大帮孩子，整天不是看动画片就是清理维他麦，”他皱了皱鼻子，“我觉着挺没意思的。”

“不管怎样，我们还是应该心存感激。有些人都没机会能活到现在，”我很小心地对他说，“想想罗尼·巴特勒。”

“有些人就不值得活太久，”他说，“那种讨厌的家伙，虽然我一开始就觉得不对劲。”

我稍微坐直了身子：“真的吗？”

“他那时打伤过好多人，想把他推下去的都能排成一条长龙了。而我肯定会站在最前面。”

“他是失足摔落的，西里尔。警方做了最终判定。当时他喝醉了，”我喉咙很干，感觉说话时嗓子涩得不行，“别说得那么夸张。”

“知道吗，意外发生那晚我看到过他。在和那个谁说话，就是死掉的那个姑娘。”

我闻言看了一眼艾尔希。

“贝丽尔，”我说，“我想你说的应该是贝丽尔。”

“没错，贝丽尔，是个好姑娘，就是话太多。不过大部分人都有这毛病，不是吗？”

杰克咳了一声。

“市政厅外面，我看到他们俩吵得很激烈。我向警察反映过，可没人对我的话感兴趣。”

“后来呢？”杰克问。

“谁知道呀，”西里尔抱起胳膊，“之后我就听人说，他们在路边发现了她的尸体。死因是肇事逃逸。但问题是，肇事逃逸的那人是谁？凶手始终没被抓到，可我一直心里有数。”他身板挺得笔直，像在为自己的观点撑腰。

我看向艾尔希。她表情丝毫没变，但一眨一眨的眼睛泄露了她的心思。

“警方肯定也有所怀疑吧，”杰克表示，“他们当时怎么说的？”

“他们把我们扣在那透风的警局里好几个小时，不停地问这问那的。这事你应该也还记得，弗洛伦丝？”西里尔晃了晃脑袋，“差点没被冻死，我当时身上连件外套也没有。”

有了，那段记忆。我感受到了，在我真正意识到之前。

“想起来啦！”我说，“那天晚上结了霜。我从舞厅出来的时候，说话都能看到白气，即便我戴着围巾。问话确实持续了好久。后来，我担心她独自躺在草地里会被冻着。”

西里尔吸了吸鼻子：“她的状态还算得体，大家都说。发现她的女人说——”

“罗尼的车！”我听到自己喊了出来，“我记得他开车驶出了市政厅停车场。我记得他离开了那里。”

“凶手当然就是罗尼呀，”西里尔龇着牙齿吸了口气，“大家其实全都明白，只是谁都没法证明。”

“哪怕警察也没办法吗？”杰克问。

西里尔又吸了几口气：“当时还没有法医一说。你应该也知道吧，警察所拥有的，不过是一个笔记本和身上的责任感。”

“这事发生在好多年前，”艾尔希说，“时代完全不同。”

我感觉脑海深处有个记忆碎片动了一下。

“那晚罗尼车上还有别人吗？”我说，“应该有的，对吧？”

我找到了，那段记忆。我打开抽屉看到了里面的内容，却不知道是否应该重新关上。

西里尔眯起眼睛，九月的阳光洒在运河上，水面一片波光粼粼。“当然有啦，”他说，“这事大伙都知道。”

“那人是谁，西里尔？”我问。

问题悬在了半空中。

我意识到自己屏住了呼吸。

“我们不知道呀，不是吗？一直没人站出来。”

“那你觉得会是谁？”杰克问。

西里尔剔了剔他的后槽牙。

“我觉得是谁根本不重要，不是吗？事情都过去这么多年了。我该说的当年全都说了，可是没有一个人认真听。”

“我们现在就很认真。”杰克表示。

西里尔往后倒在躺椅上。“我当时跑了出去，”他开始说了，“想呼吸点新鲜空气，和你一样。我看到他们在吵架，然后贝丽尔气冲冲地跑开了。”

杰克将茶杯放上折叠桌，问道：“她跑去哪儿了？”

“她穿过了市政厅后面的那片空地。当然咯，现在已经变成了住宅区。总不能一直就空在那里；肯定得在上面建房子的。我以前就和艾琳说——”

“那时罗尼在做什么？”杰克说。

西里尔咳嗽一声，结束了他的自我吹嘘：“他在原地站了一会儿，抽了根烟，盯着她先前所站的位置，然后把烟头扔到草地上，坐进车里去了。”

“这么说，他当时是一个人？”我说。

“在那个时候，是的。但他刚开到停车场门口，有人把他拦了下来，砰砰砰地敲着副驾门。他探身过来看了一眼，然后那人也坐了进去，接着车子就开走了。”

“你看到那人是谁了吗？”艾尔希和杰克异口同声。

我感觉胸口一直憋着气，马上就要炸开了。

“没有，我那个位置看不见。但我可以告诉你，”西里尔再次倒在躺椅上，“那人绝对是个女人。”

我们连珠炮似的追问着西里尔。“我不知道，”他说，“我都说了多少遍啦，我当时隔得太远。如果你还想知道得更多，不如去找玛贝尔问一问。”

“哪个玛贝尔？”杰克说。

“玛贝尔·福格。她那天走路过去参加舞会。据说罗尼离开时差点轧到她。她看到的肯定比我清楚。”

说到最后，他开始对着茶杯吹气，为了让它冷却下来。

我们走之前，西里尔稍微打探了一番我们的动机，但没发现他感兴趣的。我们开始围围巾，系纽扣，这时杰克突然转向他说：“你听说过一个名叫盖布瑞尔·普赖斯的人吗？”

“盖布瑞尔·普赖斯，是吗？”

杰克点头。

西里尔又剔了剔牙。

“应该是没有吧，”他仔细看着他那劳动成果，“他是谁呀，你们的朋友？”

“有人跟我们提了一嘴，”杰克说，“但我们想不起来他具体是谁。”

“不得不说，听起来还真有点耳熟。”西里尔望向运河那边，仿佛记忆就停在那水面上，只等着他前去发现，“我认识的人特别多，像这样想不起来的情况才是最反常的。”

他又开始剔起牙来。我简直想把他掉转过来摇晃几下，直到掉出什么有用的信息。

“不行，”他说，“我也想不起来。”

西里尔继续皱着眉头剔着牙，哪怕我们将躺椅收起也没有停止。

“你们确定不想参加模拟战争活动，这周末在休闲中心的停车场举行？”他说，“我女儿马上就能给你们做一套装束。”

“她是靠这个谋生吗？”我说。

“那倒不是，她是做高级餐饮的。你都想象不到她的客人都是些什么人。”

“是吗？”我说。

他敲了敲他鼻子一侧说：“我只能告诉你有个叫菲利普的，别的就不能多说了。”

我们沿着纤道往回走，朝着车子的方向前进。那群鸭子已经消失，只留下微风划过水面的痕迹。寒意朝我们侵袭而来。你能感觉到它就蛰伏在草丛间，掩藏在树枝后，耐心等待着亮相的合适时机。我紧了紧外套，把双手塞进口袋里。

快走到木头长椅的时候，杰克开始数落从车窗飘出来钻进我们耳朵的音乐声。一路上艾尔希都很安静。我们成功找回了一块记忆碎片，我想她大概是不知道该把它安放在哪儿吧。就在这时，西里尔追上了我们。

“我想起来啦！”他大声高喊。

我转身看到他正从纤道跑过来，手里冲我们挥舞着一张纸。

“这个，”他说着，喘了一大口气，“我就说听着耳熟嘛。我昨晚上刚看到过，那名字就嵌进了我脑海里。不过可能跟你们说的那个人没有关系。”

他把那张纸递到我手里。那是一张乐谱，写满音符的谱纸在风中上下飘扬着。这东西我从来都看不懂，不知道这些小蝌蚪如何能转变成美妙的乐音。“看，”他手指在最上方戳了戳，“盖布瑞尔·普赖斯。这名字很少见，不是吗？我就知道我之前看到过。”

纸上写着那名字，用铅笔工整地写在第一行。那个年代因为私有物品很少有，所以每件东西都要写上自己的名字，以免丢失以后找不回。

“盖布瑞尔·普赖斯（1953），”我念道，“这东西你从哪儿弄来的？”

“我女儿去惠特比度假时找到的。在一家慈善商店里。在我开始学小号的时候，她给我买了不少好乐谱。至于在那之前我就不清楚了。你想要就直接拿走吧。我可不想被人说我已派不上用场。”西里尔说完便朝着他的船走去，“休闲中心停车场，九点整。你们要是改主意了就来吧！”他大喊。

我们仨继续沿纤道往回走。

“你觉得这位盖布瑞尔·普赖斯，会和罗尼取的假名有什么渊源吗？”杰克说。

“我也不确定。”我们坐回车内系好安全带，我手里一直紧紧握着那张乐谱。

我用手指描摹那些音符，说：“不过，这应该不是单纯巧合吧。你看这首歌。”

“对啊，这是首什么歌呀？”杰克在前座发问。

“你觉得会是什么歌？”我反问他。

“深夜中，有星星和你相伴……”

我们唱了起来，回樱桃树之家的路上一直没有停，尽管我们谁也不清楚这么做的原因。

安布罗斯小姐

安西娅凝神盯着电脑屏幕。因为盯的时间实在太长，Word 文档的空白部分已开始闪烁，页面上的黑色字符也渐渐晃动起来。

撰写个人简历时，你会发现这么一个问题：你曾经做过或尝试去做的所有事，都显得那么渺小而无足轻重。多年的奋斗与煎熬被压缩成一行文字，而且感觉像只占了你人生中的一个下午，微不足道的几小时。你还会看到自己的出生日期被嵌在最顶端，你会看着那个日期，然后回顾起自己那些前尘往事。安布罗斯小姐靠在椅背上，努力回忆自己 1997 年究竟做了些什么。她经历中有好几片巨大的空白。这些空白她之前从未意识到，直到她试图将自己的人生列进这张 A4 纸里。

当然了，比斯尔小姐应该会劝她回心转意。她甚至也试过说服自己打消念头。她试过重新安排自己的生活，好让它更具有吸引力。她曾到宜家店内，走进各种样板间里，里头满是各种乱得恰到好处的床单和空餐盘。每个房间都是一个独立世界，仿佛住着隐形的家庭成员，个个都很爱干净，而且喜欢不锈钢用品。一次，她从书架里抽出一本书来，发现原来只是空心纸板。可即便如此，她离开时后车厢还是装满了盆栽和靠垫，准备用来装饰樱桃树之家的米色房间，只不过它们一摆到她的公寓里，却好像都透着不情愿。

发现这招并不奏效，安布罗斯小姐加入了一个健身房。她在跑步机上原地奔跑，在椭圆机上大汗淋漓，然后走进百货商场的美容专区，经过一排排化了妆的美丽面庞，试图选出自己想要变成的模样。她走到了其中一个柜台前，并被说动买下了一支昂贵的口红，希望它能让自己焕然一新。可涂上以后她就发现，自己还是什么也没改变，区别只在于她此时涂着昂贵的口红，而口袋里少了三十英镑。她甚至决定要开始称呼自己为安布罗斯女士。可问题是，大部分住客不知道这个称呼该如何发音，少数几个倒是叫出来了，但听起来简直像是在骂人。

最后剩下的就只有她的工作了。

她歪着脑袋，盼着从四十五度角这么看过去，自己这份简历能更具吸引力。

“你最好还是当心点。百分之六十三的人都有过因使用电脑而扭伤颈椎的经历。”

“西蒙。”安布罗斯小姐摆正脖子，准备赶紧退出页面，可是已经来不及了。西蒙弯下身来探过她肩头指了指。

“1997 年你都做了什么呀？”他问。

“我记不清了。”

“你不能留下这么大片空白，这会让他们感到不安。”

“西蒙，你过来是有事要找我吗？”

他坐在对面椅子上，然后拿出他的笔记本。“这个，”他说，“我不清楚该写些什么。”

“任何你觉得可疑的事。”

“我觉得很多事情都很可疑，只要盯的时间够久。”他说。

“那就跟着你的直觉走，”安布罗斯小姐轻叹了口气，“相信你自己的本能。”

“我不确定自己真有直觉这种东西，”西蒙看了一眼他的肚子，“我通常都会反复考虑再来做决定。而且往往要考虑挺长时间，”他说，“有时候要好几个星期呢。”

“你从没试过一时兴起当机立断？”

他摇摇头。

“从来没有过？”安布罗斯小姐问。

西蒙又低头看了一眼，然后说：“我试过一次一日游。没看目的地，直接上了出站的第一班列车。”

“后来呢？”安布罗斯小姐屏住呼吸。

“结果火车停在了一条铁路侧线上。三小时后他们才发现我。”

“西蒙……”

“我当时就是太草率了。”

安布罗斯小姐想要说点什么，却怎么也组织不好语言。

“所以你现在就是在这么干是吧？”他点头朝电脑屏幕示意，“跟着你的直觉走？”

她重新看回那份简历。“大概是吧，”她说，“其实我也不太确定，我的直觉究竟想告诉我什么。”

“你想找份什么样的工作？”

“有意思的，”安布罗斯小姐说，“能带来改变的那种。”

“做零售应该会挺有趣吧。”

“可我希望能带来改变。”安布罗斯小姐扭了扭她的耳环扣。

“你可以到一家货架全空的商店去试试。”

她在办公室里四下看了看，说：“我觉得我的生活太呆板了。光是做自己都让我感到精疲力竭。”

“我困在铁路侧线上时也感到疲惫不堪。也许问题就出在这里。”

“什么意思？”

“我当时不是在做我自己，”他说，“而是在试图成为别的什么人。”

“我甚至都拿不准自己是个怎样的人，西蒙，我也不知道要从何处入手去寻找答案。”安布罗斯小姐看着那些宋体字写就的自身经历，“我以前很清楚自己想要什么，非常确定。可现在我连安布罗斯小姐是谁都搞不清了。”

西蒙沉默了一阵，只是拂去了衬衣袖子上的绒毛。他之后开口回应时，语气显得特别温柔。“我祖父经常说……”他声音越来越低，最后完全听不清了。

“什么？你祖父经常说什么？”

西蒙轻咳一声：“我祖父经常说，你是怎样的人，取决于你给这世界带来了怎样的影响。”

安布罗斯小姐皱眉看着电脑屏幕。

直到西蒙又咳了一声，她的眉头也没展开。

“对了，关于这个，”他举起笔记本，“你觉得我应该怎么办？”

“你的……”她迟疑了一下，“心里是怎么告诉你的，西蒙？你自己觉得是怎么回事？”

西蒙长吸一口气。“我觉得弗洛伦丝被吓坏了，”他说，“她现在大半时间都坐在院内长椅上，脸色像纸一样苍白，甚至都不再跟人拌嘴了。”

“老年人的确是很容易受惊，我们有门课上学到过。”

“我没有上过任何课程，安布罗斯小姐，可连我都看得出来她是被吓坏了。”西蒙说得十分平静，完全不像他平常的做派。

安布罗斯小姐叹了口气：“你知道的吧，她现在还处在观察期。”

“她做错什么了吗？”西蒙说。

“这是一种修辞方式，西蒙，仅此而已。我给了她一个月的期限，来证明她并不需要转到绿岸去。时间应该已过去一个多星期了，然而我现在发现，情况好像越来越糟了。”

西蒙低下头看着地板。

安布罗斯小姐等着他回话，可他再没抬起头来看过她。

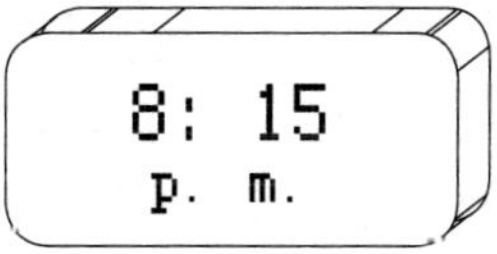

“听听时钟的声音吧，”艾尔希会说，“不要慌张，弗洛伦丝。很快就会有人来的。”

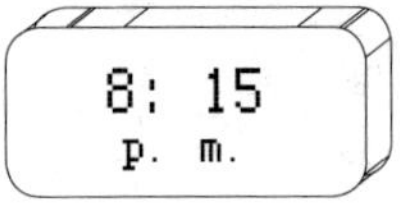

屋里有股黑线鳕鱼味。

周五的主食是黑线鳕，周四往往是各种口味的意大利面，周六则谁也说不准。味道附着在墙壁上，随着窗帘摆荡阵阵传来，只需嗅一嗅就能推断出是星期几。连地毯都散发着黑线鳕的味道。我在这里躺得越久，气味好像就越发浓烈了，但也有可能是因为实在没有别的事情可做，我全部意识都集中到了鼻子的感官上。

倒不是因为我肚子饿了，虽然按理说我也是该饿了，都已经这个时间了。我觉得这都要怪 BBC。得有人写信投诉他们，BBC 电视台，而我也真的写过一封信。我以为 BBC 的节目应该是面向所有人群的，每次我把电视打开，播的全都是些美食节目。眼睛都被那些节目给喂饱了，难怪平时会没胃口。我在一本杂志上读到过的，人到了八十岁以后，吃什么都提不起胃口。安布罗斯小姐应该帮我把信寄出去了。台长先生收，我直接写，没必要和秘书拉扯不清。当然啦，我还一直在等回音。艾尔希提醒我不要因为没收到回信而感到不高兴，但他们干的就是公众服务事业，而我也是公众之一，所以他们有这义务。我其实并不怎么在乎，我甚至都不怎么爱看电视。我打开它只是为了让屋里有点声音。

如果我没在摔倒之前关掉电视，可能他们会有人留意。在樱桃树之家，没人会在十点以后弄出响动，因而也许会有人纳闷儿我在做什么。此时外面没有别的声响，只除了车辆往来的动静，而我总觉得隐约能听见音乐声。肯定是我的耳朵出现了问题。应该还没到那么晚吧，虽然时钟隔得太远我根本看不见，唯一能做的就是听着它嘀嗒嘀嗒的声音。这声音挺有舒缓作用的，让人很安心，让你感觉其实一切都没改变。

“听听时钟的声音吧，”艾尔希会说，“不要慌张，弗洛伦丝，很快就会有人来的。”艾尔希总知道该说些什么，她总是能够安慰到我。

也许发现我的会是安布罗斯小姐。也许她会提前过来，进行这周的例行谈话，然后她会开始担心，发现我没过去应门。她会加大力度再敲几下，好让声音能传到里间，然后一边等我回应，一边回头打量停车场。最后她会拿出她的备用钥匙，但开锁时会有点费劲，钥匙会掉到地板上去，因为她的动作太过着急。进来之后，她会说：“弗洛伦丝，你这是怎么啦？”我会立即出言安抚她的情绪。“不用为我担心，安布罗斯小姐，”我会说，“我就是绊了一下。其他一切正常。”她会握住我手等待救护车的到来。她会时不时地望向窗口，盼着早些看到闪烁的蓝灯。她还会说：“你不会又打扫房间了吧，弗洛伦丝。清洁工作是我们的职责。”我则会告诉她餐具柜底下有一大堆乱七八糟的东西。她会低头冲我笑一笑，说大家知道这事会有多担心，而我也会微笑回应，并表示有人担心的感觉真不错。

尽管她的工作很忙，她还是会陪我一起去医院。

“没什么能比你更重要，弗洛伦丝。其他事都可以往后推。”

她会陪我坐在弥漫着洗手液和别人绝望气息的隔间里，等到医生终于现身。他估计会胡子拉碴且身心憔悴，在他眼里，你仿佛能看到这天曾坐在他面前的所有病人的身影。但他还是会表示出关心，他仍然会认真倾听我说的话语。他离开后，安布罗斯小姐会走到自动贩卖机前，买来两份纸盒装的茶饮。我们会小口地喝，尽量不被烫到，在这期间，我会看着安布罗斯小姐，思索是否要和她分享我的秘密。我试着想象了一下她眼里会流露出的善意，想象她到那时可能会说些什么。然而当我此时躺在这里，为自己的故事挑选最终的出场人物时，我自己其实都不确定，安布罗斯小姐能否明白我的心情。

弗洛伦丝

安布罗斯小姐发话时，我们都坐在日间娱乐室。我其实根本不想来，可艾尔希执意要如此，而我也不想独自对着墙壁发呆。我知道安布罗斯小姐应该是有话要说，我听到她走过去时清了清嗓子。西蒙就跟在后面只隔了三英尺，却完全事不关己地倚靠在墙边。

“向大家宣布一个激动人心的消息。”她走到房间正中开始说话。

又来啦，我心想。我发誓这话我只在脑子里过了一遍，可我肯定是又大声说出来了，因为我四下里看了一圈，发现艾尔希抬头望着天花板，杰克则在用咳嗽掩饰他的笑声。

“一个相当激动人心的消息。”她重复一遍，只是这次视线一直没从我身上移开，而且语气也更为平静，“我知道你们都是《货真价实》这个节目的忠实观众，对吧？”

好几个人把头抬了起来，连霍尼曼夫人似乎都有点兴趣了。而我向来对此都不很感冒。人们满怀期待地将自家阁楼扫荡来的传家宝抱过来，声称能够值多少价钱，可一旦结果远远低于预期，便会立即拉长个脸。不过好歹还是比美食节目有趣一点。

“是这样的，”安布罗斯小姐说，“我很高兴能在此宣布，《货真价实》的节目制作人决定，要在我们樱桃树之家拍摄一期节目。他们很喜欢庭院里的那种氛围。”

这下连我也把头抬了起来。

“哦，那可太棒啦！”杰克说，“听到没，弗洛伦丝，这样正好能让你忘掉不开心的事，你要上电视啦。”

“这个嘛……”安布罗斯小姐拉长话音，脸颊鼓起来显然还有话补充，为了拖延时间，她还在原地轻轻蹦了蹦，“我们觉得，也许，各位住客最好呢，可以离摄像机远一点。”

“远一点？”杰克问。

“事实上，全程都不能够入镜，”她说，“待在公寓里是最理想的。

当然啦，摄制人员一旦离开，你们就能马上出来。”

“你可真是好心啊。”杰克说。

“没办法啊，到时候这里肯定会有许多贵重古董，都是些年代久远的宝贝。我们必须非常小心才行。谁也不希望有任何物品遭到损坏吧，那可是不可原谅的哟。”

“那倒是啦。”杰克说道。

“当中可能还有些无价之宝。”

“确实是很珍贵。”他说。

我看见西蒙望着地面，运动鞋侧边抵在地毯上来回磨蹭。

三天后，他们来了。我拉开窗帘看到院子里满是人和厢式货车，像极了将罪犯扭送进监狱的那种车，只是里面没有装围栏。

“你看看，”我对艾尔希说，“这么大阵仗就为了一个电视节目。”

院子完全变了样子。长长的电缆线布满了草地和人行道，人们拿着写字板和纸盒走来走去，弄得到处都是砾石沙子和沾了泥的脚印。到了八点，已经有人排起队来。队列弯弯绕绕，围着主楼一直延伸到车道上。人们胸前抱着各式物品，画作、玩偶屋、托比杯、烛台等等。甚至还有位女士拿着一个疑似马桶座的东西。

杰克来了，也和我们一样站到窗边。“大家全都期盼着自家楼梯柜里挖出的宝贝能值上大价钱。”他倚着暖气片，双手抱在胸前。

“我屋里连楼梯也没有，”我说，“更别提什么楼梯柜啦。”

我们沉默地站在那儿。

我刚准备给大家泡杯茶，多少打发掉一点时间，杰克突然就说起车道尽头的那趟巴士每隔十五分钟就会停靠在路边，还提议我们坐上车去外出游玩。

“咱们不用跟谁报备吗？”我说。

“弗洛伦丝，他们甚至不会留意到我们已经出门，”他说，“都忙着准备拍卖活动，没有多余精力。”

他这个主意可比烧水喝茶有意思多了。

巴士里有股袋装薯片和别人脚气的味道，尽管我们刚上来没多久。艾尔希特别夸张地用外套袖子在座位上扫了一气，她嘴里叽里咕噜还没抱怨完，巴士已传来报站声，车子停在了商业街最顶上。

“我们来啦，”杰克说道，“大都市。”

这地方既算不上都市，也不是非常大，但比起一整天待在楼上盯着别人头顶可有趣多了。

我们沿着人行道开始往前走，但光是走路都颇有些难度，因为周围到处都是人。

“这么多人是从哪里冒出来的呀？”我说，“又都要赶往哪里去啊？”

“今天是星期六，”艾尔希说这话时眼睛直视前方，她说过将视线撤离战场会十分危险，“大家都会出来购物。一直都是如此。”

走在熙攘街道上，人们都保持着某种心照不宣的步调，然而我们完全跟不上。推婴儿车提购物袋的人实在太多，还不停有人咂嘴想要超过我们。杰克的腿被一辆婴儿车撞到了，我们决定先到玛莎百货里去喘口气。

我们首先来到男装部，里头安静得近乎诡异。尽管那儿有很多人，但所有人都很规矩而且安静，错身而过时踩在地毯上的脚步也相当斯文。人们在玛莎百货总会表现得很有礼貌，对吧？地上用不同颜色标着各种路径，走两步就能看到那种服装模特，全都表情空洞且没有眉毛。

“那个看着很像西蒙。”经过其中一个时我这么说，可谁也没有搭理我。

杰克买了几双袜子和一件套头衫（他说穿上会让他显得很亮眼）。之后我们便来到了女装部，艾尔希试了一大堆帽子，可没有一顶适合她。我没有直接这么说，但我想她应该也发现了，因为她不发一语地看起了围巾。

“你用不着买围巾吧，”我说，“不是有格温织给你的那条吗？”

她说她已有多年没戴过，她甚至想不起它如今放在哪里了。东西经常会失踪不见，有的被落在长凳上，有的则丢在影院里，还有些会从外套口袋掉出来，或者借给别人而对方没有还。最后她选了一条苏格兰纹的围巾。她说这个纹样很时髦，我没发表意见，不想打破她的幻想。

我们乘着自动扶梯来到最顶层。我一直很喜欢坐自动扶梯，巴不得更多地方都能安上才好。它们不单能把你送去目的地，这过程中你眼睛也不会闲着。我还想再坐一遍，但艾尔希说要是再不抓紧一点，餐厅里肯定会人满为患，所以我忍住了，打算下次再来。我们选好菜品，端着仿瓷托盘，挑了角落一张桌子坐下，喝着用厚白瓷杯装的咖啡。我们都没提起罗尼。真是奇怪，因为我一次也没想起他来，这么长时间以来，我第一次产生了思考些其他事情的念头。直到我们离开百货商场，挤进街上的拥挤人群，并在斜坡顶上转了个弯，他才重新出现在我脑海。估计是因为那个教堂。它矗立在山坡顶上，像个家长在小心地守望整座城镇。

“贝丽尔就埋在那个教堂墓地。”我说。

“她就在那儿，”艾尔希说，“在那棵悬铃木后面。”

我们不约而同地朝着教堂正门走去，走到一个小玻璃柜旁边停下来，上面贴着服务时间和几张托婴团体与青年俱乐部的海报。受潮的木头边框上，用金色涂料写着几个字：圣埃利吉乌斯。

“我还记得葬礼的情形，”我说，“我还记得一清二楚，就好像我们刚从教堂出来。”

“你瞧，”艾尔希说，“记忆从来不曾丢失，只是要等你重新发现。”

“如果你不愿意，也不需要硬逼自己回想，”杰克拿拐杖尖端在路上轻敲了几下，“有些记忆可能不想起来反而更好。”

“不，我没有不愿意。”我推了推记忆里的那扇小门，所有障碍从我面前一扫而空，“我非想起来不可，这是我们找到答案的唯一方式。”

罗尼也在贝丽尔的葬礼上。

我想起来了。他沿着过道一路走来，在最前排找了个位置，而谁也没敢上前拦他。教堂里面坐满了人，可全是些年轻得不该出现的面孔。艾尔希和我坐在后面，我怕艾尔希中途要出去透气。她看着那么苍白瘦小，全身抖得十分厉害，我不得不握住她的手，才没让赞美诗集掉到地上。我记不得当时唱了什么。哪里还能顾得上呀，都到那个时候了，还指望人能唱出歌来？他们心里已被哀伤填满，连好好说话都很困难。

所有仪式结束以后，罗尼往外走时经过我们面前。事情就在这时发生了。就在那个瞬间，我知道自己必须做点什么。他冲着艾尔希笑了一下，拉长嘴角，动作缓慢，不慌不忙。好像在说，不论今后发生什么，他都一样志在必得。我看着艾尔希，瘦小脆弱，伤透了心，当时我就醒悟了，我必须要做点什么，我必须要保护她。也是在那一刻我意识到，贝丽尔的死还不是终点，一切才刚开始。

我抬起头，发现我们已来到教堂前。我回头看了看身后的路，脑子里完全没有走来的印象，甚至不确定这是否真正存在。

艾尔希抬手抚上那扇巨大木门。木门制作得相当精良，上面装饰着黑色纹饰，线条顶端弯曲，最后汇成一个圆点。

“你想进去吗？”杰克问。

它看着像是一扇魔法之门，打开后会进入另一个世界。

“不，不要了，”我说，“我现在只想赶紧回去。”

巴士驶到车道尽头将我们放了下来，我们安静地朝着樱桃树之家走去。我一直都埋头走着，快到主楼我才抬起头来，直到这时我才发现，大部分电视台货车都已消失不见，取而代之的是一辆大型警车，安布罗斯小姐双臂交叉站在院子中央。谁也没有多瞧我们一眼。

我们走过西蒙面前，他斜靠在墙边，正嚼着口香糖。

“出事了。”他说，我估计他相当生气，因为我们经过时并没有主动问起，“而且情节还挺严重。”他大声说。

“出事？”杰克问。

艾尔希回头看了看：“出什么事啦？”

“有样东西不见了，”他说，“是件古董。安布罗斯小姐都要抓狂了。”

我看了一眼安布罗斯小姐，觉得这描述的确很属实。

“是什么东西？”杰克说，“那件丢失的古董。”

西蒙又嚼了几下口香糖。“一块手表，”他说，“应该是。”

的确是手表，我确定了。因为当我们回到我的公寓，它就摆在餐桌正中，等着我们。

艾尔希已取下她的新围巾，尽管天气并不合适，她还是执意戴了起来。杰克将帽子挂上门边的小挂钩，然后说：“怎么着，要接着把那壶水烧开吗？”我在他俩后面走进起居室，然后大家全都定住脚步盯着它。

警察拍拍我的胳膊说：“人人都会犯迷糊的。”跟着便将他的本子收了起来。他表现得非常善解人意，但不知怎的，我反而宁愿他不要这样。安布罗斯小姐这一次完全无语了。我什么也没说，没说我们一整天都在外面，也没说不是我做的，或者让他们去问问罗尼，因为我知道没有人会相信。我发现我已无心去争论，只是死死盯着那块手表。

手表采用的是透明底盖设计，能看见所有细小齿轮，在玻璃盖底下转动，数着过去的每分每秒。在此之前我从没想过时间这东西是如何运作的。感觉其实相当美妙，看到它如此直观地呈现在你面前。所有齿轮都在转，一个个紧密地契合在一起，即便有些看着相隔遥远，会令你惊叹这一切如何实现。然而，一旦意识到它们之间这种关联，你就会情不自禁地一直盯着。

“你怎么什么也不说？”杰克关上房门，“为什么不说我们这一整天都在外面？没人会介意我们未经许可擅自外出。”

"因为没有人会相信我，"我看着他们俩，"首先你们就不相信。"

"我们当然相信你啊，"艾尔希说，"我们俩就从没怀疑过你。"

"我知道不是你干的，"杰克坐在我面前，"我可以百分之一百地确信。"

"你怎么能如此肯定？"我说。

"弗洛伦丝，我一整天都和你在一起。怎么可能会是你啊？"

"我一直都跟你们说，他曾进过这个房间，而且还动过屋里的东西。可就是没人相信我。现在，他们只盼着把我扫地出门丢到绿岸去了。"

杰克突然站起身，像是坚定了什么主意，也更明确了自己的心思。"行吧，"他说，"那咱们就来个以彼之道，还施彼身吧。"

"你这是什么意思？"

"我的意思是，弗洛伦丝，我们不能一味挨打而不还手。我们必须得阻止他，趁现在还来得及。"

我感觉泪水逐渐盈满眼眶，马上就要决堤了。"你可以叫我弗洛，"我说，"如果你愿意。"

安布罗斯小姐

安西娅·安布罗斯回过头，看了看那个泰瑞金装巧克力礼盒，东西已在她办公室搁架上摆了一上午，是住客亲属为表感激而送来的礼物。这种时候人们往往会选择巧克力，而并非水果。人们用卡路里和精制糖来表达他们的感激之情，每当她努力扣上裤子的时候，都能从绷紧的腰带里感受到他们的心意。这一次，起因是他们要去兰萨罗特岛[1]待上两周时间，但不能带他们的埃达姨妈一起，她会挤进一楼某个单间暂住一阵，从礼盒的尺寸就能看出他们有多期待这趟旅行。

---

① 西班牙著名旅游胜地之一，是个保护自然风光原始风貌，大力发展旅游业的火山岛。

也有人会寄卡片表达感激，背后那面墙简直能谱成一首感谢的合唱曲。每次她关上办公室的门，风吹动卡片就像是在为她鼓掌，尽管其中有些因为年代久远，她连住客的面容都已记不清，更别说是那些家属了。然而她一张也没有扔，这些卡片让她觉得自己还有些用处。有些时候，你确实需要一些实实在在的能握在手里的东西，来向自己证明，你的存在绝不只是在浪费时间。她曾经数过一次，发现她在樱桃树之家工作期间，平均每年会收到 16.2 次感谢。只是她也不太清楚，她是该为自己感到高兴，还是悲哀。

她刚准备重新点算一遍，杰克突然用拐棍敲了敲玻璃门。

“安布罗斯小姐，请你马上跟我走一趟。”

安布罗斯小姐咽下嘴里最后那点香草巧克力，她最爱的口味，问：“怎么啦？”

“这件事情非常紧急。我觉得有人入侵这里。”

“入侵？”她揉了揉还黏在口腔角落的巧克力，“现在才刚早上十点。选在这个时间入侵也太奇怪了吧。”

“我不知道这事还能告诉谁，”他说，“其他人都不如你可靠，安布罗斯小姐，不像你能让人安心。”

好吧，杰克看上去确实很激动。

“唔，看在你这么坚持的分上。”她想着要把最后一颗香草口味的巧克力带到路上吃，但最终决定还是暂且留下，万一真的有人入侵，她得吃点什么刺激她自己，“我先拿下我的钥匙。”

“哎呀，已经来不及啦。”

她把口袋翻了个遍：“很快就好。”

“我先前看到他的时候，他已经朝着日式庭院走过去了。”

安布罗斯小姐听到自己办公室门吱呀打开的声音时，他们甚至都还没走出那道走廊。

“唔，现在反正是没见着。”安布罗斯小姐望向涂了清漆的小桥那头，桥底下只有一大堆扁平石子，因为比斯尔小姐非常担心，怕有住客会跳进这六英寸深的池子里，“你看见他时他到底在哪儿？”

杰克朝旁边小道胡乱挥了挥。“那边某个地方吧，大概是，要不然就是在那头。”他又朝其他方向挥了一下，“当然啦，也有可能是其中一位园丁。”

“他长的什么模样？”

“中等身高，中等身材。”杰克拿拐杖敲了敲砾石路，“可能是穿着套什么工作服。”

“所以很有可能就是个园丁，对吧？”

杰克又在地上敲了几下。“有这可能。”他说。

你会禁不住想象，杰克来到这地球上时，便已是现在这模样，头发灰白，佝偻着背，戴一顶平顶圆帽；你会想象所有住客都是猛地一跃，便从刚出生跳到了老年期。但有些时候，非常偶然地，安布罗斯小姐会留意到一些小细节，能看出他们曾经是怎样的人。一个眼神，一抹微笑，一句玩笑，挣扎着想从翻过的过往篇章里逃脱出来，如同囚徒在拼命博取自由。

安布罗斯小姐眯缝起眼睛，说：“这事恐怕有猫腻吧，杰克。”

“有吗？”他回避着，不肯和她对视。

“肯定有。这件事恐怕你和弗洛伦丝·克莱伯恩都有份，也许还有些别的什么人。听着，早晚有一天，我一定会把这事查清。”

“是吗？”

“当然。”

杰克低头看着桥下的石头，说：“这事真没什么猫腻，安布罗斯小姐，我可以向你保证。”

说完他便笑了笑。

安布罗斯小姐穿过停车场往她办公室走去。贾斯汀正把手风琴从露营车尾厢搬下来，杰克的儿子坐在沃尔沃车里，吃着像是烤蔬菜帕尼尼三明治的东西。看到她经过车窗外，他举起一片小胡瓜和她打了个招呼。

她满怀疑虑地把办公室仔细打量了一遍，却发现还是她之前离开时那样子。也许是她反应过度了吧，也许她应该允许老人家有些小怪癖。她学过的，在一次课上。

“行为表现越来越古怪。”课程手册上写着。

安布罗斯小姐继续数起了墙上的卡片。

“逐渐变得固执和多疑。”

远处某个地方，突然传来了关门声。她迅速转过身去，因为速度太快，感觉整个房间都在往一边偏。如果没事那就算了，但要是真有人来找她麻烦，她也不知道自己会做出什么事。光想想她就有点天旋地转，忙把手伸进盒里摸索那最后一颗香草巧克力。

可它已经消失了。

弗洛伦丝

扶手椅上摆着那把新配的钥匙，我们全都大惊小怪了一番，杰克、艾尔希还有我，仿佛那是什么尊贵的客人。

“克里斯什么也没问？”我说。

“我用一份帕尼尼收买了他。”

“一份什么？”

“其实就是三明治，换个名头好收你双倍价钱，”杰克拿过钥匙，对着灯光举起来，“你表现得挺不错啊，能把原件偷出来。”

“我这辈子就没偷过任何东西，”我说，“我们只是借用一下而已。”

事情进展得十分顺利。日间娱乐室里的大家都在忙着观看艾伦·蒂施马奇[1]的节目，没工夫关心我们在做什么。唯一美中不足的是，我把

---

① 英国著名园艺专家、主持人和小说家。

手伸向了那盒泰瑞金装巧克力。艾尔希坚持让我把它放回去，但很可惜，那是一颗软心巧克力。只希望，谁也不会察觉这件事。

“现在我们需要做的，”杰克说，“就是选择行动时间了。”

“我都不知道罗尼到底出不出门，”我看向窗外，“也不知道他都在做些什么，除开在我公寓周围鬼鬼祟祟的时候。”

“每周星期二，他会去英国军团[①]。从上午十一点，到下午三点回来。”杰克说。

“真的？”艾尔希说，“你怎么知道的？”

杰克碰碰他的鼻翼。“对待敌人要知己知彼。”他说完，笑了一下。

我也碰碰我的鼻翼并回以微笑。

“看着有点空荡，对吧？”我说。

我们在罗尼公寓转了一圈，说话声音压得很低。我都不明白我们为什么会觉得如此新奇，明明所有房间都是一个样子。这一点跟酒店很像，是真的，只不过我们都住在这里。他没花半点心思装点这房间，连一个装饰品都没看见。

我拿起一个靠垫。每间公寓里的靠垫都是同一颜色，比斯尔式米色，艾尔希这么称呼它。我自己重新做了布套，用衣柜深处找到的剩余布料，但罗尼的就还保持着原样，甚至看不出有被人靠过的痕迹。

“也许这样反而最好，不会弄得乱糟糟的。”杰克表示，他的公寓是我见过最杂乱的一间。衣柜里仍挂着他亡妻的衣服，像是一列沉默的人，在等候着指示。就连她的梳子也还摆在浴室架子上，而她的外套则仍然挂在门边，以防她什么时候回来还能派上用场。

“放个装饰品又碍不着什么事，”我说，“他壁炉台上连个时钟都没有。”

杰克看了看长沙发后边而后摇摇头。“也许罗尼·巴特勒就喜欢简

① 英国退伍军人组织。

单一点。”他说。

我把那张乐谱从包里拿出来。“或者应该叫他盖布瑞尔·普赖斯才对。”我说。

杰克正在检查橱柜，但他中途停了下来，脑袋从柜门后面探了出来，问：“你把它带来做什么？”

“我要把它放在这里，我要让他也尝尝滋味，”我说，“就像他之前挑衅我一样。”

“弗洛伦丝，我真不建议你这么做，”艾尔希猛地坐到扶手椅上，“他是个危险人物，谁也不知道他到时会做出什么。”

“我会选择放弃，如果我是你，”杰克说，“还是先不要激怒他吧。”

杰克和艾尔希观点统一，这件事一点也不出奇，他们总能够达成一致。可我就是想要惹怒罗尼·巴特勒。过去这六十年间，他一直搅得我不得安宁，总是不请自来地钻进我脑海里，像一层黑影笼罩着我所有做过或未曾做过的事。自从贝丽尔去世那晚开始，我脑海中就不曾有过一天没出现他身影。有时候我感觉过去仿佛就在我近旁，只要跨过一步就能把一切都重走一遍。因此当杰克重新开始检查橱柜，而艾尔希决定掀起地毯查看时，我把那张乐谱悄悄塞到了某个米色靠垫底下，然后把手收了回来。那乐谱是我的东西，要怎么处置理应由我决定。

“我真不觉得这里会有什么线索，”杰克站在起居室中央四下望了望，“要不咱们到卧室去瞧瞧？”

起居室内的寡淡基调也蔓延到了其他房间，那卧室看起来更像是下了 M6 公路以后会去睡的地方。窥探别人的餐具柜就已经够奇怪的了，现在还要打量人家睡觉的房间，感觉上就更诡异了，因而我们全站在门口不动，干等着。

“走吧，赶紧弄完走人。”杰克说道，“我检查衣柜，你去看看床底。”

艾尔希和我一人一边，我跪下来把羽绒被掀起来，发现她就在对面看着我。

“看到什么了吗？”我又把被子往底下掀了掀。

“只有你的脸。”她说。

“这里边什么也没有，”杰克的声音从衣柜传来，“他实在没几件衣服。”

“衣服口袋都搜过啦？”我说，“电视剧里往往会在口袋里找到线索。”

“当然搜过啦。”杰克从柜门后面探出脑袋又缩了回去。

床头柜里只有一瓶维克斯鼻腔喷雾剂和一本旧书。

“这人活了八十多岁，却连一件带有个人色彩的物品都没有，”杰克说，“有点古怪，不是吗？”

我们又检查了厨房，可除了比斯尔小姐配备的炊具盘碟就什么也没了，甚至冰箱都是空的。

“连一品脱牛奶也没有，”我说，“或者是半个吃剩的橙子。”

我拉开一个塑料抽屉，艾尔希往里看了一眼，空的。“就算这里提供上门送餐服务，”她说，“冰箱里怎么也该有点东西吧。”

“比如一瓶腌洋葱，”我说，“或一罐打开的意面酱。”

“真是泄气，”杰克说，“白费了这么多工夫。”

艾尔希叹了口气：“你饿不饿，弗洛伦丝？”

“有一点。”我说。

“那也没办法呀，”杰克把他的帽子扶正，“这地方需要彻底搜查。”

“那我们现在怎么办？”我说，“角角落落都翻遍了，还是什么也没发现。”

“咱们需要调整思路，”杰克在我们经过一面镜子时朝镜中的自己点点头，“肯定是哪里遗漏了。”

我们来到过道里（其实根本算不上过道，只是厨房和大门之间的一块铺着米色地毯的一平方英尺的空地），艾尔希突然抓住我的胳膊。

“他的鞋，他的鞋子还没检查过。”

起初我没反应过来她是什么意思。

“你不记得啦？罗尼经常把东西藏在他鞋子里。火柴，钱，任何他不想被别人拿到的东西。”

“是啦。”杰克本已准备伸手开门，听到我的话又停下脚步转过身，“我们得去看看他的鞋。”

我再次进到卧室打开衣柜门。黑暗中，一双棕色系带鞋静静迎上我的视线，似乎全然不构成任何威胁。鞋尖已有点磨损，后跟处沾了些许污泥。我把手伸进去摸索起来。什么也没发现，只有皮革的平滑触感。也许是我们想岔了。也许罗尼已戒掉了这种愚蠢习惯，不再把东西藏在那地方。然而，当我把手从第二只鞋里往外抽时，指尖传来了异样的触感。鞋底似乎有点鼓起，在边角处。有个地方凸出了一点，非常难以被人察觉，可我把它掀起以后，发现底下有张小纸条，对折了不知有多少次，边缘处能看见蓝墨水的痕迹。

“找到啦！”我大声喊，杰克和艾尔希从门边探出头来。

“快，快打开看看。”杰克整张脸凑上前，并把眼睛眯缝起来。

“你总得给我点时间吧。”我说。要打开这东西并不简单，纸条折得很紧且一点没松动，好像已等待了太长时间。终于，我把它摊开来摆在床罩上。

“看着像是什么电话号码。”我说。

“或者是个什么密码？”艾尔希说。

“我看着也像是电话号码，数字的位数刚刚好。”杰克指着那小纸片。

“咱们打过去吧！”我拍了拍手，每拍一下，艾尔希就眨一下眼。

“还是先等等看吧，”杰克说，“先抄下来然后把它放回原处。”

于是我们这么做了。出来后杰克把门关上，只传来很轻的咔嗒声响。我们一路跟着他往回走。“罗尼绝不会知道我们来过。”他回过头说。

“对，”艾尔希说，“肯定不会知道。”

这么说其实没问题，只要没有那张乐谱。回公寓的那一路上，还有杰克和艾尔希走后的那一整晚，我一直都未曾合眼，怀疑自己这事做得到底对不对。

玛贝尔·福格住在一座山顶上，在房子的最顶层。房子其余部分住着她的女儿和孙女，三代女性共同生活在一起，如同多层结婚蛋糕一般，一层一层向上堆叠。

“那样住好像也挺不错啊。”杰克说。车子一路弯来绕去，搅得胃里翻山倒海。

克里斯对此不予回应。

我在构思一封很麻烦的信，准备寄给高速公路局。我决定把想到的内容都念出声，好让他们也参与进来。艾尔希坐在我的身旁，她总打呵欠，被我念叨了一顿。

“你能消停一下吗？”我说，“我都要被你传染啦。”

“我昨晚没睡好，”她又打了个呵欠，“音乐声吵得我没睡着。”

“音乐？”我说，“我没听到音乐声啊。”

“你觉得呢，克里斯？”杰克放下拐杖，两手抓住仪表板，“我搬去你家阁楼怎么样？我只需要有间卧室就行，反正我可以每晚坐在客厅和你一起打发时间。”

克里斯先前还挺高兴的样子，此时所有积极情绪仿佛都从他脸上一扫而空。

杰克在前座回过头来冲我们眨了眨眼。

我们把车停在房子前边，不过眨眼之间，一群母鸡叽叽喳喳冲了过来，又浩浩荡荡地窜去了别处。鸡这种家禽，挺不一般的。如果你肯花点时间仔细观察，会发现它们其实很好看，这方面和鸽子倒挺像。可没人肯花这心思。我指着它们，开始讲起我改为吃素那周所发生的事。比斯尔小姐将苗头扼杀在了萌芽中，也许这样反而是件好事，因为吃顿饭对所有相关人员而言都变成了一场严峻考验。

院子里挂着一排洗净的床单，被风吹得不停翻飞舞动。这就是我曾梦想自己到了某个阶段后会住的那种房子，如果事情当初能有不一样的发展的话。

“我对玛贝尔印象不太深，你怎么样？”从车上下来后，我问。

“我只记得她嘴巴根本停不下来。”艾尔希表示。

然而，玛贝尔，她显然还记得我们。前一天我给她打电话时，她说话的口吻好像我们上周才刚见过面。“即使是在电话里，我都能听出她在笑。”我说。玛贝尔站在门廊等着我们。她看着壮实而且可靠，有种胖人自带的那份安心感。当然，她的头发也已灰白，但还很硬，十分讲究地搭在她肩头。两个小孩，像长在她身上似的，分别抱着她的两条大腿。

她大声说：“我们都在等你们哪。”可待我们走到面前，两个孩子都把头转了过去。她们简直是玛贝尔的迷你版，像极了多年前的那个小孩。她们的面孔看起来是如此相似，仿佛从前那段时光一直不曾真正离去。

玛贝尔的女儿给克里斯做了一份三明治（馅料是咸牛肉，少许腌黄瓜，加一小撮盐），我们则和玛贝尔一起，坐在光线充足且堆满干爽衣物的房间。

她首先为混乱的房间表达了歉意，接着话锋一转，立马谈论起了她的几个曾孙。他们来了，一个接一个，仿佛接收到了某种无形召唤。我一个个地看过去，越看心里越着迷，最后直接张着嘴巴，毫不掩饰地盯着其中一个六岁的孩子。

“你没有孩子吗，弗洛伦丝？”玛贝尔问。

“我连丈夫都没有，哪来的孩子呀？”我看着最后一个孩子从房里走出去，“他们就像是你的小小缩影，不是吗？即便你哪天离开人世，他们仍会继续生活下去，如此反复生生不息。想象一下都让人激动！”

玛贝尔再次表示了她的歉意，但说老实话，这屋子看着一点也不乱。尽管阳光从窗外倾泻进来，将所有玩具、衣物和填色图书都照得明明白白，可所有东西好像都正好待在它们应该在的位置。

我们开始叙起旧来。美好往事再次重提，确保它们不被忘记。所有场景全都经过细心打磨，好叫它们更易叫人接受。我们谈论战争，却不提及因此造成的死伤、恐慌以及苦痛；相反，我们更多地聊到了友谊，还有当时应运而生的那种莫名的团结意识。有些人我们提都不提，还有些人则留下了浓墨重彩的一笔。那些生命中的贵人再次浮现在脑海里，至于招致麻烦的则已从我们记忆中消失。这便是回忆往事的最大好处，过往时光可以完全按你所想的面貌呈现。当然了，这就意味着，我们谁也没有提到罗尼·巴特勒。正当我寻思着该如何引入这话题时，玛贝尔的女儿端着壶茶走了进来，并说到我们打电话过来的时机有多凑巧，因为她母亲上一周从英国退伍军人协会回来后，还赌誓说她在一辆巴士上看到了罗尼·巴特勒。

水果蛋糕就这么停在了盘子和我嘴巴正中间的位置，过了好一会儿我才反应过来，自己正准备要把它吃下去。

“罗尼·巴特勒？”我说。

“但是当然啦，肯定不是他，”玛贝尔取过另一块蛋糕，“那是不可能的。”

“是不可能。”我说。

“不过……”玛贝尔又把蛋糕放下来，“那一瞬间我真的觉得就是他，连声音都一模一样。你知道吗？我听到他和司机说话，完全一样，让我一下回到了从前。”

“是吗？”我说。

“而且他下车的时候，我看到他也有块小印子，就在他的嘴角。”

她伸手一指，然后我们全跟着指了一下。

“我和他说了，你看起来很像我认识的一个人。”

“你和他说话了？”杰克说。

她当然会和他说话了。玛贝尔和谁都能说上话，哪怕是在一间空屋子，她都能找到说话的对象。

"他当时怎么说的？"我坐在沙发上身体往前倾。

"你们都说了些什么？"艾尔希说。

"也没什么。他说他最近刚搬过来，在这边一个人也不认识。"

我们越过洗衣篮交换了一个眼神。

"可把我吓了一大跳，真的。"玛贝尔不像那种容易吃惊的女人，但我能想象，那场景确实可能产生这效果，"我想起了自己最后一次见他的情形。"

我们等着她往下说。就在我准备开口的当头，艾尔希又瞟了我一眼，我们用视线交流了起来。艾尔希经常说，如果你能任由对方沉默不去催促，他们最终主动吐露时，会比你出口询问时热忱得多。虽然我不愿意承认，但她说得确实没错，玛贝尔主动回忆起了那段往事。

我看到艾尔希满意地对我点点头。

"那正是贝丽尔去世的那一晚。我刚转过街角往市政厅赶去，突然他的车子就猛冲过来，差一点把我撞倒了。"玛贝尔抬手按在自己胸前，"搞不好我当时就一命呜呼了。"她这么说，手不自觉地用力在胸前按出了红印子。

"当时罗尼车上还有别人吗？"杰克说。

我努力咽了咽口水，可喉咙很干怎么也不肯配合。我担心自己会突然咳嗽，或被憋得窒息，而我愈是担心，好像就愈有可能变为现实。我的身体总是在关键时刻不大受控制。

"当然有了。但我不知道他当时是和谁一起。这些年我也不是没琢磨过这件事。"

"结果呢？"杰克说。

玛贝尔缓缓摇了摇头说："我只记得有片红色一闪而过。围巾吧，有可能是。"

她目不转睛地看着我们。

"或者是帽子？"她又说。

一个小孩突然冲进来，手里挥舞着一张小纸片，将我们重新拉回了现实世界。玛贝尔和他进行了一段奇怪的对话，我一字不落地跟着默念了一遍。我伸手召唤他到跟前来，可他没来，反而飞快冲回了主屋去。

“我真希望能再见他一面。”玛贝尔看着那孩子离去的背影。

“谁？”我说。

“长得像罗尼的那个人。没准他们会是什么亲戚？”

“如果我是你，我就会躲得远远的，”杰克说，“还有任何自称盖布瑞尔·普赖斯的男人。”

“那又是谁？”

“只管记住这个名字，”他说，“然后平时当心着点。”

“我没事，”她吃了一口蛋糕，“我有自己的专属警官。”

“这家里有当警察的？”艾尔希问。

“桑德拉和一名警探结了婚。当然，他现在退休了，但思维方式并没退化。另外，还有我的丈夫诺曼。”

“诺曼？”我说。

“你还记得学校里那个诺曼吧。我们结婚快六十年了。”

诺曼，小个子，瘦身板，没有能力奋起抵抗。“可我以为他早逃走了。”我说。

“逃走？”玛贝尔皱眉看我。

“逃去伦敦。”我说。

她笑了起来：“诺曼这辈子只去过伦敦一次，而且他还很不情愿。你想和他打声招呼吗？他现在就在花园里。”

我视线望向窗外，看到一个男人站在草坪上，两手叉腰，被一群孩子和母鸡所包围。他曾经那么瘦弱矮小，但此时脸上带着那种只有经过岁月沉淀且身体依然健康才会有的自在而安心的神情。

“还是不打扰他了。”我说。

我看着艾尔希说：“我们找到那个漫长瞬间了，是吗？”

“是的。”

“时间差不多了，我们也该上路了。”我说。

她微笑看着我："快乐的时光总是过得很快。"

我们坐进车里。克里斯像往常一样，启动引擎前先轻咳了几声。我又回头看了看，那栋结婚蛋糕一般住满子孙后代的房子。

"我也想住在一个像这样的地方。"我说。

杰克透过车窗望了一眼："在一个前不着村后不着店的地方？"

我看到几个孩子排成一队，跟着诺曼走进屋里。"那只是其中一个原因，"我说，"你经常会想着'总有一天'就会怎样怎样，对吧，然而直到有天你会突然发现，自己已经不剩多少时间。"

艾尔希转头看我："你还藏了多少'总有一天'没和我说？"

"总有一天我要去学弹钢琴，"我说，"总有一天我要去观鲸。"

"观鲸？"

"我一直很想去。"

"可你连坐运河船都觉得晕。"她说。

"总有一天，"我说，"我会成为那种不会晕船的人。"

"我从来就不感兴趣，"她说，"坐在船上左摇右晃的。"

"没人拿枪逼着你去，艾尔希。没人说过你必须要和我一起。我们也没必要干什么都形影不离。"

我看到克里斯和杰克互相斜了对方一眼。艾尔希则拼命往门边贴，试图坐得离我远些，并把下巴埋进衣领里。

杰克清清嗓子开口说话。"你有什么想法吗？"他说，"坐在车上的会是谁？谁身上会有红色的东西？"

艾尔希摇摇头。我看到她脸上露出拼命回想的痛苦神情，那样子让人看了很不忍心，我只好再次移开视线。

"我想不起来，"我说，"我甚至不记得听到贝丽尔死讯的情形，好像我从始至终都不知道似的。"

我额头抵住窗户，看着外面车流。车子可真多呀，估计就快要开不动了，我心想。很快，交通就会陷入停滞。车辆会排成看不到尽头的长龙，人们握住方向盘不断向外张望，遥望着那似乎永远无法抵达的彼岸，却只能困在柏油路上僵持不前。

“有些经历是这样的，”我听到杰克在前座说，“它们影响太过深远，让你根本想不起之前的生活是什么样子。”

“可我非得想起来不可，”我说，“得弄清楚那个人是谁。”

“你会的，”他说，“你会想起来的。”

我又往车窗上靠了靠并闭上眼睛。听到艾尔希的声音时，我差一点就睡着了。

“现在有那种腕带出售，”她说，“可以防晕船的，效果非常好，大家都这么说。”

我把手伸过去，紧紧握住她的手。

车子驶入樱桃树之家院子里，克里斯说了句“怎么回事？”而后猛地踩了脚刹车，害得艾尔希和我直接往前一扑。

“抱歉。”他忙说。

院子里停着消防车——而且是两辆。消防车和奶牛很像，原因是，你从不会意识到它们有多大，直到它们真正出现在你面前。人们有的两手叉腰四处徘徊，有的则站在戴安全帽穿反光服的消防员身边，如落叶一般到处飘零。西蒙似乎在试图数人头，可安布罗斯小姐必须不停地把人从别处拉回来，还得期望他们乖乖待着别乱走。

“全员上甲板！”杰克说着，解开安全带。

我拍拍艾尔希的胳膊。“他去的好像是陆军部队，不是海军吧。”

“他们是可以互换的，”她说，“在危急情况下。”

直到杰克走完那条碎石小路，我才意识到他的拐杖还落在车内搁脚处。

“啊，你们在这儿呢。”安布罗斯小姐远远看见我们，径直走了过来，她两手抱在胸前，脚使劲跺着地面，逼得几块小石子自动飞到了草坪里，“我还在想你们要到什么时候才回来呢。”

“发生什么事了？我们错过什么啦？”我说。

她视线望向公寓楼说：“那边出了个意外。情况还挺严重的，不过幸好没人受伤，算是不幸中的大幸了。”

“什么类型的意外？”杰克问。

安布罗斯小姐咬咬嘴唇：“一场火灾。”

我们也学她一样望向公寓楼。看似没什么不对劲。“哪有火灾？”艾尔希问道。

“唔，更明确地说，是一场人为疏忽。”

“这些人是该小心些才是，”我说，“像油炸锅呀，煤气炉什么的。还有用在自己身上的东西也都是既脆弱又易燃的。”

“事情发生在哪里呀，”杰克问，“这场人为疏忽？”

安布罗斯小姐歪着脑袋看我们。“唔，实际上，”她说道，“就在弗洛伦丝的起居室。”

我突然觉得嘴巴很干。

我视线从公寓楼移开，转而看着安布罗斯小姐：“我的起居室？我起居室里有什么能引起火灾的？”

“你忘记关熨斗了，”她说，“烫衣板都烧出了一个洞。你真应该小心些，差点就酿成大祸了。”

一位消防员走过去，视线锁定这边。

我接着说了下去，尽管我也不确定还有没有人愿意听：“我根本就不用熨斗，我都好多年没熨过任何东西啦。”我又说，“肯定是哪里弄错了。比斯尔小姐她人呢？”

“她有些文书工作要处理，”安布罗斯小姐说，“需要填一份事故报告单。”

“可事故原因并不在我，根本就不关我的事！”我知道自己在大喊，因为杰克抬手抚上了我的胳膊。

我把胳膊抽出来：“这场事故不是我——”

“我们应该好好感谢普赖斯先生。”安布罗斯小姐这时说。

“普赖斯先生？”我们三个重复道，异口同声地。

“是的。”她点头朝院子一角示意，罗尼·巴特勒正在那儿和一名消防员握手，“他闻到有东西着火的味道，然后通知了所有人。”

杰克再次伸手扶住我的胳膊。

“他跑到我公寓周围嗅来嗅去做什么？”我这么说了，可安布罗斯小姐根本不理会，还冲砾石路那头绽放出笑容。

“他是我们这个月的明星住客。”

“什么明星住客？”艾尔希说。

“我们根本就没有过什么明星住客。”我说。

“现在有啦，”安布罗斯小姐说，“我已经决定了。”

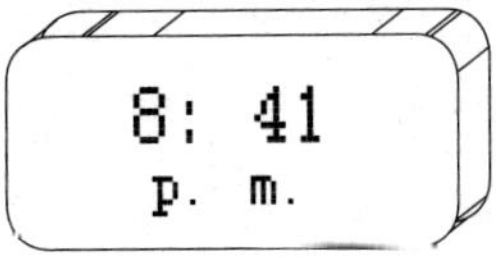

他们挟持了我的生活，将它从我身边强行带离，而且是在我最料想不到的时候，在我以为可以顺其自然，孤独终老的时候。

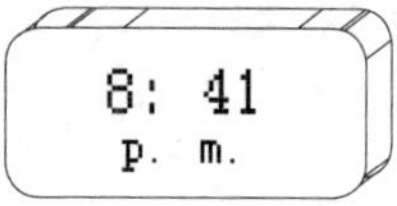

那只鸽子回来了。

安布罗斯小姐说它们全长一个样，但那只是因为她观察的方式用错了。翅膀颜色的深浅，嗓音声调的高低，每一只都和别的不一样。安布罗斯小姐只是扫一眼，看见一只鸽子，便认定其他所有的都这样。这是那只夜间活动的鸽子。它尾巴的毛色更深，胸前呈漂亮的紫红色。发出的声音比早晨那只更轻柔，不过两只都有很多话要说。我有时会和它们说话以打发时间，只是为了找点乐子。当然，我从没告诉过任何人，不然安布罗斯小姐肯定眨眼间就把我送去精神病院。可这又不是什么犯法的事，不是吗？和只鸽子说话而已，不就跟爬楼梯要一级一级往上爬一样吗？或是偶尔忘了拉下窗帘？人们太喜欢对人评头论足了。首屈一指的，就是社会福利部门那个女人。圆脸，面色苍白，意见多得能填满整整一面 A4 纸。正是因为那一张纸，我才会被送到这儿来。

“你的 ADL① 能力出现了问题，克莱伯恩女士，”她说，“也就是应对日常生活活动的能力。”

她根本不知道我有哪些日常生活活动，她也没跟我生活在一起，却在某天早晨突然闯进我家里，对我做出各种指责。

“你不能碰到自己的脚。”她说。

“我有什么理由要那么做？”

“你不能扣上衣服纽扣。”

“玛莎百货有各式各样没安纽扣的衣服卖。”我说。

---

① 日常生活活动，英语为 Activities of daily living，一般缩写为 ADLs 或 ADL。

时钟在房间角落嘀嗒走着，一步步地拉远了我们之间的距离。女人瞟了时钟一眼而后移开视线。

她眨了几下眼睛而后说："重点不在这里，克莱伯恩女士。我们必须确保你是受到精心照料的。我们做的一切都是为你好。"

"是吗？"我说。

没过多久他们就摧毁了我的生活。我花了八十年时间才辛苦搭建起来，可不过才几个星期，他们便将一切全塞进马尼拉信封里，并开始带着参加各种会议。他们挟持了我的生活，将它从我身边强行带离，而且是在我最料想不到的时候，在我以为可以顺其自然、孤独终老的时候。那扇房门，那个房间，当你意识到这将会是最后一次时，连关门的声音和房间的布局都会变得和往常不同。

"我落东西了，"我对他们说，"得去把它拿过来。"

于是我在空房子里转了一圈做最后的道别，我怕自己有天会忘掉这里是什么样，而除我以外再也不会有人记得。

我坐上车，他们说："开车到樱桃树之家很快的——可能没等你回过神来就到了。"

那是我这辈子最漫长的一次旅程。车子碰到红灯停下来，我打开车门并逃了出去。

"我改主意了，"我说，"我要回去。"

他们追着我跑到街对面，我人生中第一次意识到，我的意志如何都已无关紧要。

我一直以来都是独自生活，但这回真是彻彻底底无依无靠了。房间里弥漫着油漆和别人生活过的味道。我花了好长时间才把所有物品安置妥当，且直到现在仍会不时调整。

当然，那时候艾尔希还不在。几周以后她才住了进来。我看到她从院里走过，穿着件已经很旧的大衣，嘴里喃喃说着什么，时不时抬头看看天空。我从院子这头大喊，她转头看到我然后摔起手来。

“真没想到你也在这儿，”我说，“你什么时候来的？”

“今天早上，”她说，“那你可得指点指点我啊。这下好啦，弗洛伦丝，感觉就还跟从前一样，你再也不用担心了。”

她说得没错。我真的再没担心过。

弗洛伦丝

我们在走廊里截住了西蒙。听到找他帮忙的请求，他一口答应说“没问题”。这把杰克吓了一跳，他大概以为会需要争论一番，如今所有话全堵在那里无处安放。西蒙把我们领进了员工休息室。员工休息室！我从没来过员工休息室，但老实说，我觉得有那么一点失望。里面胡乱堆放着大量旧家具和成堆的明显没人看过的杂志。

“我们不知道怎么取消订阅。”西蒙解释说。

他拉了两把椅子出来。杰克坐在沙发上，艾尔希和我分别在椅子上坐下，面前桌上摆着个大显示屏。西蒙按了个按钮它立马就亮了起来。他从我手中接过纸条，说：“咱们先上网来查查看吧。”

“我之前从没上过网。”我告诉他。

“这个学起来很快的，弗洛。我可以教你，我们可以开个小教学班。”

“算我一个。”杰克的声音从一本杂志后面传过来。

西蒙又按了哪里几下，而后转过屏幕好让我们看清。

“这是一家乐器行。”他说。

“乐器行？”我说。

我们凝视着电脑屏。

“在惠特比。”他说。

“你确定？”艾尔希身体往前倾，脸几乎就要贴到那张图上。

西蒙放大屏幕上的图像。音像店外墙刷着黑色亮漆，并用金色涂料写着店名。那种字体估计会越来越少见，各种弯弯绕绕极富有时代气息。图片被西蒙越放越大，看起来也就越来越模糊，不过还是能够看见。橱窗里摆着众多乐器，包括线条优美的萨克斯风和铜管长号，后面挂着一排小提琴，看起来整齐又严谨，像一群老太太。除此之外还有好几排银色长笛和沙漏造型的吉他，以及一长溜乐谱，挂在最顶上。

“乔治·吉布森父子店，”我念出店名，“这名字我从没听到过。”

西蒙把手从键盘上拿下来说：“你不是说这号码是在你通信录后边找到的吗？”

“是啊，我就是想不起来为什么呀。”

看得出来西蒙已经开始起疑，但我想着只要我不去看他，应该就能打消他的疑虑。

西蒙拿出一张黄色便利贴，开始帮我们抄写地址。他正写着，美容室的谢丽尔进来了。她还是平常那样子，面色苍白，满脸思虑。

“你好呀，克莱伯恩女士。”不知看到我们出现在员工室，她是否感到了些许诧异，反正脸上是丝毫也没表露出来。

“你好，谢丽尔。最近怎么样？”

谢丽尔含糊地说了什么，但我没听清。

“真高兴能在这儿见到你，”我说，“正好我有点东西要给你。呃，准确地说不是给你的，是要给你……”我好不容易才想出这个词，“你的助理。”

我从手袋里拿出一张纸。

“是关于追溯家族历史的，我碰巧看到了，在一本杂志上。也许能帮她找到出身普利斯坦丁的曾祖母。”

谢丽尔从我手中接过去，又含糊地说了点什么。“小爱丽丝还好吗？”我点头向她手腕示意。

她憋出了几个莫名其妙的词，西蒙停笔把头抬了起来。

“我最近见到了几个小孩子。”我说。我想她大概盼着我再多说点，但除此之外也没什么好说的了，于是我转而问她爱丽丝有多大年纪。

“她……”谢丽尔稍稍迟疑了一下。我觉得很奇怪，怎么自己女儿的岁数还需要想吗，不过总有人能超出我的预料。“她是三年前出生的。”她终于说道。

“她乖吗？”我说。

“她可乖了，克莱伯恩女士，简直乖极了。一头漂亮的金色卷发，圆溜溜的蓝眼睛，还总笑眯眯的。”

她现在没带她的照片，但答应会拿张过来给我看。

“太好了，”我说，“我很想看看爱丽丝。”

谢丽尔走到水槽边，丁零当啷地开始洗锅子，因而她的话我没全听清，但她的确说了这么句话：“非常感谢你能费心问起。”

西蒙把纸片递给杰克后，也捏了捏我的肩膀，说：“你人真好，弗洛伦丝。”他这么想我当然没意见，但我什么也没做，只不过是和她说了几句话而已。

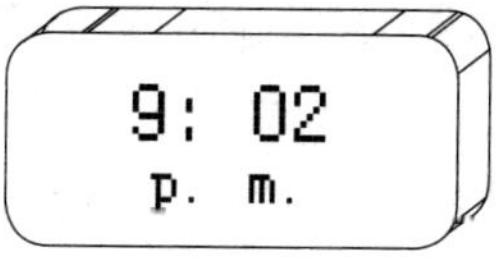

要是那盏大灯没关就好了。黑暗会削弱你的基本感官，不是吗？

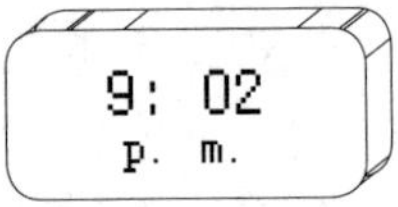

艾尔希和我以前常抱怨这些房间都太小了，可此时我却感觉到，所有东西都离得那么遥远。我期望能从柜子底下摸出什么东西，一枚硬币，或掉在那儿的任何物品，然后将它扔向窗户，进而引起谁的注意，尽管我也不知道会是谁。他们发现我后肯定会对我一通数落，责备我没把呼叫器带在身边。艾尔希和我把它称作大奖章，因为它实在是太大了。正面印着“我需要帮助”几个字，挂在身上晃来晃去相当碍事。有一回，我不小心把它磕到了《广播时报》上，跟着西蒙就闯了进来，下巴上边满是碎干酪。从那以后我就把它取了下来，然后挂到了浴室门后边。

它现在仍然挂在那里。

然而我现在躺的位置甚至连浴室门都看不到。要是那盏大灯没关就好了。黑暗会削弱人的基本感官，不是吗？门厅里倒是亮着一盏灯，不过是那种节能型的，还不如省点麻烦直接擦根火柴取代。眼下，应该已经快七点了。那间小卖店也要关门了。柜台后面那男子会将耳机取下来，然后清空收银机里的钱币。也许数硬币的时候他会想起我，想起我曾提出要帮忙清理货架，进而重新考虑这个提议。他会把门锁上并反复检查，然后随意晃荡过来并抬头看向我的公寓。敲门的时候，他会大喊：“是我，克莱伯恩女士！”而我则会高声答道：“不好意思，你恐怕得自己想办法进来了。”我会保持语调轻快，不想让他感到不安。

他会陪我一同去医院，哪怕我拒绝也会执意坚持。

“这点事算不了什么，弗洛伦丝。”

我们会聊起那家店，他会问我建议进些什么货品。有可能他还会问我能否偶尔过来帮帮手。“当然可以啦，”我会说，“千万别想着要付我薪水。直接放进筹款盒吧，还能帮帮那些小朋友。”

我们会坐在急诊室，看着人们匆匆来去。我身上会贴着一大堆导线，导线那头连着一台监测仪，它哔哔哔哔地测着各种数据，屏幕上的线条不断跃动。我会一直盯着那根线条，因为这样能让我感到舒心，看到关于自己的各项数据全浓缩在一面屏幕上。耳边会传来嗖嗖拉动床帘和推车咔嗒咔嗒经过的声音，而且那声音还会很响亮，但从我们坐上救护车，到坐在急诊室等候医生诊治的这段时间，小卖店的那个男子都不会觉得需要大声呼喊，一次也不会。

弗洛伦丝

我看到安布罗斯小姐白眼都快翻到天上去了。

“你想让我组织一次大巴旅行？”她说。

我们试着给那家乐器行打过电话，可那头一直没人接。我觉得它可能已经关门了，但杰克认为未必如此，毕竟网上还能找到店铺信息。接着，毫无征兆地，他提议我们直接到那儿去。

“去惠特比？”我说。

“没错，”他说，“这对大家都有好处。你还记得自己最后一次看海是什么时候吗？”

我试着回想了一下，却什么也想不起来。“我不确定，”我说，“我以为自己再没机会，已经准备就这么认命了。”

“大家都应该去看看海。”他冲着壁炉台点头示意，仿佛大海就在壁炉的另一边，在等着我们，“那对身体有好处。知道吗，其实我们本来就该有旅行安排的。”

“怎么回事？”艾尔希说。

“这事有点儿猫腻。你看看这些小字。”他从外衣口袋拿出一大张纸，又用眼镜腿在上面戳了戳，“我们交的年费里面，其中一项就是‘休闲基金’。”

“我都不记得最近有过什么休闲活动了，”我说，“除非你把贾斯丁也算进去。可说到‘休闲’这个词，又实在没法和手风琴联系在一起。”

“可不是嘛。”他又在纸上戳了一下。

一小时后，我们站到了安布罗斯小姐的办公桌前，杰克打头阵，因为来这里之前他已认定，他很可能是最有说服力的。

“大巴旅行？”她又说了一遍。

我们三个点点头。

“哎呀，大巴旅行根本不可能，”安布罗斯小姐表示，“我们有些人不是还在观察期吗？况且要办的手续也过于烦琐。”

手续过于烦琐，比斯尔小姐也总爱用这借口。要是有谁听到了，估计以为樱桃树之家到处都绑着红带子，跟圣诞树上的金银丝带一样，缠绕在每处门窗周围，让所有人都乖乖待着不要妄动。

“健康和安全问题也要考虑，”安布罗斯小姐说，“还得去做风险评估。”

安布罗斯小姐嘴里不断蹦出各种托词，但我们已经孤注一掷，我们必须得说服她。

杰克俯下身撑着桌面。“别的养老院都会组织外出旅行，”他说，“别的养老院……”他瞟了一眼桌上的剪刀，“都能想办法化繁为简。”

“是吗？”安布罗斯小姐说。

“松苑小舍参观了小黄瓜[①]，”他顿了顿，“雪松屋则在马贝拉[②]过了个周末。这毕竟是个供大于求的买方市场，安布罗斯小姐。”

安布罗斯小姐使劲咽了咽口水。

“况且这事本来就有猫腻，”他说，“我们随时可以过过账目。”

---

① 位于英国伦敦的一栋摩天大楼，2003年12月落成，并于2004年4月28日启用。楼高180米，共40层。它的建造象征着伦敦新一波高楼热的兴起。它因建筑造型而得此昵称。

② 西班牙南部太阳海岸的重要旅游城市。

“账目？”

他点点头。

“我会尽量想办法的。”她最后说。

“你带止吐药了吗？车子要在高速上开四个小时。”艾尔希说。

我从包里拿出那板药，挤开银色铝箔取出一粒来。

“你也知道自己的身体状况。”

安布罗斯小姐被说服了。他们在安布罗斯小姐办公室开了几次会，过程我们在日间娱乐室全都看见了，其间连大气也不敢出。比斯尔小姐一直走来走去，还时不时地挥舞手臂。安布罗斯小姐不停地把她椅子往后推，直到挤到角落再无路可退。

四十五分钟过后，比斯尔小姐挥动手臂的频率逐渐放缓下来，这时杰克说：“我觉得她快被说动了。”

汉迪·西蒙是中途才进屋的，而后他立马便想退出去，可比斯尔小姐勾了勾食指，他只好重新走进去。三个人在格纹玻璃那边讨论了很长时间，然而没人听见他们究竟说了什么。比斯尔小姐终于出来了，但离开前她在垂叶榕旁边站了整整五分钟，一直皱着眉头紧盯着我们。

一小时后，安布罗斯小姐在布告栏贴了一张通知，邀请人们报名参加前往惠特比的周末旅程。那里有德古拉、西崖以及博瑟姆茶室。下午三点，第一张表格就全填满了。下午四点钟，我开始收拾行李。

“我们又不会马上走。”艾尔希看到我卷起一双袜子，塞进了换穿的鞋里。

“我怕到时会忘拿东西。”我说。

“我肯定会提醒你的，别担心。我保证什么东西也不会落下。”

她轻轻抱了我一下，于是我展开袜子重新穿到脚上。

只剩一周我们就要去惠特比了。这一整周我都提心吊胆的，不知道罗尼有没有发现那张乐谱，发现了又会做出什么反应。我以为他会立马做出反击，结果什么也没发生。一点反应也没有。真是奇了怪了，这种静默状态反而比发生什么更糟糕。但也有可能是因为，唯有在这静默之中，你才能清楚意识到自己有多担忧。星期五终于来了，我总算是松了口气。我知道自己仍然不会放下心来，但至少，到了那儿能看到一点不同的风景。

我好多年没参加过大巴旅行，车在硬件方面有了令人欣喜的长足改进。前座背后配了一个小兜，不过我刚拉开看了一眼，除了呕吐袋什么也没有。“里面也可以放杂志。”艾尔希说，她知道我其实很容易被影响。

“这车条件挺不错啊，是吧？”杰克坐在靠过道的位置，方便他能把拐杖伸直。他身上还是那件常年在穿的灰色连帽厚夹克。手肘处已经磨得发亮，而且还掉了一颗扣子，艾尔希一直提醒我不要说出来。“挺宽敞的。”他从 4 号座位上站起来，越过霍尼曼夫人的椅背四下看了看，“可以知足了。”

司机名叫埃里克，脸上的毛发比头顶还浓密，像是为了弥补头发的不足。他的口哨吹得很烂，嘴里总念叨着“得了，干活吧”，每隔几分钟就会无缘无故地说一遍。

“我们太阳谷旅游大巴公司，向来以宽敞的乘坐空间而感到自豪，”他拿着写字夹板走过去，“过去这十六年间，从没引发过一起深静脉血栓的案例。”他沿着过道往后走，一边打量大家的小腿，兴许是在检查有无潜在危机，“这些内容手册上都有记载。”

他走过去以后，我说：“怎么现在不管什么都要弄个小册了？”之后我凑到艾尔希耳边低声说，“我不知道我的膀胱能不能坚持到约克郡荒原。”

“车上就有洗手间，”她朝车子后方指了指，“不过也得留点心，看情形应该会挺抢手。”

霍尼曼夫人已经在朝那儿走，而车子甚至还没开出停车场。

罗尼·巴特勒是最后一个上车的。他朝着大巴走了过来，一派从容不迫的模样，手里提着个棕色旅行袋。他戴了顶和平常不同的帽子，饰带上插着一根小羽毛，艾尔希说这让他看起来跟要去打猎似的。对此我决定不予置评。爬上车子台阶他便停了下来。

“这时节去海边可有点奇怪呀。”他这样对安布罗斯小姐和比斯尔小姐说，她们一起坐在最前排，看上去脸色很苍白，但紧接着，他的视线便落到我们身上来。他一直在盯着我们，甚至在他取下毡帽找到位置的过程中也没移开。

“现在天气是有点凉，不过我们觉得，樱桃树之家也该外出过过周末了，”安布罗斯小姐转过头来，也加入了盯着我们的行列，“像其他养老院一样。”

“选择惠特比，”罗尼坐下来并把外套搭在腿上，“是有什么特殊原因吗？”

“当然是因为它的历史啦，不是吗？”杰克说道，“还有什么比过去更吸引人呀。”他的声音有点颤抖，两手紧紧握着前座，我看到他指关节都已泛白，显然是已下了决心。

罗尼转过身去直视前方。

“得啦，干活吧。”埃里克说完，接着启动了引擎。高速公路上的景色非常乏味。它们能让你更快抵达目的地，但过程就谈不上什么娱乐性。视线里一直都是柏油马路，叫人看得直犯恶心。艾尔希早已睡了过去，那时车子都还没上高速。杰克则拿着本数独书和自动铅笔，忙得都没空和我聊天。他在书上看到说，玩数独有助于预防老年痴呆症，多的时候他一天能玩上六盘。他也试过找我一起，可我告诉他，玩这个只会让我更加糊涂，而并非相反，另外如果我想把时间浪费在解谜上，我倒宁愿选择找字游戏。埃里克在驾驶座上自娱自乐地吹着口哨，而罗尼的后脑勺在过去这四十五分钟都不曾移动分毫。我很清楚，因为我一直在盯着他，自从车子开出樱桃树之家以来。我自己也不清楚为何要这么做。也许我是觉得只要盯的时间够久，就能看透他脑子里在盘算什么。虽然罗尼一动没动，其他人却都不停走动变换着位置。去卫生间的队伍几乎就没停过，由安布罗斯小姐陪同在左右。她慢慢觉得热了起来，车子刚开出一小时，就拿起卫生袋给自己扇起了风。

杰克合上他的解谜书。“那家伙一直很安静，”他说，“我打赌他应该还没摸清楚状态。”

“我了解罗尼，他肯定会有所谋划的。”我倒向椅背，把霍尼曼夫人让进她座位里。

艾尔希被杰克的声音弄醒了。“他一直都诡计多端。”她表示。

“说起来，他在约克郡有什么亲戚吗？”杰克问。

“据我所知应该没有。”我看着对面的艾尔希。她脸贴着窗户，正看着来往车辆。

“我们常去惠特比度假，”我对杰克说，“在我们小的时候，可我对那地方印象不深。或许到了那里就能回想起来。”

事情发生的方式简直太奇怪了。你以为自己已经忘记，可回忆原来一直都在那里，只需一丁点线索就能重新激活。一股味道，一首歌词，或是人群中一闪而过的一副面孔，记忆会重新涌上心头，仿佛从来不曾离去。回忆原来一直蛰伏在那儿，你要做的只是设法重新找到它们。

正如随后发生的那样，我起初什么也不记得，直到车子离开皮克灵镇而后驶上荒原，大片帚石楠在眼前铺陈开来，地上像盖着一层厚厚的紫色地毯。那荒原和别的地方都不一样。因为历经风霜而显得特别荒凉，但这荒凉中却不带有任何哀伤。我一直觉得这算是某种安慰，到了这把年纪还能从荒凉中感受到美。远远能看见几个徒步的人，穿着色彩鲜亮且防水的装备，试图征服这片谁也无法真正拥有的景致。

我拍了拍艾尔希的衣袖。“你还记得吗，”我说，“我们以前经常比赛，看谁能第一个看到大海？”

她擦擦下巴而后望向窗外。“那时候赢的总是你，因为身高方面占据优势，”她说，“但这次是我先看到，你瞧。”

是大海。一小片蔚蓝，栖息在地平线上。它在和我们捉迷藏，一路上时隐时现。大巴沿着狭窄小路弯弯绕绕，直到终于爬上山顶，看到修道院像凭空冒出来似的出现在天边。

“它还是从前那样子。”我说。

“和我们小时候看到的一模一样。”艾尔希坐直身子遥望着地平线。

安布罗斯小姐正在车上巡视，这时俯下身来探到窗边向外望去。“而且我们离开以后，这模样也还会维持很多年。我们不过是匆匆过客而已，对吧？”她说。

“你真这样想吗？”我说，“你难道都不觉得，我们谁会带来什么改变？”

她指指那几个徒步的人，如今已变成遥远天边几个红色黄色的小点：“我们都愿意这么去想，但事实却是，绝大部分人连个脚印也留不下。”

我把视线从窗外收回而后闭上眼。就在这时候，我听到了艾尔希的声音。

“她说得不对，你要知道。”她低声说。

安布罗斯小姐订的是位于西崖的一家小旅店，大巴停在皇家新月楼前，把我们一个一个放到路边。艾尔希和我小时候在这儿住过。应该不是同一家旅店，我觉着，但都在这一条路上。要记起那家店来根本不可能，因为它们全长一个模样。一排过去都是各种旅店和民宿，都刷着乳白色和黄色的墙漆，店名里都带着个“海”字，窗户上印着各种小标识，吸引着你走进门去。整条街似乎全由旅店组成。人们成群结队而来，分别住进不同房间，听着陌生人的呼噜声从薄薄的墙板那边传来。我们刚在路边站了没一会儿，大家就开始迈着老腿，拄着拐杖走动起来。汉迪·西蒙掏出他的写字夹板，安布罗斯小姐则挥舞起手臂来，好像我们身上全系着根隐形绳子，只要她挥挥手就能全收回去。

“大家尽量站在原地，”她这么说，“不要到处随意走动。”

已经迟了。等我回过神时，发现自己已走到滨海步行大道过半的位置，正朝着库克船长[1]的雕像前进。可能是我太兴奋了吧，我心想，再次来到我以为已无缘再见的地方。

“你要去哪儿啊？”艾尔希大喊。

“鲸骨拱门，”我也喊回去，“我想看看它们是否还在。”

“它们当然还在啊。”她说。

我回过头，看到安布罗斯小姐双手掩面，比斯尔小姐则是一脸得意，仿佛赢得了一场她早就志在必得的赛事。

我一路走到鲸骨拱门前，艾尔希之后才赶了上来。我看着人们从中穿过，吃着冰激凌，推着婴儿车，车把上挂着手提袋，袋子里装着这一天所需的全部物品。他们会特意绕路走过来，就为了能从拱门底下穿过，好像那是什么不可错过的魔法入口。

“它们还在。”我说。

“我就说吧。”

“挺悲哀的，不是吗？”我说，“我是说，对这只鲸鱼而言。”

太阳从云层后面钻出来，艾尔希抬起手来护住眼睛。“我想它算是历史的一部分吧，类似于某种纪念物。”

我们走到一张长椅边。对岸，攀爬修道院台阶的人们已排成了长龙，在他们下方，船只激起层层浪花，穿过港湾向着北海前行。惠特比全城绕入海口而建，东西两侧隔水而立，当你越过海湾看向那边，会像照镜子似的看到人们也在过着同样的生活，只不过是在海的另一侧。我们刚坐下，断崖街那边有人出来了。我们看到几个陌生人，排开来占据了整条路面，垃圾就随手扔在草地里，脚下胡乱扫动着落叶的残骸，直走到海岸边冷风一吹才消停下来。他们就这么走了过去，很入迷地在讨论着什么，话语被风给吹散开，一路飘向了海面上。没有一个人

---

① 英国皇家海军军官、航海家、探险家和制图师，他曾经三度奉命出海前往太平洋，带领船员成为首批登陆澳洲东岸和夏威夷群岛的欧洲人，也创下首次有欧洲船只环绕新西兰航行的纪录。惠特比是库克船长航海之旅的起点，他在那里接受了海员培训。

注意到我们。两个老太太，帽子雨衣裹得严严实实，静静旁观着面前这个世界。

“放到现在根本就不可能，”艾尔希说，“用鲸鱼骨头做拱门什么的。时代真是变了呀。”

我把围巾松开来说：“可见安布罗斯小姐说错了。肯定有人留下了比足印更深的影响，否则一切都还会保持原样。”

“她那话当然不对啦。”

我们刚在这儿坐了几分钟，但海风似乎已带走了不少忧心事。心情逐渐变得明媚起来，人们的笑声听着也更悦耳了，我亦不再觉得露出笑容这事有多么难办。

艾尔希一直看着我。“你很喜欢惠特比。”她说。

“这你应该知道啊。它让我回想起了从前度假的情形。我原本全都忘记了。”

“你还记得最后那次吗？”她说，“假期最后一天，我们四处寻找着能用零花钱买下的纪念品？”

我笑了起来：“我们总那么干。我们会先和大海告别，然后带点什么念想回去，只为了向我们自己证明我们曾经去过那里，哪怕只是海滩上的一块鹅卵石。”

笑容还停在我脸上没散去，突然有段记忆悄悄钻进我脑海里，瞬间遮去了周围明媚的色彩，海水的味道，还有人们的声音。真奇怪怎么总是这样子——毫无预兆地突然蹦出来，仿佛过去与现在一直在不停变换，你稍微一个不留心，就会钻进两者间的什么间隙，而你自己甚至都不知情。

“我听到有小孩在哭的声音。”我说。

看得出艾尔希正在竖起耳朵努力听，试图撇开不时飘来的对话声和海湾上空海鸥的尖声叫喊。“我没听见啊。”她说。

“不是的，”我说，“不是现在，是在当时，我们假期的最后一天。当时有个小孩在哭泣。”

"啊，"她说，"那倒是有的。"

"我们直接走了，是吗？想着别人应该会去帮忙，"我越想越忧心，"我们什么也没做就走了。"

"不是这样的。"

"他溺水了，从港口堤岸跌下去。所有报纸都报道了那件事，你记不记得啦？我还跟你说过，这就是那个小男孩，我们没救下的那个小男孩。"

我四下里看了看，发现人们都在望着我们。

"弗洛伦丝，你先冷静下来，听我说。"

"为什么我们什么也没做？"我拿起腿上的围巾开始叠起来，"为什么我们没救下？"

"我们确实救下了。我们仨还坐在台阶上，一直等到他妈妈过来。我们甚至花光了所有零用钱，就为了给他买冰激凌。"

我停下手里动作："真的？"

"真的，"她说，"他的名字叫弗兰基。你有印象吗？"

我摇摇头。

"他的眼睛非常蓝，和这里的颜色很像。"她指着我围巾上某处地方，"我们因此没赶上出发回家的时间。你妈妈起初很生气，可听我们说明情况后，她便亲了亲我们头顶。"

我感觉脸上堆满了笑："真的吗？"

艾尔希点点头。

"我还是很想他，"我轻声说，"我知道自己不应该。毕竟都过去这么久了。"

"到最后，我们还是花了很长时间才回到家，因为我们出发一小时前，约克附近发生了一起重大事故。"

她顿了一下，想在我眼里找到恍然大悟的痕迹，可有时我实在太累，已没精力去努力搜寻。

"试着回忆一下，弗洛。它很重要，非常重要。"

“这事为什么会很重要？”

她握住我的手。“因为事实如此。”她说。

我们起身准备离开时，我回头看了看那张长椅，发现上面有块纪念牌，就钉在那木头上。

“纪念亚瑟和克拉丽斯——他们热爱这片土地”，牌子上面这么写着。整个西崖到处都是钉着黄铜纪念牌的长椅。人们留下的纪念文字，永远这么遥望着大海。

“我也想在椅子上留个纪念牌。”我说。

“你为什么想这么做啊？”

“为了向自己证明我曾来过这里。”我说。

“唔，弗洛伦丝，那样的话你只要记住这事就行。”她挽住我的胳膊，然后我们走回旅店，路过疯狂高尔夫球场和冰激凌车，或同人攀谈或推着婴儿车的路人，也从其他人的生活中路过。

走在路上，我突然转过头对她说：“谢谢你。”

“谢什么啊？”

我笑了笑：“谢谢你让我重新记起，我母亲曾亲吻过我们头顶。这是一段我已经丢失的记忆，而你找到了它，并送还到了我手里。”

这是关于艾尔希的第二件事。

她总知道说什么能安慰我。

旅店房间还算凑合，尽管浴室地板应该来个彻底整修，且窗帘上也已落了很厚一层灰。至于地毯我则没什么把握，它五颜六色的，好像任何污渍都能轻易混入而不被察觉。艾尔希和我共用一个房间，这样安排比较划算，我也担心半夜醒来犯迷糊，会找不到厕所在哪里。

我站在门口，鞋尖对齐地上的一道银线。“罗尼进不来的，对吧？”我说，“这房里很安全，是吗？”

“那当然啦，”艾尔希说着走到窗边，“我们的房间在二楼，而且你瞧，这门能从里面反锁，任何人都没法进来。”

“厕所在哪儿？”我说。

“从这儿过去就是，房间里面自带的。”

我犹豫了一下。

“只有我们两个能用。”她说，然后我们花了十分钟时间，感叹这房间设施有多么完备。

屋里有两张单人床，铺着亮粉色的鸭绒被。舒服，但总归不如家里。床垫有点不尽如人意，弹簧床垫，中间已经有点下陷，手按下去几乎感受不到什么回弹。艾尔希选了靠门的那张，她知道我喜欢观察那些海鸥。写字台上放着一张“注意事项”，告诫人们不要拿走任何物品。

我大声地念了出来。“唔，我从不干这种事。”我说。

我都想不出这屋里有什么好拿走的。床头挂着一幅斑马照片，窗台上摆了个小狗造型的罐子，可坦白来讲，我情愿付钱叫人把它们通通撤走。我开始把行李摆出来。艾尔希告诉我其实没必要，因为我们只在这儿住两晚，但我喜欢把自己去的地方都变得像家一样。

“但光是一个装着假牙固定剂的塑料烧杯可没法让我产生这种感觉。”她虽是这么说，却也没再阻拦我。

安布罗斯小姐要求我们三点在前台集合。我们下楼时已是五点多，但仍有半数成员未曾现身。不用说，罗尼已经到了，倚着那边的电话台，在和霍尼曼夫人说着话。汉迪·西蒙则站在一张绒面小凳上，手里拿着写字夹板，可他总是数错，然后只好从头再来。比斯尔小姐胃不舒服，已经躺下休息去了。一看到罗尼，我立马握住了艾尔希的手。杰克比我们晚到几分钟，然后安布罗斯小姐拍拍手并咳了几声，努力想把人们的注意力从电视休息室给吸引过来。

“咱们在樱桃树之家也能看电视啊，不是吗？何必大老远地坐四小时汽车跑到这儿来看？”她边说边笑了一下，可谁也没有被她感染。她开始说明如果发生火灾或有人食物过敏时应该怎么办。我刚准备问个相关问题，可看到艾尔希将食指抵在她唇上，便决定先等一等稍后再去问。安布罗斯小姐又交代了大门上锁的时间，以及应该去哪里索要额外的枕头，然后给所有人都发了份行程安排表。杰克拿着它擦起了眼镜，我那份应该是放到花盆里保管起来了。

“现在，我们就出发前往鬼街巡游吧！”安布罗斯小姐宣布。

所有人都盯着她看。

“这在惠特比很流行，”她说，“这地方简直就是鬼怪的大本营。”

我们的导游名叫巴里。他戴一顶圆顶硬礼帽，手部动作十分戏剧化。事实上，他整个人都极富有戏剧性。他拿一支顶部包银的手杖，在带领我们走街串巷过程中，一直将它高高举着。杰克学他也举起了拐棍，直到来到陆海军用品商店外，安布罗斯小姐叫他放了下来。不过，她之前的确没说错，惠特比简直遍地是鬼魂。灵异故事的主角包括身着华服滚落悬崖的女士，若干失控狂奔的马车，还有不计其数的头发被烧着了仍在铺着鹅卵石的院子里狂奔的女人，等等。眼下我们全都站在街角，在听一个不停尖叫的猫的故事，可我的心思总也集中不了。我一直留意着罗尼的一举一动，可他总是四处乱窜，我只能不停转身来确认他的位置。这导致我不得不多次请求巴里重复他的话。为了安抚我，艾尔希说她之后会复述给我听，可我告诉她：如果结束以后才去听解说，我在这鬼街巡游又有什么意义？

走出巷子来到主街上，杰克突然在我腰上戳了戳，跟着点头向马路对面示意。

“你要找的乐器行就在那儿。”他说。

巴里正绘声绘色地讲着吸血鬼的故事，我们神不知鬼不觉地走到了对面。它和我想象的不一样。尽管我们在电脑上已经见过店铺照片，但实物似乎还是有点不同。它被夹在慈善商店和地产中介之间，看起来像是被谁从过去拿过来安插在此，而后忘了放回原地。橱窗里摆放着许多单簧管和长号，巨大的萨克斯风斜斜地指向天花板，还有精心打磨过的小提琴弓，随时都能旋紧并投入使用，以及一排等着谁来调音的吉他。此外还有些我连名字都叫不出的乐器。

“你看看这些乐谱。”杰克说。

比照片上看到的多多了，橱窗里头挂了一溜，还有些从小提琴箱后面掉出来，落在地上汇成一汪音符筑成的湖泊。都是一些年代久远的曲子，等待着再次被人奏响起来，而正中间那张封面里，从战时舞厅俯看着我们的，正是阿尔·鲍尔利。

“深夜中，有星星和你相伴，”我说，“果然是这个。”

“那张也是他的作品，”他指向展示区的另一侧，“《晚安了我的宝贝》。”

“我父亲以前每晚都会唱这首歌，”我说，“晚安了我的宝贝，我会在此守护你。”下一句我直接就唱了出来，“愿睡眠驱散你的悲伤。”

我看着艾尔希。“如果真能这样就好了。”我说。

“咱们进去吧。”杰克抬手准备推门。

“什么，现在？”我看向对面巡游鬼街的人群，他们只往前移动了一丁点。巴里正指着一个教堂塔尖，所有人全仰着头张着嘴巴在看。

“我们会被落下吧？”艾尔希说。

“没有比现在更好的时机啦。”杰克说。

我伸手挽过他的胳膊：“可不是吗？”

汉迪·西蒙

汉迪·西蒙向来对鬼魂之类的没兴趣。他不明白这些究竟有什么意思。他父母倒都是坚定的拥护者，自从某个周六下午，市政厅那个灵媒给他们算过命以后，那时她对他们说，有个名叫约翰的什么人，正在彼岸试图和他们搭话。

“肯定是你祖父的表兄弟。”他母亲说。

“隔了一代的那个。”他父亲也说，无论西蒙怎样和他们讲道理，在这事上他们完全不为所动。那个灵媒告诉他们，死人都热衷于和人建立联系，还会在各种地方留下线索等人去找寻，比如羽毛、树叶、小鹅卵石。

“他们还会在你身边突然弄出动静，像是电话铃声，或自动响起的乐曲，”他母亲说，“有的时候，你甚至还能闻到他们的味道。”

西蒙叹气：“他们干吗要费这些工夫啊？”

“这是他们的沟通途径啊。”说着他母亲深吸了一口气。她逐渐养成了每天做几次深呼吸的习惯，以防身边有什么人有话想对她讲。

“为什么？”西蒙问她，“为什么他们不在活着的时候去沟通？”

“这事没那么简单，西蒙。你总以为自己还有大把时间，可以把话留到以后再讲。可只有死期真正来临，你才会意识到自己有些话一直忘了说。”

“这事真有那么重要？”他说。

“对留在世上的人来说是很重要，”她说，“能够产生天翻地覆的影响。”

他母亲去世后，他父亲看到了一个空薯片袋，在塞恩斯伯里超市的停车场。

“奶酪和洋葱，”父亲说，“你妈妈最喜欢的口味。”他指着那个空袋子，“肯定是芭芭拉留下来的，告诉我们该往前看了。”

西蒙仰头望向教堂尖顶。巴里正在讲述某个女巫的故事，不少人都拿着行程单在给自己扇风。安布罗斯小姐也在抬头看，一边咬着她的下唇。

“你相信鬼吗？”他问她。

她没有立即回答，过了一会儿才说：“我不是很确定。”

他给她讲了羽毛和鹅卵石那套说辞，还有空薯片袋的故事。

“能这样想其实挺好的，不是吗？”她说，“想到自己还可以影响到周围人，即便都已经埋进墓地里。那样你留在这世上的痕迹，也会比自己想象的更深刻一点。”

“也许是吧。”西蒙不再看着尖顶，这让他感觉有点头晕，“然而我并不认为自己活着时这份存在会重要到能带来任何影响，更别说死了以后被埋进地里了。”

“其实大家都差不多吧，如果仔细想想的话？”他们看到一大群人从一家酒吧走出来，街上顿时充斥着啤酒味和叫喊声，“大多数人都不过是些跑龙套的。只有极少数几个人，能够留下什么印记。”

“比如说谁？”

“我也不清楚。”那群人又钻进了另一家酒吧，那一刻，西蒙感受到了酒吧里周五晚上那种热腾腾的氛围，“比如那些政治家？世界领袖？或者教皇？”安布罗斯小姐说。

“要是用教皇作为评判标准的话，当然所有人都会变得不值一提啦，不是吗？”

“好吧，那就你父亲吧，”安布罗斯小姐说，“他救过那么多人，明显也带来了深远影响。”

“然而他却念念不忘那个被他落下、没能救出的人。”

“可人性就是这样啊，”安布罗斯小姐紧了紧大衣的腰带，“我们总是对没能取得的成就和失之交臂的机会耿耿于怀，直到有一天你扪心自问这一切究竟有何意义。”

西蒙意识到她已没在同他说话，而开始自言自语了。巴里举起他的手杖，开始爬坡向着公园大门进发，在那里他对大家说，他们即将听到一个非常恐怖的鬼故事，这天晚上肯定整晚都睡不着。关于这点，他倒是说对了，但大家没能入睡的原因，却和鬼魂什么的毫无关系。

“也许这就是我们愿意相信灵魂存在的原因，”安布罗斯小姐再次开口，一边抬脚往前走去，“因为这让我们感到安心，想到自己还有第二次机会，能成为某个重要的角色。”

“或至少能留下个空薯片袋，让人们知道我们仍在想着他们。”

安布罗斯小姐转头看他。“要是你，你会选什么？”她说。

“你指什么？”

“你会留下什么东西，好让人们知道并且毫不怀疑，是你在试图和他们说话？”

汉迪·西蒙想了一整晚。他一直在琢磨，无论是鬼街巡游的后半程，还是之后上演闹剧的那期间，甚至夜里躺在床上时他都在思索，却怎么也得不出答案来。

弗洛伦丝

走进店内，门上的小铃铛宣告了我们的到来，除此之外再无别的声音。对一个装满上千张乐谱的房间而言，这寂静显得尤为古怪。我深吸了一口气。柜台被擦得光滑锃亮，旁边那些柜子和玻璃也都闪闪发光，可店里仍有股很重的尘灰气。它们肯定是藏身在那乐谱之间，或堆积在小提琴的琴格上，因为这味道闻着很叫人安心，仿佛过往那些美好时光都已藏进安全的庇所里，谁也无法再将它们抹去。

我冲杰克扬起眉梢："有点老派，不觉得吗？"我声音很轻，觉得不应该打破这寂静。感觉像来到了图书馆，只不过文字变成各种音符，故事内容也自行汇成了一首首歌曲。

我们抬头看着那满墙的照片，那过往也同样凝视着我们。黑白照片记录的舞厅中，人们跳狐步舞的身影，被镜头永远地定格在那瞬间。舞台上挤满了各类乐手，硬木地板上全是跳舞的人。当中也有几位乐队指挥，手里的指挥棒摆成微笑的弧度，还有歌者倚着那铬黄色的麦克风在歌唱。

"全是值得收藏的宝贝，"我说，"那边还有好几箱。"我指着柜台底下的盒子，里面装着成百上千张用玻璃纸包好的旧照片，等着有谁前来认领。

"也许当中会有我们。"艾尔希说。

"对于这点我表示怀疑。我们长得不够漂亮，我看应该没戏。哪怕格温已经尽了最大努力。"

杰克走到更靠近照片墙的位置。"又是阿尔·鲍尔利，"他说着，指了指顶上那一排，“他简直无处不在，你说是吧？”

“《克莱克顿海滨》，1939年的作品。”

声音从店铺后方传来。我有点被吓到了。我们转过身，看到一个男子站在阴影里，藏在一把大号后面观察着我们。

“大不列颠第一位流行歌星，那时人们都这么称呼他。”男子走进光亮里，矮，胖，留一道很细的一字胡，细得让我不禁纳闷儿，干吗要费这工夫，“全盛时期他简直就是个万人迷。”

“我记得听到他死讯时的情形，”艾尔希说，“大家都有些不敢相信。”

“战争夺去了太多人的性命，而且来得实在太快。”男子两手交握像祈祷一般，“但这又给他的故事增添了更多悲剧气息，考虑到当时那种大环境。”

杰克拄着拐杖转过身来：“到底发生了什么事？”

于是店老板向我们娓娓道来。他说阿尔·鲍尔利那天正躺在床上看书，突然防空警报响了起来，但他选择了继续看书，而不是去避难。

“警报解除后人们发现了他，”他说，“爆炸造成了他颅脑损伤，身上却几乎不见一丝伤痕。”

“这会让你很想回到过去，不是吗？”我说，“告诉他应该赶紧去避难，告诉他之后还有一辈子时间能看书，只要他能改变主意。”

我们都注视着那张照片。

“细小的决定，”杰克说，“往往是这些细小决定，最终改变了人的命运。”

男子轻咳几声，松开交握的手：“你们是对阿尔·鲍尔利特别感兴趣吗？”

我在店里四下望了望。“是的，”我说，“呃，也不对。老实说，我自己也不大确定。”

男子抿起嘴，一字胡随之扭动着。“不确定？”他说。

杰克上前一步。“我们在找一个人，一个名叫盖布瑞尔·普赖斯的人。我们觉得他可能和这家店有点什么关系，或者是和阿尔·鲍尔利有些关联，又或者，其实什么关系也没有，是我们找错目标了。”

男子笑了一下，一字胡重新变得平整起来。“啊，”他说，“原来是盖布瑞尔·普赖斯，你们没找错。实际上，完全是正中目标了，如果你们愿意听我说下去的话。”

汉迪·西蒙

公园大门这段很明显是巴里的拿手好戏。他开始说起了一只断手的故事，其间不时挥舞手杖，并变换着各种不同声音，但这时已有冷风袭来，西蒙只想赶紧回旅店去，喝一杯热乎的薄荷甜酒，再打开暖气暖和一下身子。看情形，这么想的不止他一个。人群逐渐四散开来，有几个落在队伍后头，在盯着一家鞋店的橱窗看，还有些人则晃到了马路对面，瞪眼望着一张巴士时间表。

“大家就不能跟紧些吗？”安布罗斯小姐对着街那头大喊，但她的声音被一家酒吧门口传来的动静彻底淹没了，她转头看向西蒙问，“咱们是不是该点名啦？”

西蒙深吸一口气，将写字夹板从背包里掏出来。他原想着，趁着比斯尔小姐不在，至少这几个小时里，可以省却数人头这个麻烦，但他其实早该知晓，比斯尔小姐的威力，并不仅限于她本人在场时才有效。有时候，她本人在场时反而还轻松点。

他点完名，安布罗斯小姐从他手里接过板子，迅速扫了一眼那些名字。“就知道这事少不了弗洛伦丝。”

“他们可能只是半道去了公共厕所，”西蒙表示，“要么就是在慈善商店的窗外打量。应该只是落在了后头一点。”

安布罗斯小姐站到马路上张望起来。

“小心！”盖布瑞尔·普赖斯一把将她拉了过来，堪堪躲过了一辆助力车，然后重新回到路牙上站好，“你可要当心点啊，安布罗斯小姐。刚才差点酿成大祸。”

“普赖斯先生，”她抬起头来努力平复呼吸，“我就是想要确认一下，弗洛伦丝和她的伙伴们好像不见了。”

盖布瑞尔·普赖斯捡起安布罗斯小姐的包——刚才掉进了路旁的排水沟里——然后交到她手上。“我想，”他说，“你应该能在那间乐器行里找到他们。”

“我都不知道克莱伯恩女士还是个音乐爱好者。”西蒙说。

盖布瑞尔·普赖斯笑了笑。“这我就不清楚了。”他说。

“但愿他们几个都在一起，”安布罗斯小姐似乎终于恢复了平静，“真没想到霍尼曼夫人竟然也这样。她通常都很安生的。”

“霍尼曼夫人？”

“是啊。她和他们在一起，不是吗？我们刚才没找到她。”

“唔，我不这么认为，”他说，“我从西崖开始就再没见到过霍尼曼夫人了。”

西蒙突然觉得口干舌燥，心里七上八下，十分不安。

弗洛伦丝

“音乐家？”我们三个异口同声，等着对方给出最终判决。杰克握紧他的拐杖把手，我则两手扒住大衣腰带。

“没错，而且他也是惠特比人。”蓄一字胡的男子正埋头翻着一个装满照片的抽屉，拖长的声音从柜台后面传出来，“他是个四处游历的音乐家，不停地从这个乐队转到那个乐队。战争结束后这种情况非常多。”

“你指的是？”艾尔希俯下身子，冲着他头顶说话。

“人们被迫流离失所，可能觉得自己已没了牵系，”男子抱着一盒包着玻璃纸的照片直起身来，“他们不断地更换工作，四处飘零，试图重新找到自己的立足之地。”

“就像当代的吟游诗人。”杰克说。

“可以这么说吧，”男子在那盒照片里翻找起来，“只是他们用得更多的是鼓而不是德西马琴。不过我记得，盖布瑞尔·普赖斯应该是个钢琴师。”

我顿时停下了捻弄腰带的动作。“我记得曾在市政厅看过一位钢琴师的演奏，两只手在黑白琴键上迅速游走。他的手上戴着戒指，在小拇指上。款式很独特，相当之精美，完全不是印象里男人会戴的那一种，”我顿了一下，“盖布瑞尔戴戒指吗？”我有点害怕问出口。有时候，我的思绪会变得千回百转，连我自己都很难理出头绪来。

男子从玻璃纸膜中取出一张照片摆到柜台上。“咱们来看看吧？”他说。

汉迪·西蒙

他们把整个西崖全找了一遍。从鲸骨拱门开始，一直到通往桑森德的沿岸步行径，哪里都没有霍尼曼夫人的踪影。巴里主动承担起了聚集其他人的工作，不过他的鬼故事已全部讲完，只好把他们都领到了鲸骨拱门，在那里他们态度敷衍地齐唱了国歌的其中三段。安布罗斯小姐打电话通知了比斯尔小姐，她出现在库克船长雕像旁边时，将一本《圣经》紧紧攥在胸前。

“霍尼曼夫人肯定就在这附近。”安布罗斯小姐说，但脸上表情却不像她说的话那般坚定。比斯尔小姐每咒骂一句，她颈上的经脉便跟着跳动一下，西蒙能看到她额头上出现了皱纹，即便站在他现在这个位置。其中一位住客声称，曾经看到霍尼曼夫人走进一处公共厕所，但不记得她有没有从里面出来，于是他们决定派西蒙进去查看，以防出事需要破门而入。

“可这是女洗手间啊，”他两手交叠地站在入口处，“而我显然不是女的。”

最终，安布罗斯小姐答应了打头阵，但他们进去却只看到三个空隔间，一股沙子和湿水泥的气味弥漫在周围。

“她总不会凭空消失吧？”西蒙推了推其中一扇隔间门，即便它已开到了最大，“人是不可能凭空消失的啊。”

“有人看到她走进来，却没见到她走出去，”安布罗斯小姐说，“可这地方只有一个出口，真想象不出她能到哪儿去。”

他们都打量起了那边的小窗户，上面布满了蜘蛛网，还有一批能让鳞翅目昆虫专家感到骄傲的各种标本。

西蒙两手叉腰，又吸了一口混着湿沙味的空气。“每年有二十五万人失踪，”他说，“相当于每隔十二个月，就有一整个普利茅斯市的人口会莫名消失。”

“西蒙，我不觉得现在说这些能有什么用——”

“其中有百分之七十四会在二十四小时内被找到。”

“好吧，这比率听起来还算叫人安心。”

“最后发现时已经身亡的只有百分之一。”

透过小窗，他们听到了悬崖下方海浪拍击岩石的巨响。

“也许我们应该报警。”安布罗斯小姐说。

弗洛伦丝

我们全盯着那张照片。

即便我们都知道，那人不可能会是罗尼，可看到这张陌生面孔，还是感到十分震惊。盖布瑞尔·普赖斯和我想象的很不一样。或许我以为能在他身上找到罗尼·巴特勒的影子，能让我一眼看出而后表示反感，可此时照片里凝视我们的这位男子，却有着友善的眼睛和温和的笑容。他双手搭在琴键上，两眼直视着镜头，仿佛是在等候我们到来。他年纪比罗尼略大，看着也更瘦削些，即便我压根不认识他，也觉得他是个值得信赖的人。

“这不是罗尼。”我说。

“是啊，”杰克叹了口气，“可我们从来也没觉得会是他，对吧？”

“那倒是，但我原以为他们会像一个模子印出来的。是不是很讽刺，”我说，“恨不得自己真疯掉似的？”

我继续盯着那照片。

“不过，他戴着戒指。你瞧，”我指了指，“我就说我记得吧。只是想不起来那人是谁。”

“这戒指并不常见，不是吗？”艾尔希说。我们又凑近了些，但视野反而模糊成了一团。

我挺满意自己的表现。

“也许这戒指是他妻子的，”杰克说，“类似于某种信物，让他四处游历时能带在身边。”

“呃，我觉得他应该没有妻子。”男子开始整理其他照片，然后放回盒子，“我甚至不觉得他有什么家人，至少我从没听说过。我最近刚深入调查过他。你们并不是第一个问起他的人。”

杰克立即眯起眼睛：“是吗？”

“对啊。有位老绅士几周之前来过店里，他想买盖布瑞尔·普赖斯曾经用过的乐谱，随便什么都行。他好像很感兴趣。”

“我猜也是。”杰克表示。

“不过我们没有他想要的东西。”一字胡两端开始往下垂。

我听到艾尔希叹了口气。

“这张照片，”杰克敲了敲柜台，“卖吗？”

他的胡子逐渐往上，最后彻底扬了起来。

“你真会讲价，”重新回到路边后我说，“我以为他会大宰我们一笔呢。”

“十五英镑也不便宜了，”杰克将纸袋夹在胳膊底下，“不过能这样也该知足了，而且说不定真能派上用场。”

我们站在路边，朝街道那头望了望。

“他们人都哪儿去啦？”他说。

我们一路来到公园门口。看到有人在举办女子单身派对，还有另一群人在做鬼街巡游。起初我们还有点迷糊，过了一会儿才反应过来，原来他们在讲中文。到处都没看到巴里，或他那顶圆顶礼帽的影子。杰克研究了一下行程安排，发现在那个时间点，我们本应该已经回到旅店休息室，听着卡带机播放的音乐，享受一顿容易消化的晚餐。在回旅店的路上，当我们走过西崖看着傍晚余晖没入海面的时候，我们在女厕所外边发现了安布罗斯小姐和汉迪·西蒙，两人正在谈论着什么统计数据。

“你们终于回来啦！”安布罗斯小姐大喊出声，旁边穿防风衣的那一家子都转过头来看着我们，“我正寻思你们要到什么时候才现身呢。”

杰克眼睛有些老花，双手也总震颤不停，但他的声音仍然很稳。“我们是来度假的呀，”他语气很平静，“我们玩得挺开心的。”

“我们刚才到处找你们。咱们得有点规矩才行，”她说，“规矩。不能随便这么四处晃悠。”

汉迪·西蒙站在她的身后，但他把脸背了过去。

杰克的目光仍紧盯着安布罗斯小姐。“我们只是在享受假期而已。”他又说了一遍。

安布罗斯小姐脸涨得通红。“我们都担心死啦，”她说，“特别是霍尼曼夫人。”她望向杰克身后问，“她人呢？”

杰克皱起眉头。“怎么，她没跟我们一起啊，”他说，“她不是和你们在一块吗？”

安布罗斯小姐的脸色顿时由红转白，西蒙也赶紧拿出手机，开始寻找离这儿最近的警局。

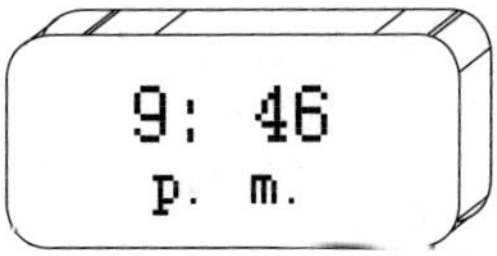

—— 那 她 去 了 哪 儿 ?

—— 她 去 了 惠 特 比 呀 , 你 不 记 得 了 ?

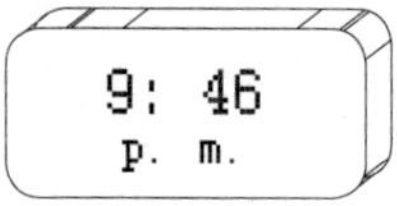

我想不起来自己最后一次吃东西是什么时候。反正葬礼上我什么也没吃。我受不了拿纸盘子端着那点东西的傻样子。我也不记得上一次喝东西是什么时候了。在没有食物的情况下，人类可以坚持几个星期。我以前读到过，在一本杂志上。想想监狱里那些可怜人，因为没人听信他们而选择绝食明志。不过，我很肯定，补充水分十分关键。这事西蒙应该知道。瞧！我记得他名字啦。

我有时记得，有时不记得。有时能准确表达，有时又不能。我脑子里其实一清二楚，只是一旦诉诸语言，就会变得掰扯不清。我能从对方眼里看出来，知道自己又说错话了，可我也只有在话说出口并看到对方反应以后才能明白过来。

比如我就不该提起艾琳·埃佛勒斯。当时我们坐在车上，已经见过西里尔正往回赶。

“可怜的艾琳·埃佛勒斯，”我说，“我经常会想起她来。”

我知道艾尔希正注视着我。有时你的确能察觉出来，不是吗？连看都不用看。

“你这话是什么意思，”她说，“艾琳·埃佛勒斯怎么可怜啦？”

“像那样就被撞死了，再没机会长大成人。”

我看着她的眼睛。原来我又说错话了。

“在兰迪德诺啊。”我说。

“她根本没去兰迪德诺，弗洛伦丝。要是安布罗斯小姐听到你说这些，肯定又要啰唆个没完。”

“那她去了哪儿呀？”我说。

艾尔希看着我笑了笑："她去了惠特比呀，你不记得啦？"

我一点印象也没有。只记得和妈妈站在市政厅台阶上，抬头看钟的情形。

"真的吗？"我说。

"你留意到了那个漫长瞬间，弗洛伦丝。去惠特比还是你告诉她的。艾琳·埃佛勒斯最后根本没去兰迪德诺，是你让她改变了主意。"

弗洛伦丝

警察把手抬了起来。他显然是个乐天派，明明之前三次都没有效果，这一回能起作用的概率实在是微乎其微。

"各位都先安静一下，"他说，"我们会安排对每个人进行单独问询。"

然而他后半截的声音完全被两位住客的高声争论给盖了过去，他们争论的焦点是，总督察的职位是否高于总警司。

"我们能借个房间用一下吗？"安布罗斯小姐说。

旅店老板娘名叫盖尔[1]，带 i 的盖尔。每次她介绍自己时，总要这么补上一句，尽管谁也没有觉得这事真有多么重要。只听盖尔轻嗤一声。"又来？"她说。比斯尔小姐在鲸骨拱门附近晕了过去，如今已被带进厨房，连同一名警官和一瓶白兰地。

"电视房行吗？"安布罗斯小姐提议。

"那是不可能的，今天可是星期二。"盖尔这么说，语气很神秘，却并不打算详细说明，"我倒是可以把员工休息室借给你们用用。但你们必须得在八点之前离开，到时候轮到我接班了，需要进去换身衣裳。"

我们并排坐着，默默等待。这里虽说是间休息室，却没什么放松感。

---

① 英文人名 Gail 与 Gal 发音相同，音译都为盖尔。

椅子是木质的，而且全都不配对。有几把明显是从餐厅撤下来，靠着胶水胶带在勉强硬撑。人们进进出出，无视我们的存在。他们猛地关上柜门，转动钥匙上锁，然后穿上几层制服，将自己变成别的什么人。我拍打大腿打发着时间，但艾尔希一直盯着我，我只好换成用手指敲打昨晚的菜单。

“你觉得罗尼现在会在哪儿？”我不停念叨，“应该有个人盯着他才行。”

“他应该就在这外边，”杰克点头朝门外示意，“和其他人一起。这里到处都是警察，他耍不了什么花招的。”

“咱们玩个游戏怎么样？”艾尔希说，“就从那边的架子开始？”

我仔细观察那个架子。“时钟，明信片，快枯死的盆栽，”我犹豫了一下，“还有蜡烛？”

“更大一点。”她说。

“烛台？”

“棒极了！”

“梅教授，在温室里，”我顿了顿，“我怎么突然说这个？”

“因为那个版图游戏[①]，”她说，“你不记得啦？你在日间娱乐室也玩过几回，只要有人稍加劝说几句。”

“有吗？我完全不记得。你觉得霍尼曼夫人会去哪里？”

艾尔希顿了顿：“也许她只是有点犯糊涂，在路上逛着迷了路。这种事情时有发生。”

“她会回来的，”杰克说，“等着瞧吧。”

对此我倒不大确定，但我也没多说什么。老人走失这事常有。看到消息人们是会表示同情，但不消片刻便会把报纸给翻过去。有谁知道他们最终是否平安归来？恐怕谁都不清楚吧。艾尔希开始嘀咕架上

---

① 即《妙探寻凶》。游戏背景是英国的一幢大厦，图板是一幅房间位置平面图。玩家扮演一个角色，也就是大厦的客人。玩家均有嫌疑。最先找出凶手、凶器及行凶房间的玩家即可胜出。文中的烛台、梅教授和温室都为游戏中的线索牌。

的盆栽再不浇水就该枯死了，我立马跟着也思索起这件事。有的时候，你需要集中关注某个细小问题，免得又去烦恼那些更叫人发愁的事。

杰克扭转身躯，这已是他第六次看向那道门。

“你该知道，这么做也不会让他们加快速度。”艾尔希表示。

“接受警察问询是近几年发生的最让人激动的事了，”我说，“他们不会轻易放过这机会的。”

“我不明白为何我们也得接受问询，”杰克转过头来对着我们，“我们当时人又不在，一直都在乐器行里。”

我说：“但愿他们不会问我们为何要去乐器行。”

“你觉得他们会想知道？”艾尔希说。

“这是一个自由国度。”杰克表示。

他正说着，员工室的门打开了，警官将里面那位受访者带了出来，而他仍在说个没完。

“……这就是我按时交税的原因。”他还在接着说。

警官点点头，用自己的身躯挡住门口。杰克吃力地站起身来。“到我了。”他说。

可汉迪·西蒙从我们身边走过，一下溜了进去。

“真是没想到啊。”杰克盯着那门看了许久，即便它早已经关上。

我眯起眼睛看了看对面墙上那个架子。“我来给那盆栽浇浇水吧。”我说。

汉迪·西蒙

汉迪·西蒙向来对警察不大感冒。他在路上被拦过一次，因为汽车尾灯没开，他花了三天才平复心情。倒不是因为制服，毕竟他早见惯了父亲的装扮，他是担心会被误认成别的人。西蒙总觉得自己长得像《缉之以法》节目里公布的通缉犯画像。估计是五官的某个部分有点什么共通之处。他自己其实看不太出来，但别人似乎会这么想，因而每当听到什么巨响，他都会立马看钟并记下自己在做什么，以防万一那是一声枪响，而他将和一个名叫达里尔的文身师共住一间牢房。

警官在桌子对面朝他笑了笑，不过西蒙并不清楚，这笑容是为了安抚他的情绪，还是突然认出了什么人。

“我先了解一下你的基本信息。”他说着，笔尖停在纸页上方。

西蒙尽可能口齿清晰地报出了自己的名字和住址。为了以防万一，他还重复了几次。

“你在樱桃树之家工作多长时间啦？”

“刚满五年。五年两个月十五天。”

警察抬起头又笑了一下。这笑容完全出乎意料而且让他不太舒服。

“五年？你一定很喜欢这份工作吧。”他说。

这个问题颇有些棘手。西蒙觉得如坐针毡，努力思索着合适答案。实话实说固然很重要，但他又不想太过于实诚，担心会被写进证词，之后要在法庭对质。

“有好也有坏吧。”他最后说。

警官的笔还悬在那里。

“你不用写下来吗？”西蒙说，“作为证词？”

“什么？”

“我说它有好也有坏这事？”

“哦，不用。我不过是随便聊几句，”警官轻咳一声，“那你最后一次见到霍尼曼夫人是什么时候？”

“你这是还在聊天呢？”西蒙说，“还是正式提问？”

“啊，这是正式提问了。”

“我不太确定。这事其实很难确定。”

“很难确定？”

“我是说，他们长得都差不多，不是吗？除非你特别专心去看。”

“所以你当时没有专心？”警官追问。

西蒙靠到椅背上。“我当然专心啦。你再找不到有谁比我更专心，或是数过那么多次人头了。”他伸手去拿他的背包，但随即意识到点名板已摆在桌上，“巡游之前她肯定还在，我当时点到过她的。”

警官看了一眼那张表格说：“而你们来到公园门口时，她人就不见了。”

西蒙点点头。

接下来几分钟警官一直写个没停，西蒙唯一能听见的便是他的笔尖滑过纸页的声音。

“那么，你会如何形容霍尼曼夫人这个人呢，西蒙？”

西蒙开始盯着他外套上的一个污点：“我不太清楚。”

“不如先从她的容貌开始？”

“你们不是都知道了吗？”

“没错，但我想听听你会怎么说。”

“中等身高，中等身材，”西蒙继续盯着那个污点，希望它能提供一点灵感，“灰白头发。”

“可你说的这些话，对大部分出行人员都适用吧？”

“也许是吧。”西蒙伸手去擦那个污点，显然它并没派上用场。

“她有什么显著特征吗？”

西蒙抬起头来：“你指什么？”

“能把她和其他人区分开来的特殊之处？”

西蒙仔细想了一会儿才开口。

“她很会玩克里巴奇纸牌。”他说。

“怎么样？”安布罗斯小姐站在前台电话桌旁。

西蒙不敢迎上她的视线，因而说话时只盯着桌面：“没什么，就那样。”

“你应该重点强调了吧，说我们樱桃树之家办事非常尽责，一直把住客安全视为头等大事。你记得我之前交代过你吧？”

“要我回去补上吗？”他说。

他鼓起勇气瞄了一眼，谢天谢地，她把眼睛闭了起来。他通常是很擅长执行指令的，至少在搬动家具或疏通下水道时是如此，唯有事情涉及其他人时，他才会感到颇为棘手。

他正等着安布罗斯小姐做完深呼吸平复心境，这时几位住客来到了接待室，在楼梯口旁漫无目的地走来走去。他很能明白他们这种感受。他自己其实也有些不知所措。

安布罗斯小姐仔细打量着他们：“你们不是应该在接受警察问询吗？我记得下一个是轮到杰克了吧。”

“没错。”杰克用一种奇怪的眼光瞄了西蒙一眼，令他感到有些莫名其妙，“那警官大概是想休息一会儿。他叫我们十五分钟后再回去。”

“我们应该做的是去外面找她，”弗洛伦丝说，“而不是坐在这里和警官聊天。”

“我完全赞成。”杰克已开始扣他的大衣纽扣，但安布罗斯小姐把手举了起来，所有人都停下动作看了过来。

“你们想都不要想。”她表示。她一字一顿地说出这句话，郑重的态度让杰克重新解开了扣子，其他人则聚在更靠近楼梯口的位置，而且变得非常安静。

“还好我联系上了葛洛丽娅，”安布罗斯小姐转过头重新对着西蒙，“她找到了霍尼曼夫人的档案，并用传真把文件发了过来。”

“需要联系她什么亲戚吗？”西蒙问。

“不需要，”安布罗斯小姐扫了一眼手里那几张纸，“她没有子女。父母当然是有的，但显然都早已过世。名字我记不清了。”她翻过一页，“在这里，亚瑟和克拉丽斯。”

整个过道十分安静，因而接下来这话出自谁口完全毋庸置疑。西蒙一字一句听得一清二楚。

“他们热爱这片土地！”弗洛伦丝在楼梯口处突然大喊。

弗洛伦丝

“什么椅子？”

我们回到员工休息室。那位警官还没回，但杰克还是压低了声音。

“就在鲸骨拱门附近啊，”我有点挫败地挥了挥手臂，“我们下午还在上面坐过的。”

“有吗？我不记得曾在鲸骨拱门附近坐过什么椅子啊。”杰克表示。

“诶，不是你。那块铜牌上边写着：‘纪念亚瑟和克拉丽斯——他们热爱这片土地。’”我又急得喊了起来，艾尔希不得不发出嘘声让我安静点。

“你到底想说什么呀，弗洛？”她不停示意叫我坐下，但我觉得那样脑子往往会转不过来。

“这绝不可能只是巧合，他们肯定就是霍尼曼夫人的父母。”我说。

“假如真是那又怎么样？”杰克把眼睛眯成一条细缝。

“他们热爱这片土地，说明他们应该经常过来，没准甚至就生活在这里。也就是说，她可能也曾居住在此。而还有谁也和惠特比有关系？什么人就出生在这儿呢？”

杰克在塑料座椅上换了个姿势。“盖布瑞尔·普赖斯。”他说。

“这也太巧了，不是吗？”我说，“而且现在消失的不是别人，正是霍尼曼夫人？”

“我觉得我们还是不要自己出去乱跑吧，”艾尔希抓住我的胳膊，好像这就能阻止任何跑走的念头，“还是把这事交给专业人士处置会比较明智。”

我认真地深呼了口气才开口说：“我完全同意，所以我准备直接向警察反映。”

他们都说，当你觉得警察看着年轻时，就知道自己已经老了，但面前这个确实是很年轻，举手投足之间都透着一股青少年所特有的乖戾气息。看他嘴唇上方那片狼藉，估计是在准备蓄须。我觉得这对他而言还太早了点。坐下后我就公然地盯着那儿，艾尔希想要阻止却也没有什么法子。既然人们选择了要留胡须，那么即使有人盯着它，也是他们咎由自取。我们原本应该单独接受问询，但艾尔希和我一起走了进来，她说我现在情绪不太稳定，而且好像也没人有意见。

“尽量想清楚再说话。”她对我说。这房间非常小。从金属置物架和大罐杏桃罐头来看，应该算是个贮藏室。屋内空气相当稀薄，好像得轮流呼吸才够用。警官正在摆弄窗钩，但他转过身后冲我们笑了笑，我顿时感觉平静了不少。警察总能给我带来这样的效果，另外还有牧师。原因可能是，一个保护我不受罪犯伤害，另一个则使我免受烈火与硫黄侵袭，感觉面面俱到，已经万无一失。

警官问起了我的基本信息。作为补充，我顺带报上了我的出生日期，即使他并没有提及。

“我今年八十四了，”我说，“和艾尔希一样大，不过我更多时间都待在室内。”

警官扫了一遍铺在桌上的众多表格。“你和霍尼曼夫人同龄啊。”他说。

“是吗？”我说。

艾尔希靠着椅背：“这我还真不知道。”

警官点点头。他问我们对她有多了解。说这话时他的语气有点犹疑，而我想要吸引他的注意，便告诉他我们彼此都十分了解。当然啦，这说的是假话。人们总觉得，老年人相处起来肯定会很融洽，就好像是一大群鱼，全部游往同一方向，从来不会发生任何争执。我猜想在他们看来，衰老大概像是战场上的敌人，我们只有联合起来协同作战，才能成功存活下来。

“你能形容一下霍尼曼夫人吗？”警官问。

我喃喃重复着这句话，一边思索着如何作答。

“圆脸蛋，不怎么说话，和台阶不大对付。”我说。

“她很安静，”艾尔希说，“总是在睡觉。有时候我怀疑她可能有点轻微抑郁。”

“我也有过这种怀疑，”我说，“她好像没有可以倾诉的对象。”

“是吗？”警官看着他的笔记，“其他人都没提到这一点。她最近有什么亲人走了吗？”

“她这人一直都这样。”我回答，但警官对此没再回应。

“也就是说，你觉得霍尼曼夫人比较脆弱是吗？”他说。

我思索了一小会儿：“我想是的，但谁又不是呢，如果你深入思考的话。”

警官拿笔在桌上敲了一下才落笔。

几分钟后，他重新抬起头，说：“还有什么要补充的吗？”

“她膀胱只有花生米那么大。”我说。

艾尔希啧了一声。“我实在不觉得这位警官会想了解霍尼曼夫人的肾脏功能怎么样，弗洛伦丝。”

“她是去上厕所然后失踪的，不是吗？”我努力想把背挺得更直些，可这些年我缩了好几英寸，再怎么挺直效果也并不理想。

“有人看到她进了卫生间。”艾尔希把脸转过去对警官说。

“是的，”他说，“我们已经知道了。”

“但这点并不重要，”我说，“我不是要和你说这事。”

警官停住笔尖：“那你觉得什么比较重要呢，这位……”

“克莱伯恩，”我说，“我今年八十四了。”

“你是有什么情况要向警方反映吗，克莱伯恩女士？”

“我们的确有事反映。”我说。

“我们？”

“我和艾尔希，当然还有杰克。”

“杰克？”

“不过他人在外边。”

“这样啊。”警官一手抱在胸前，另一只手掩面叹了口气。

“那份名单上有个人，”我伸出手指在桌上敲了几下，“叫作罗尼·巴特勒。”我看到警官用笔指着名字那栏一路往下移，“但你肯定找不到他。”

他抬起头来：“找不到？”

“是的，肯定找不到。因为在那份名单上，他并非叫作罗尼·巴特勒，而是盖布瑞尔·普赖斯。”

他没说什么，只微微张了张嘴。

“他冒充成了别的人，警官先生，”我说，“而且他这人极其危险，一直是个危险分子。”

警官靠在椅背上说：“这可是项相当严重的指控啊，克莱伯恩女士。”

“不，这可不是什么指控，这是众所周知的事实。他淹死了，在1953年，而现在他又死而复生，冒充成了别的什么人。如果这还不叫作危险，我就不知道什么才是了。”

“听起来是挺厉害的。”

“可他脸上还有那块疤痕，”我指了指自己嘴角，“所以绝对是他没错。”

“好吧，”警官还想再往后靠，可他已然紧贴椅背无处可去，“那这位先生和霍尼曼夫人这件事又有什么关系？”

“这不是很明显吗，嗯？”我说，“是他把她干掉了啊。”

警官像是想要说点什么，但最终还是什么也没说出口。

“他还闯进过我的公寓，你听说这事了吗？”我说，“好几次呢。”

警官张了张嘴，但马上改变主意，只是摇了摇头。

“他把我的东西到处乱放，还塞了好多蛋糕进来。可是根本没人信我，连安布罗斯小姐也不相信。”

“需要我叫安布罗斯小姐进来吗？”警官这时说。

“进来做证人吗？”我紧紧扒住桌子边缘。

“不，我只是——”

“他杀死了贝丽尔，可你们谁都没法证明。你会记下这些的，对吗，我刚才说的那个名字，罗尼·巴特勒？”我说，“你能保证他被逮捕吗？”

警官站了起来，我们也都跟着起身。在面对医生和律师时也会发生这种情形，都是莫名其妙的条件反射。“我保证会把这事反映给合适的人。”他说。

我紧紧抓住他的制服衣袖。“你是第一个把我说的话当真的人。”我说。

我还等着听他回应，但他什么也没表示。

一切结束已是许久以后。艾尔希从浴室出来时，我正靠在窗台边，看着外面那轮新月。问询工作花费了大量时间，完全超出了所有人的预期，结束时天已彻底黑了。这简直是太神奇了，关于霍尼曼夫人大家竟都有那么多话可说，然而实际上我们对她都不是很了解。旅店在餐厅里准备了一顿清淡的自助餐，但大家胃口都不太好。我看到罗尼·巴特勒吃掉了超出一人的分量，杰克则只勉强咽下了两块肉馅酥饼，其他大部分都原封不动地撤回了厨房。撤下餐盘的整个过程中，带i的盖尔时不时地大声冷哼，还说了一大堆关于第三世界国家的事，只是谁都没太听清，因为她鼻子总在嗤个不停。

艾尔希走到我的身边，穿着睡袍站在窗前，背景是近海的广阔天空，几缕灰白头发微微翘起，消瘦的身躯和疲惫的神态，都在约克郡的月光下一一显露出来。

“你还是一点也不饿吗？”她说。

“勉强一下或许能喝下一杯阿华田吧，”我脖子都没动一下，“可是，我总忍不住会想起她来，独自一人，流落在外。这根本说不通啊，艾尔希，不是吗？”

“嗯，”她说，“是说不通。”

“她脑子又不糊涂，不会那么简单就迷路。”

“也许是因为再次回到惠特比吧，在过了这么多年以后。她可能是一时有些混乱，陷进回忆里没能清醒过来。”

远处海面有灯光在闪，应该是船只吧，停泊在海那边的某处地方。即便隔着一层窗户，我也听到了潮汐的声响。海浪声永不停息，在引潮力的持续作用下，一下一下冲刷着海岸。

我们看到一位女士牵着条狗走了过去。

“这过程永远不会停止，对吗，在惠特比？”我说，“无论时光如何变迁，哪怕大部分地方都已尘埃落定，惠特比却仍在时刻变动。”

“因为是在海边吧。海浪从数千英里之外开始涌动，终于在此处留下了属于它的印记。想到如此神奇的事就在此时此刻发生，估计会激动得叫人很难入睡。”

我准备伸手把窗帘拉上，但有什么东西阻止了我的动作，于是我又朝窗外看了最后一眼，视线一直延伸到了海面的尽头。

“但愿她会平安无事，”我说，“但愿她能顺利归来。”

我将帘布紧紧攥在手心，生平第一次觉得拉上窗帘是如此困难的事。

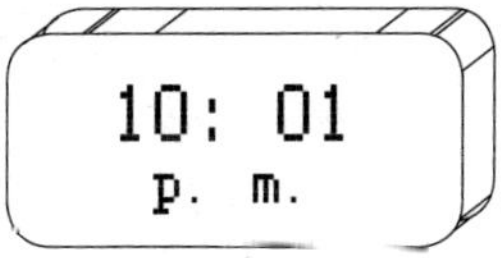

有时候，你需要的也就仅此而已。

有个人能陪在你的身边。

有个人能在你入睡时照看你。

有个人能告诉你一切都会好起来。

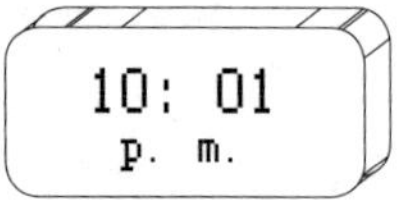

我自己也不知道，第一次在那张椅子上睡觉是什么时候了。

只记得有天夜里熬到很晚，因为怎么也不想上床去睡，然后事情就这么发生了。我并不是故意的。我从卧室拿了两个枕头，又把小毯子铺在长靠椅的椅背上。其实这样还挺舒服的，一旦变得习惯以后，而且只要把自己裹得严实些，倒也不会觉得有多冷。当然了，我没敢一直开着壁炉。毕竟之前发生了那么多事。不过，我还是一直插着电源，只当是留着给我做个伴，看着仿真煤堆上跃动的红色火苗，假装真有火焰在燃烧。

这事原本根本不会被人发现，要不是安布罗斯小姐毫无预兆地出现在我房间。我平常总会把枕头放回床上，还要把羽绒被也稍微弄乱点，就为了能看着逼真些，可她打了我一个措手不及。

“弗洛伦丝，”她说，“你不会一直在这椅子上睡觉吧？”

我目光望向别处，只不看她。

“要真是这样，我只好把你列入夜间巡房名单啦。”

我转头盯着她说：“我不喜欢有人进屋把我弄到床上去，就像对待小孩一样。”

“那你能不能和大家一样，回到该睡觉的地方去睡啊？”

我想告诉她，我在椅子上面反而睡得更好，每当我躺到床上去，就只能够干躺在那里，留神听着各种动静，生怕罗尼进来转悠，完全感觉不到一丝睡意，但凡听到任何响动，便要忙着揣测是什么原因。可如果对方压根没打算认真听，说这些又有什么用？

“那就这么说定啦？”她说。

我抱起双臂以示回应，没过一会儿，我听到房门关闭的声音。我也想过继续这么干下去，但比斯尔小姐有种看穿一切的本事，即便安布罗斯小姐往往都摸不着头绪。

眼下，如果能躺到那张椅子上，叫我干什么我都愿意。

从我当前所在位置，正好能看到它，只是需要转转脖子，但这难度也在逐渐加大，因为我在这地方躺得越久，身体越不听使唤了。还是盯着餐具柜底下那堆杂物来得更轻松些，尽管我到现在也没看出都有些什么。因为光线实在太暗。

我不停想起玛贝尔和那几个小孩子。对于小孩我向来没太多想法。这是真的，如果你自己没有孩子的话。倒也不是我打定了主意不要孩子，只是我的人生像自动加了速似的，还没等我明白过来，就已在工厂里办起了小型退休派对。手里端着装饮料的白色塑料杯。从前连招呼都没打过的人，也会前来和你挥手道别。接着你会回到家里，直到这时你才发现，自己忘了组建一个家庭。然而，你还是会觉得，当你近距离接触小孩后，觉得他们就像是缩小版的自己，在你离开人世之后，也能将这命脉延续下去。

玛贝尔说过她会过来看我。她还没有捎口信说要过来，但人们有时就是会突然间造访，不是吗？瞧瞧安布罗斯小姐就知道。看到我现在这种状态，玛贝尔肯定会大吃一惊。

“你这是怎么啦，弗洛伦丝？怎么把自己弄得倒在这地上？”

她不会随意搬动我。这是正确的，对吧？我之前在一本杂志上读到过。她会耐心等待急救员前来，不过在那期间她会和我聊天。聊起当年市政厅的舞会，还有我们从前跳的轻快舞步。她在急救车上也会一直说话，到我们进到急诊室也不会停。她还会和隔间里的其他人搭话，因为玛贝尔就是这种人。她会穿着白上衣和印花裙，在房间走动时裙上的印花会随之轻轻舞动。她手上会散发着肥皂的香气，而当我说了什么逗她开心时，她整张脸都会洋溢出笑容。

进到病房她也会和护士聊天。她们总会找到什么共通之处，玛贝尔和任何人都能找到共同点。我会把视线投过去，然后护士会瞄一眼别在制服前襟的手表确认时间，接着点点头，同意玛贝尔坐到我身边。护士站里会亮着灯，但别的床位都黑黢黢的，病房的其他空间全都笼罩在寂静里。玛贝尔会把她的椅子拉近，好凑到我耳边轻声低语。她会拂去我脸上的发丝，然后将毯子拉紧，告诉我一切都会好起来。实际上肯定也会的。因为有时候，你需要的也就仅此而已，有个人能陪在你的身边，有个人能在你入睡时照看你，有个人能告诉你一切都会好起来。

弗洛伦丝

日光下，餐厅看着非常陌生。大家都在仔细打量那一盘盘炒鸡蛋和褐色小酱包，像是不明白它们为何会出现在此，又为何要摆在我们面前。餐桌上铺着厚厚的白色亚麻桌布，上面四散着不少细小糖粒，显然是有谁没有收拾干净。我想把那位女招待叫过来指出这问题，但艾尔希和我讨论了一番后，我只好自己用手全扫到一起，而后极不自然地撒到地上去。桌子摆得特别拥挤，我的胳膊肘时不时就会蹭到安布罗斯小姐的开衫袖子。

“饿肚子是解决不了问题的，对吧？”安布罗斯小姐将一块炒蘑菇叉进她嘴里，“咱们必须保持体力才行。”

墙纸看上去年代很久远，是那种带有纹理且印有图案的。看了会让人想要触碰，想要亲手感受一番。

“差不多行了，”艾尔希说，“大家都看着呢。”

我把手从墙上拿下来说：“可这样的话，铺丝绒墙纸又有什么意义，如果谁也不能伸手去摸？”

茶是温的，吐司摆在切片器上，已经凉了，叫人看着很没食欲。奇怪的是，烦恼对人胃口的影响会因人而异。有些人会对食物完全没兴趣，还有些人则除了吃别的什么也干不了。

“挨饿治发烧，感冒勿饮食，”我说，“不知道烦心的时候是不是也该多吃才对？”

“我实在是没有胃口，”杰克将餐盘往前推开，“警察那边有消息了吗？”

安布罗斯小姐用叉子叉住一块炸土豆饼，说：“目前还没，但我相信他们正在竭尽全力。”

“我也相信，”他靠着椅背，“只希望，他们认真听取了我们大家的话。”

那块炸土豆饼消失了，只在安布罗斯小姐唇边留下了一点番茄酱的痕迹，我共感般地也擦了擦自己的嘴角。我从来没和艾尔希说过，但贝丽尔的死已使我对警察机关失去了信心，他们始终没能抓住罗尼。发生了那样可怕的事，却没人因此受到惩治。有时候，你人生中的某段经历会融进你血肉中，进而将你彻底重塑，导致前后两个截然不同的自己，像书档似的处在对立两端。

吃完餐盘里最后一块炸土豆饼，安布罗斯小姐终于放话了，她说我们都该尽可能地照常行动，但希望我们尽量不要再走丢，并最迟要在下午六点之前回到旅馆。杰克用眼角斜了我们一眼，艾尔希和我也同样瞥了回去，尽管我们俩其实都不明白为什么要这么做，直等到我们来到门口台阶，他才找到机会做出解释。

“开乐器行的那个人，”他说着，自下而上扣好外套，“我觉得可以去找他详细问问，他声称做过的那个调查。”

我深吸一口海边的空气，而后我们三个沿着小路朝鲸骨拱门走去，迎着清晨的第一缕阳光。

海边的清晨总有种什么特殊之处。只是因为濒海这一点，日子仿佛就多出了更多可能性。也许是海面泛出的那种光泽，把一切洗涤得像自家门口般干净，只等着你开启这崭新一天。

我们经过休业中的冰激凌车和还没干的水泥棚，然而越是靠近鲸骨拱门，路上的行人也就越发多了。大家全都起了个大早，想尽最大可能地利用好这一天的每分每秒。我看他们应该都是些观光客，穿着都很有度假风，肚子也被酒店早餐塞得鼓鼓的。不过开车的估计是本地人，都是些年轻小伙子，在滨海路上风驰电掣地呼啸来去，刺耳的刹车声不时响起，将成群的海鸥赶得飞向空中。

转过街角，我们看到前方路边有位女士。她一人带着两个孩子，一个牢牢绑在婴儿车上，另一个则在人行道上游荡，踩着路缘上上下下，在玩什么奇怪游戏，而规则估计只有她自己懂。那位女士此时弯下腰去，将两边头发别至耳后，努力想弄出卡在水泥地上的婴儿车的一个轮子。这时圣玛丽教堂奏响了周六的钟声，在港口上空回荡开来。

“去帮帮她吧，杰克，她碰上麻烦了。”我冲杰克指了指婴儿车，他将拐杖倚住长椅，而后自己弯下腰去。她站起身来四下看了看，找到小女孩并将她从路面拉到一边来。杰克已成功取出了轮子。他刚起身站了起来，女士感谢的话语都还没有说完，突然有辆车子转弯冲了过来，速度快得仿佛在路边筑起了一道空气墙。杰克只差一点就被撞倒了，得亏那位女士伸手扶住了他。

待他走回我们身边，我对他说：“今天的日行一善达成啦。”杰克嘴里说着“这不算什么”，可脸上每道皱纹都流露着心满意足。

“他挺出格的，这位盖布瑞尔・普赖斯。”

乐器行老板站在玻璃柜台后，十指紧扣抵在他胸前，仿佛他在那儿待了一整晚，只为等着我们再回来。

我们都往前凑了凑。

“此话怎讲？”杰克问。

“这个嘛，”男子松开十指而后又再扣起来，像表演魔术似的，“我不是喜欢在背后说闲话的那种人。上天也不会容许任何人遭受这种待遇。”

我们连声表示“不不，当然不是”，并支吾着应声，想叫他安心。

“据说，他这人有点喜欢钻空子。”男子说道。

“是吗？”艾尔希说。

“这个那个什么都想沾一沾。还总爱泡在赛马场里。”

“你确定？”我想起他那柔和的笑容与温文的眼睛。

“嗯，相当确定，”男子双手握拳搭在柜台上，“他出生于惠特比，和其他任何小镇一样，你永远无法摆脱其影响。我相信，肯定还有人记得他，不过当然，他们应该也都上了年纪啦。”

他不太自然地笑了一下，我们也都回之以微笑，喉咙支支吾吾地憋出点声音。

“你知道到哪里能找到还对他有印象，或了解他遭遇的人吗？”杰克问。

“这我就不清楚了，”男子摇摇头，“战争结束没过几年，他就突然消失不见了。这种事情其实十分常见，当你试图追溯前人的踪迹时。和现在完全不一样，他们根本不会留下任何痕迹。我们下一辈估计就不会遇到这种问题。”他开始整理柜台上的传单，但实际上根本没这必要。这似乎是店铺老板通用的某种密码，示意自己的话已全部讲完。

“当然，你们可以到图书馆去试一试。那里头会有大量的历史资料。”

我们走到门口，门上的铃铛响起，欢送我们离开，男子又开口说话了：“当然啦，你们应该没法在普赖斯这个姓氏下找到他。那个只是他的艺名。”

“那他的本名是什么？”杰克转身看过去，他手里仍然拿着传单。

“说起来，这事也挺奇怪的。他的真名反而比后面改的更像是艺名。”

“所以他到底叫什么啊？”我听到杰克声音里带着挫败感，然而这滋味那男子显然还不明白，因为比起回答这么个简单的问题，他明显对摆弄传单更为感兴趣。

终于，他抬起头来。“霍尼曼，”他说，“盖布瑞尔·霍尼曼。”

汉迪·西蒙

汉迪·西蒙站在拥挤的人行道，等待桥面慢慢闭合。他好像总会碰上这种时候，他简直怀疑，那些船是不是一直都停着，直到看到他出现了，才立即加速说要从桥下通过。西蒙听到柴油发动机发出缓慢运转的声音，破开水面正在慢慢前行。等了好久船只终于顺利通过，人群顿时围到了他身边来。有脱离父母管制前来度假的青少年，有同样渴望自由试图爬出婴儿车的幼儿，还有些人刚从周六早市回来，晒黑的手中提着购物袋来回不停晃荡。海鸥们，无须乘船也不用过桥，从港口堤岸上俯视着这片景象，自得其乐地发出阵阵欢快叫声。西蒙对海鸥也不是很放心。他母亲以前告诉他，它们但凡寻到一丝机会，就会扑过来啄掉你的眼睛，从此以后他就一直特别提防。他没看到任何樱桃树之家的熟悉面孔。比斯尔小姐原本极力主张，要求大家都待在旅店里，可到头来却发现，禁足令所导致的问题，比它能解决的更多。

“总之保持警觉就对了。”比斯尔小姐这样交代他们，而正是这种模棱两可的指示，让汉迪·西蒙心里很没底。

他看向对面同样等在西岸的那群人，几乎是一眼就发现了安布罗斯小姐。她正入迷地看着她的手机，但时不时地，她会抬起头来，露出一脸莫名困惑的表情。安布罗斯小姐好像总能给他找到点活干，因而他得想个法子，既能过桥又不会迎面碰上她。就在这时，她突然合上手机，迅速钻进了一道巷子里。这就意味着，他们到时会处在海港的同一侧，想到这里西蒙紧了紧他的背包带子，又把手指伸进衬衫衣领抠了几下，但事已至此也没办法了。他已定好了这天上午的行程，而且也并不打算取消这些安排。

西栈桥是惠特比唯一一个感觉上完全属于观光者的区域。至于其他那些地方，人们大多只是在夏天前来避暑，沿着修道院台阶爬上爬下，或在海滩上悠然漫个步。真要说，惠特比还是属于约克郡，属于海洋的。它属于几世纪前的捕鲸人和现如今的渔民，那些破晓之前便要驾船出行的人。它属于库克船长和奋进号，属于那些不畏前路、直济沧海的勇者。不同于其他海滨城市，惠特比并没因自动贩卖机和粉色棉花糖的出现而变得面目全非。那些院子，墙间过道，还有窄街小巷，仍然保留着先人的足迹，而在悬崖伸出海面的那处地方，历史不仅没有遭到遗弃，反而受到极力推崇，每个前来此处的人，都能借机认识到自己在历史长河中的位置。

西蒙沿着西栈桥一路晃荡，除此之外也没有别的什么可做。虽然现在时间尚早，但人群已经逐渐聚集，所有人似乎都在悠闲地漫步。空气中飘扬着炸洋葱混杂着海藻的味道，西蒙深深地吸了一口气。也许，如果他呼吸的力量足够大，就能把这气味深深镶进他记忆里，在有需要的时候随时拿来回味，当他的生活再次充斥着杯面和下水沟气味时。他边走边打量着那一排商店。在众多贩卖热狗和冰激凌的店铺中，夹杂着几个礼品摊，专卖明信片和硬糖棒，以及能刻上名字的各种物品。西蒙小的时候，他所有东西都会写上自己的名字。不论是铅笔、书签和短袖，还是没放钱的存钱罐以及没挂钥匙的钥匙扣。甚至他卧室门都写着他的名字，以防他父母突然犯糊涂，不知为何要跑进来睡一觉。他其实也不太清楚自己这么做的原因，但每次看到带有西蒙字样的物品，就一定会把它带回家来。也许这是他向外界说明自己身份的唯一方式。也许在他那个年纪，他所拥有的就只有自己的名字，以及关于未来的模糊印象。西蒙在满是沙子的路上磕了磕鞋底。也许直到现在，那印象仍然不甚清晰。

走过礼品摊和拱廊街，水泥地变成了木板人行道，风从海上吹来，轻拂过游人面庞，西蒙找到了他所要寻找的目标。那帐篷很小，估计只有六尺见方，披着带流苏边的红色天鹅绒布。帐篷外挂着块小黑板，上面写着：

吉卜赛女郎罗萨

知名通灵师兼占星师

能通死者，可测命运

底下有张便利贴用胶带粘在绒布上：

去买咖啡。15 分钟后回。

西蒙看着钉在外面的一长溜黑白照片。所有照片里，吉卜赛女郎罗萨都站在某个人的身旁，而每张照片里，她都戴着同样的头巾，做着同样的表情。唯一变化的只有她的手臂，摆出了各种不同的姿势，仿佛这些人全是她用魔法召唤出来的。西蒙不清楚这都是些什么人，也许就是所谓的明星吧，虽然他一个也不认得。

“别浪费钱啦，伙计！”有人在栈桥那头高声喊。西蒙不清楚那个人是谁，但也并不打算就此转身。相反，他走到一堵矮墙边，在一张旧货市场的海报旁坐下，等着吉卜赛女郎罗萨买好咖啡回到这儿来。万一安布罗斯小姐看到他——甚至更糟糕的，是比斯尔小姐——他可以声称是突然对旧装饰品产生了兴趣。

他开始观察海鸥以打发时间。看到有一只正和一个塑胶袋斗得津津有味，它对着那袋子又是抓又是啄，直到找到它想要的才总算罢休。海鸥衔着宝物飞向了港口那头，只余下那袋子在路上缓缓滑过，微风吹过，将它腾起而后翻转过来。他看到，一个薯片袋从中掉出来而后停在他脚边。

他定睛一看。

正是奶酪和洋葱口味。

弗洛伦丝

鉴于惠特比是个历史悠久的城镇，你肯定以为图书馆会到处都是十字窗和破败台阶。事实上，那栋楼是由混凝土和玻璃构建而成，还配备了旋转栅门以防有人窃书溜走。

我被旋转栅门弄得有点迷糊，艾尔希只好又回过头来帮助我，可她也跟着糊涂起来了，最后还是在工作人员的帮助下，我们俩才成功走出来。杰克此时已逛到了百科全书那一片，我猜他大概是想让自己和这场骚动拉开点距离。终于走进图书馆，里边大得让我简直不敢相信。天晓得有多少故事在等着人们去倾听。书架一直延伸到视线尽头，而且这上边还有一整层。

“咱们该从哪儿开始啊？”我说。

“地方历史。”杰克说着，穿过铁器时代和伊丽莎白时代大英帝国的书架间隙消失了踪影。

如果你是想了解库克船长，那可真是来对地方了。他简直无处不在。桌子上，玻璃陈列柜里，连墙上也都挂着他的照片，自上而下地俯视着所有人，确保人们不会忘记他。

“他长得挺端正的，对吧？”艾尔希站在他的肖像前，“眼睛看着很和善。”

“我之前还觉得盖布瑞尔·普赖斯目光友善呢，”我表示，“结果只能说明人的眼睛很具有欺骗性。”

“也许吧，”她说，“可是，我们也不能只根据一个方面就评判别人吧，你说是吗？”

“我还没准备对他做出任何评判呢，”我说，“至少得和某个真正了解他的人交流过再说。”

杰克转头看向我们说：“是说库克船长吗？”

“不是。”我啧了一声，但声音可能太大了点，旁边几个正在看缩微胶片的人抬起头来，“是盖布瑞尔·普赖斯。”

“库克是航海领域的开拓者，”杰克走到肖像前，“一个非常勇敢的人。你能想象那种感受吗？驾着船只离开英国驶向海洋深处，不知道前方有什么在等着你，也不知道能不能遇到人。”

“不知他那时候害不害怕。”艾尔希说着，我们俩同时望向肖像里的那双眼睛，试图从那里边看出一丝端倪，“毕竟只有心怀恐惧，方能真正无畏，不是吗？”

“如今这种经历都已成为绝响了，”杰克说，“我们全都知道得太多了。连宇航员都能事先得知要去往何处。”

“除了死。”我说。

他们俩都注视着我。

“最后一趟通往未知的旅程，不是吗？”我说，“就像库克船长从港口起航时一样，不知道将会去往何处，不清楚会遇到什么人。”

“而且同样需要勇气，我估摸着，通向死亡的这趟旅程。”杰克说。

“任何旅程都需要勇气，”艾尔希转身从肖像画前走开，“即便是那些我们别无选择的。”

书架上也到处都是关于库克船长的书。老实说，几乎很难看到别的什么人，不过我们还是找到了一个盎格鲁－撒克逊诗人，一个名叫圣希尔达的女修道院长，以及出现在这儿有点怪异的哈利·波特。

“我打算去看看这套电影。”杰克说。

“如果你到现在都还没看过，怕是以后也没机会了吧。”我说。

“我肯定会看的，至少在我死之前，”杰克把书放回架子上，“我保证。”

根本找不到盖布瑞尔·普赖斯。我走到每个书架前，手指顺着平整光滑的木板一本一本查看。时不时地，我会因为发现什么有趣的书而中途停下来，直到艾尔希催促我才继续前进。

“有什么能为你们效劳的吗？”

一个年轻人出现在我们面前。他个子高挑，笑起来很好看，白衬衣上不见一丝褶皱，像是刚从包装盒里拿出来，直接套到了他身上。

“我们想找一个人。”我指尖仍搭在书架上。

“他是个乐手，名叫盖布瑞尔·普赖斯，”杰克说道，“二战结束之后就失踪了。”

杰克向他解释起来。我时不时地补充几句，那人脸上的笑容渐渐有些挂不住了，但是最终，我觉得我们还是把话全说明白了。

“哦，那可够复古的啦。”男子说着，指向一个 iPad。

我们跟着这位男子一起，在一张光滑的木桌前坐下来，我趁机在图书馆里稍微打量了一番。这期间我身子完全没有动，担心动一下就会挨到他的左大腿。书架上能看出不少历史的痕迹。我仔细打量，想找出那些时光碎片拼合起来接缝的地方，可是完全找不到。

“有发现吗？”杰克问。

男子把手搭在头顶上：“什么也没有。”

“这么说，你那台机器里面，没找到任何一点关于盖布瑞尔·普赖斯这个惠特比乐手的信息？”杰克说，“或者用盖布瑞尔·霍尼曼这名字再试试？”

男子耸耸肩：“盎格鲁－撒克逊诗人你们感兴趣吗？”

杰克摇摇头，而后我们起身准备走。

“那圣希尔达呢？”男子又说。

我把椅子推回桌底，至今仍保留着上学时的习惯，然后我们开始往旋转栅门走去。

“要不然发明瞭望台的人怎么样？”那人喊着，但杰克头也没回地摆了摆手。

我们正准备再次走进旋转栅门，杰克回过头来，没撑拐杖的那只手做出鼓励的手势，就在这时我突然发现，有个男人正站在那边。他比我们稍微年轻点，我觉着，但差得应该也不会太多。他身上衣服很旧，脚上那双鞋也磨得不成样子。此时他站在那里一动没动。我琢磨着是不是应该主动开口，因为有时我会不太确定，但这时候他先说话了。“我刚才无意间听到了，”他指了指他先前所在的位置，“你们是在打听盖布瑞尔·普赖斯？”

我点点头。

“你知道他？”我问。

“我母亲应该会知道。她对惠特比的历史几乎无所不知。”

“你的母亲？”

“她今年九十多了，但精神头仍然很足，而且一有机会就爱跟人讲古，”他给了我们一个地址，“就说是弗朗西斯叫你们来的。”

我看着他慢慢走回原先位置，说：“他眼睛可真蓝啊，是吧？”

“是的。”艾尔希说道。

她低头看了一眼我的围巾，然后笑了笑。

我们离开混凝土和玻璃建成的图书馆，接着便返回往镇上走去。天空铺满了鱼鳞状的大片云层，海鸥们都如鱼得水一般，在海港上空猛冲飞扑。我抬头望着那些海鸥，心里其实一直不大确定它们和天空的关系，究竟谁是主，谁是仆。

回去路上，每经过一条街道我都会仔仔细细打量。门道、小巷，以及路旁小店通通都不放过。

“你到底在找什么啊？”艾尔希说。

“罗尼啊，”我视线转向另一条巷子，“他就在这里的某个地方，不是吗？他肯定在谋划什么事，等到我们知道的时候，一切就都太迟了。”

汉迪·西蒙

吉卜赛女郎罗萨终于回来了，只见她一手端着外带咖啡，摇摆不定地托着个牛皮纸袋，另一手则拿着电话正和谁聊天。这形象和她那流苏头巾实在不太相衬，但西蒙觉得自己不该太早评判他人。

看到他从那墙边站了起来，她立马对着电话那头说了句“有事先挂了”，接着视线便朝他看了过来。表情和那些黑白照片里一模一样，西蒙心想若是她手里没有那杯咖啡，兴许也会对自己做出那种手势。

“你是来算命的？”她问，下巴抵着那个牛皮纸袋。

西蒙轻咳一声，脚在地上扒拉几下，确定海滨此时没有别人，这才表示有此打算。

“十英镑十五分钟，十五英镑整半小时。”罗萨报价道。

显然，预知未来比清理水管好赚多了。

罗萨问过他的名字，而后高高耸起眉头。“这个嘛，其实还是要看你对自己的命运有多关心，西蒙，不是吗？”她说。

西蒙将十五英镑递了过去，罗萨取下帐篷上的晒衣夹，并将牌子转到“有人”那边。像公共厕所似的，西蒙心想。里面很暗而且空间狭小，他刚进去就撞到了桌子上。还好他反应及时抓住了水晶球，但罗萨表示让他不用担心，因为它反正是摔不坏的，况且，她旅行袋里还有个备用的。

“所谓有备无患嘛。你永远不知道以后会发生什么，不是吗？”她说。

西蒙不自觉地微微张开了嘴。

“开玩笑的啦，”她说，“没人规定占卜师不能开玩笑吧。”说完她又喝了一口咖啡。

西蒙在小桌对面坐下来。他腿太长，桌子底下施展不开，只好伸到罗萨的旅行包和多余椅子的间隙里。帐篷里头有股霉味，像湿衣服的潮湿味和鱼腥味混合在一起。

“这味道还得请你担待。”她说。

他突然有点不安起来。

“因为用的是天鹅绒，没什么遮挡作用。我也想过换成防水油布，但看起来就没那个氛围了，你说是吧？”

西蒙只是摇了摇头。

“你真该在起风的时候过来闻闻看。有些日子，味道实在太糟糕了，我不得不把清新剂都用上。”

他轻咳几声，小心翼翼地看了看时间。

等他再次抬起头时，罗萨已将双手放到水晶球上，两只眼睛都翻白了。她面部开始微微抽搐，整个人在椅子上轻轻晃动起来。这状态持续了好长一段时间，西蒙试了几种不同姿势，能尽量不动声色地看表而不被发觉，以防罗萨眼睛恢复正常把他抓个正着。

“我看到了一段漫长的旅程，”她终于说话了，“非常漫长的旅程。”

西蒙刚要告诉她 M1 高速公路[①] 的事，但她迅速把手抬了起来。

“这样我会听不到鬼魂的声音，西蒙。你得给他们说话的机会。”

他靠着椅背咬了咬下唇。过了至少十分钟后，罗萨才终于再次开口，如果不算她叽里咕噜说的那些。西蒙逐渐担心起来，是不是自己太过无趣，连鬼魂都不愿来和他交谈。可正当他准备放弃的时候，她又开始说话了。

“你，”她晃动的幅度变得更激烈了点，“认不认识一个叫本的人？”

他摇摇头。

罗萨睁开一只眼。“怎么样，认识吗？”她说。

“我这不是在给鬼魂说话的空间嘛，”西蒙调整了一下他的坐姿，“不，我想应该不认识。”

“也有可能是叫鲍伯。”罗萨又说。

他再次摇头，而后开口，大声说了个“不”。

“反正是以 B 开头的，”她把手窝起凑到耳边，“是什么？我听不见。”

“我什么也没说。”

“我没在说你，西蒙。那些鬼魂，他们离开人世的时间越久，声音

---

① 英格兰一条主要的南北向高速公路，连接伦敦和利兹，即他们前往惠特比时走的那条路。

就会越发轻柔。”

“就好像在逐渐离你远去？”他说。

罗萨深吸一口气，然后使劲点了点头：“在你人生的任何阶段，你是否认识或曾经认识，一个名字以B开头的人？”

“我的妈妈名叫芭芭拉。”

“这就对啦！”她喊得太大声，西蒙吓了一跳，脚被椅子腿卡住了，“是你母亲，肯定就是你的母亲。”

西蒙朝暗处看了一眼，寻思他的母亲能在何处。也许是在罗萨身后，虽然那里并没多少空间，而老实说，她的体形可是相当庞大的。也许她就坐在那多余的椅子上。想到这里他立刻移开了那条腿。

“你妈妈想告诉你，她是非常爱你的。”

“真的吗？”他的母亲在世时，一直是个拙于表达爱意的人，不过也许人死以后会变得直白些。

“当然啦。她想告诉你她很爱你，而且你什么事也不用担心，因为一切都会好起来的。”

他母亲简直是性情大变了。她在世时，每天绝大部分时间，都花在疑神疑鬼、搜寻潜在危机上面，即便有时一无所获，她也会要假想出点什么，声称那样是为了安全起见。死后的世界显然挺适合她的。西蒙微微皱了皱眉，她说的是霍尼曼夫人的事情吗？也许去了天国以后，她拥有了常人所看不到的特殊视野。

“她有没有具体说明，到底什么会好转起来？能让她再说得明确点吗？”

“哦，西蒙，”罗萨摇头，“我们没法去向鬼魂发问，只能倾听他们愿意讲述的内容。”

“哪怕一丁点也不行吗？”他问。

她再次睁开一只眼。“不行，”她说，“不过……”

西蒙身体向前倾。

“她反复在说什么狗叫的事。仔细去听那只狗的叫声，她这么说。”

“狗？”西蒙说，“我们家从没养过狗。”

“哦。那猫呢？”

西蒙还是摇头。他母亲不喜欢宠物，说看到它们心里就不舒服。

“哦，她走了。”罗萨抬头望向帐篷顶。西蒙也跟着看了过去，他本想摆摆手指以作告别，但转念一想还是作罢了。

罗萨手机上的计时器响了，她端起咖啡喝了一口。西蒙伸手去拿他的背包。

“走之前，”他说，“我能不能再问你一点事？”

她眯起眼睛朝那晾衣夹子点头示意。“只要你别拖得太久。我可不想打开帐篷看到外面排着长龙。”

“死去的人，他们会留下什么东西让你去找吗？那种特别细小的迹象，你明白我的意思吗，好让你知道他们就在近旁？”

“啊，常有的事，”罗萨从纸袋里拿出鸡蛋番茄三明治，“羽毛、钥匙、硬币等等。如果你什么也没发现，那只能说明你没找对地方。”

“他们为什么这么做？又究竟想要说些什么？”

“通常在你失意的时候才会如此，西蒙。”她咬了一口三明治，一小撮番茄种子漏出来流到她下巴上，“每当你感到担忧或者害怕时，他们便会给你留下什么信息，让你知道你其实并不孤单。”

“不晓得我会留下点什么，”他说，“来向人们昭示我的存在。”

“这事只能问你自己了。”她把手伸进纸袋里，“见鬼，他们给我拿错了，我讨厌这个味道。你要吃吗？”

她拿出一包薯片来，是奶酪和洋葱口味的。

西蒙走到帐篷外，阳光刺得他直眨眼睛。感觉像是刚从某个平行宇宙逃脱出来，而令人不可思议的是，这世界在他缺席时依然照常运行。他的眼睛慢慢适应了光亮，终于能够聚起焦来，直到这时他才发现，安布罗斯小姐就站在自己面前。

“你在这儿做什么？”他问。

安布罗斯小姐认真看着那旧货市场的海报。“我正打算去看看那些旧装饰品。”她说。

安布罗斯小姐

安西娅·安布罗斯一上午都在惠特比街头走来走去。她想趁机找找霍尼曼夫人，或至少感觉自己在做什么有建设性的事。

她以前从没弄丢过任何人。几个月前倒是发生过一起小意外，一个住客无意间用吸尘器把他们几个锁在了储物间里，但没有谁消失了超过四十五分钟。而霍尼曼夫人已失踪快二十四小时了。起初，她好几回都以为自己看到了她。不过当然，一切都是她的错觉。她看到灰白头发、佝偻身躯一闪而过，然而那些都是别的人。安布罗斯小姐以前从没意识到，这地方原来竟有那么多老人，直到她现在需要锁定其中之一。感觉满世界都是这样的身影。她一路沿着港口东侧往前走（不过并没有去爬修道院台阶），过桥，然后绕着西崖转了一圈。她刚准备再次过桥，至少爬上修道院台阶到上边看一眼，比斯尔小姐突然打电话过来，非要她再去合作商店检查一遍，因为霍尼曼夫人有过在超市犯迷糊的前科。这任务交给汉迪·西蒙简直再合适不过，可他好像也消失得无影无踪，于是接下来一小时时间里，她一直在蔬菜罐头和冷肉柜台之间徘徊，直到店长亲自前来询问，有没有什么能帮到她的。

“除非你知道如何大变活人。”她说着，眼里突然泛出了泪光。

她实在是吃不消了，她觉得自己负有责任。前一天夜里，比斯尔小姐声称自己“无话可说”，却滔滔不绝地絮叨了一个半小时，然而这一切都无济于事。

他们把安布罗斯小姐安排在员工休息室，给她准备了一杯淡茶，还有个名叫切尔西的理货员陪在她身旁。切尔西声称她妈妈曾上过西栈桥那个灵煤的身。

“他们会求助于那些人，不是吗？”切尔西说，“但凡有人失踪的时候。电视上不都这么演嘛，只要拿出一件衣服，就能凭借失踪人员的那股气味，找出他们所在的位置。”

“这难道不是说的德国牧羊犬？”安布罗斯小姐表示。

然而，她此时还是走上了那条栈道，带着霍尼曼夫人备用的羊毛衫和一包合作商店买来的纸巾。也就是在这里，她看到了汉迪·西蒙，手里拿着包奶酪洋葱薯片。

她看了一眼举行早晨咖啡聚会的海报。“我正打算去看看那些旧装饰品，”她说，“你又是来这儿做什么的？”

汉迪·西蒙回头看了看那顶帐篷。“没什么，随便过来找个乐子。”他想笑一笑，以作为证明，可惜效果并不理想。

安布罗斯小姐紧紧抓住霍尼曼夫人的羊毛衫，问：“她本事还行吗，你觉着？”

西蒙又回头看了帐篷一眼：“我也拿不太准。她只是叫我不用担心。”

“你在担心吗？”

“好像听了这话反而更加担心了，”西蒙表示，“你呢？”

安布罗斯小姐感受到了外套口袋里那包纸巾的存在，说：“我很担心，西蒙。我不停告诉别人我并不担心，可按照原计划，明天我们就要回樱桃树之家啦。如果她还不回来怎么办？总不能就把她丢在这里吧？”

“我可以留下来，如果你认为这有帮助的话？”

西蒙的提议，连同他的破旧背包和那包奶酪洋葱薯片，不知为何让安布罗斯小姐的心情更为沉重起来，她感觉眼里盈满泪水。

“你真是太好了，西蒙，”她从包装袋里抽出一张纸巾来，“但我不觉得那样能有什么作用。”

“你没事吧，安布罗斯小姐？”

“都要怪这海边的空气，实在太咸了。”她说着，擤了擤鼻子，“次次都这样。”

西蒙主动伸出手臂，他们并肩爬上了曲折的白色台阶，然后走过新月形街区，最后回到那家旅店里。一张张陌生面孔和全家出游的身影，全都真实存在于此时此刻，并在他们的生活中留下了痕迹。

弗洛伦丝

“就在那里，在路的尽头。”杰克指了指，这次是用的手指头，因为出租车空间太小，不够他的拐杖活动，“窗台上有只猫的地方。”

车子沿着教堂街缓慢往前移，周围乱七八糟全是游人和车子。每每来到度假屋前，交通就会陷入停滞，游人会在那里装卸行李，然后像突然变成金刚不坏之身似的窜到路上去，在车流之间肆意穿行驱赶海鸥。人们坐在酒吧外的木质长椅上，尽情享受着悠长的午后时光，或坐在港口围墙边边吃冰激凌，边看着海上那些船只。因为在外度假就意味着摆脱时间的限制，你可以饿了再吃东西，累了就坐下休息，也可以只是看看景色发呆，因为不会有人过来告诉你，还有什么别的事要做。

我们的午后时间通常也过得很慢，但感觉不像度假，而更像是在赌博，而且我还莫名地感觉到，我们已经玩到最后一把了。从坐进出租车开始，我一直听见杰克张着嘴巴呼吸的声音，还有艾尔希自言自语的动静。当车子终于在目标地址停下来时，我估计出租车司机也和我们一样松了口气。

那房子看着寡淡而且很安静。我敢说家里肯定没有人。挺奇怪的，只需要站在外面看上一眼，就能知道屋里是不是空的。因为如果里面有人，房子给人的感觉似乎也会温暖一些，仿佛人们的欢声笑语渗进了每块墙砖里。然而，这回是我猜错了，杰克用拐杖敲大门的声音刚刚退去，起泡艺术玻璃门后面就立马传来了动静，然后是有人转动门锁的声音。

“本地历史？”老人脸上布满了皱纹，仿佛那张脸想要折叠起来而后干脆消失，“你们具体是想打听什么人？”

她只把门打开了一条缝。不瞒你说，要是我我也会这么做。看到三个陌生人站在自家门前，说出的理由又是那样让人难以置信。

杰克向她说明了缘由。“随便讲点什么都行，我们会非常感激的。”他说。

看得出来，杰克的魅力正在发挥作用。他的气质非常温和，完全不带任何恶意。不难想象他年轻时候是什么样子——一个两眼笑眯眯、肩膀微微耷拉、心地善良的小伙子。他可能不像有些人，长得标致，形象亮眼，却能让女士们在多年以后仍念念不忘，在她们中年生活变得平淡之后，想到当初应该给他一个机会。

“弗朗西斯叫我们来的，”我说，“他有一双蔚蓝的眼睛。”

老太太抓在把手上的力度稍微放松了点。

“既然这样，那你们先进屋吧，”她说，“不过别想在我身上打什么鬼主意。我确实老了，但也不是傻子。”

杰克笑了笑：“当然不会啦，亲爱的女士，我们哪儿敢啊。”

这一次，她总算也笑了一下。“叫我阿格尼丝吧。”她说。

那只猫仍然窝在窗台上，瞳孔缩成一条细线，看着我们在起居室里转悠。这是一栋渔人小屋，因而空间非常狭小。也许因为那年代人们的生活更简单些，他们会用思考和交谈来填满空间，而不是靠餐具柜和咖啡桌。阿格尼丝没给我们准备喝的。她告诉我们，十五分钟后，她喜欢的电视节目就会正点开始，而她完全无意错过，哪怕是英国女王过来敲门。她挑了一张餐椅坐下，而且拒绝更换位置，即便杰克站起身来，动作夸张地指着长靠椅。

“说吧，你们到底想打听什么人？”

我们把知道的全告诉了她。不过没有提起罗尼，那样会把事情弄得太复杂，而且似乎也没有理由硬把他扯进来。我倒是一度有过这种想法，但艾尔希从屋子那头瞟了我一眼，于是我便改了主意。

“你们找他是想干吗？”阿格尼丝正说着，那只猫从窗台一跃而起，非常准确地落到了她大腿上。太聪明了，猫这种生物，它们好像总能知道自己究竟要去哪里，以及抵达那里的最简捷途径。

“怎么说？”阿格尼丝追问。

杰克的魅力快要撑不住了。“我们就是希望和他聊聊，”他结结巴巴地说，“有件事情想找他帮忙。”

“这事和钱有关？”

“啊，当然不是。完全不是那么回事。”他说。

“因为要是那样的话，我可不想牵扯进去。”

我不是很确定，但我好像听到那只猫从喉咙深处发出了嘶嘶声。

“我可以向你保证，这事和钱毫无关系，”杰克清清嗓子，“应该说是件很个人的私事。”

“毕竟有不少人找盖布瑞尔·普赖斯，就都是为了钱。”阿格尼丝表示。

“这么说你真认识他？”我问。

“当年住在惠特比的，就没有不认识他的人，尤其是在赛马场附近。”

“他是个赌徒？”杰克问。

“他是我认识的人当中最爱赌的那一个。”阿格尼丝轻轻摩挲着猫的脑袋，它伸出爪子在她裙子上蹭了起来，“他弹琴赚来的那些钱，全都败在了赌马上。”

“这么说他很穷咯？”我上身往前倾。我现在坐的这张扶手椅，似乎是用稻草填充而成，感觉有点像是坐在一堆干草捆上。

“也许他大赚过一笔，只是没人知道而已。”杰克说。

“赢得多，输得也多。盖布瑞尔每次赢了钱，就会很快散出去。他会把钱给那些压根不认识的人，就因为他们说了些骗取同情的伤心故事。他把赚钱大计全写在那些乐谱后面，他就是以此而出名的，上头的点子比歌词内容还要多。我听人说，他的一项投资近来终于有了回报。可惜他人已不在，没法收获这个好处。”

杰克看了我们一眼。“那家乐器行，”他说，“难怪罗尼会感兴趣了。他想看看盖布瑞尔的乐谱后边，有没有写下什么有用的内容。”

我知道阿格尼丝一直留神听着。她听着我们来来回回的对话内容，但是并没表示什么。“他的钱经常白送给陌生人，或是投资于某些离谱计划，”她说，“他们骗起他来轻而易举。他简直是那种脑门上贴着‘软柿子’字样的人。”

“他留意到了那个漫长瞬间。”

阿格尼丝只皱眉看了看我。“他是有点傻，”她说，“但你还是禁不住会喜欢他。”

我果然没说错，盖布瑞尔确实有双和善的眼睛，得知这点我颇感得意了一阵。

“他有兄弟吗？”杰克问，“表亲也行？”

阿格尼丝不再看猫而是抬起头来：“据我所知应该没有。怎么？”

“呃……”杰克有点迟疑了，他看了艾尔希和我一眼，我们都点头示意他继续，“我们在某个地方，见到过一位霍尼曼夫人，”他字斟句酌说得很慢，“应该比他年轻一点。我们现在还没弄清，他们之间会是什么关系。”

阿格尼丝亲了一下猫的头顶。她将它抱起并放到地上以后才开口作答。

“那应该是他妻子吧。”她说。

安布罗斯小姐

“你听到过那种声音吗？”

安西娅·安布罗斯放下手中的杂志。她并没在认真看，只是随便瞥几眼时装图片好让自己转移注意。这么做还挺有效的，因为先前那五分钟时间里，她就在认真考虑是否要买条连体裤。

“你问我听到过什么没？”她说。

“那种声音。你明白我的意思吗？在你脑子里那种。”

过去一小时他们一直沉默地坐在这里。她最后一次抬起头时，看到汉迪·西蒙在打量着天花板，但休息室那个角落所发生的事，显然并非她设想的那般简单。

“你是有事想和我说吗，西蒙？”

“啊，没有。不是我。我什么也没听到过，”他轻叹一声，“呃，只除开我自己的声音。但自己的声音并不重要，对吧？”

“我倒不这么认为。不过我觉得，这很大程度上要取决于你都对自己说了些什么。”

“我在想那个吉卜赛女郎罗萨，”他说，“她能听见鬼魂的声音。”

“如果情况属实的话。”

“她声称她听到了我妈的声音，说她讲到了关于狗叫的事。”

“你们家养狗吗？”安布罗斯小姐原本想要安慰他一通，但西蒙看着并不怎么难过，就是好像有点儿困惑。然而，客观来说，西蒙平常那副表情就够迷糊的了。

“没有，”他说，“看到它们她会不高兴。”

“这不就得了。那个算命的估计只是在编瞎话而已，就为了拿到你那十五英镑，”安布罗斯小姐清了清嗓子，“或是她开出的任何价钱。”

她再次伸手去拿杂志，可没过一会儿又放了下来。

“可是，试想一下，如果你真的可以听到声音，我是说，或看到死者，你就不好奇会发生什么？”

“我想，他们应该会把你关起来，然后给你开一大堆抗精神病药物吧。”

“圣女贞德就曾见过天使。”西蒙说，他已打开了话匣子，她看出来了，“他们指示她要把英军从法国领土上赶出去。”

“怎么突然说到这个？”

“如果那事发生在现在，不知道他们会不会给她注射安定，并帮助安排后续门诊治疗？”

“宗教显圣应该还是不太一样吧？历史上有许多人都见过上帝、天使，诸如此类。他们并非精神出现问题，只是特别虔诚而已。”

“可是这要如何区分呢？”汉迪·西蒙将视线从天花板移开，直直地盯着她看，“在什么时候我们可以判定，这个人不再是单纯的虔诚或进入通灵状态，而是精神方面出现了问题？”

“西蒙，你这问题太奇怪啦。我完全摸不着头脑了。”安布罗斯小姐重新拿起那本杂志，可她压根就没在看。相反，她一直都盯着窗外，试图得出什么观点，给自己一个交代。

弗洛伦丝

“他结婚了？”杰克喊的声音有点大，这回我是真听到猫发出了嘶嘶声。

“但时间不长，”阿格尼丝表示，“而且也是情势所逼。结婚之前她就怀了孕，当时大家都这么说。整个婚礼也都是秘密举行。那时的风气毕竟不同。”

“我们并不比你年轻多少。”杰克说。

“然而，年纪越大，岁月的分量感也会逐渐加重，不觉得吗？”那只猫动作轻巧地踱了过来，尾巴弯弯地绕上她的脚踝，“其中有些年份的分量，会比其他的来得更重一点。”

杰克思索片刻而后表示同意。

“她也是个爱玩的，他妻子，喜欢喝点小酒，去派对转转。”

“听起来完全不像霍尼曼夫人。”我说。

“听起来不像我们中的任何人，”艾尔希说，“然而事实显然就是如此，至少是在某个阶段。”

“安布罗斯小姐之前说过，霍尼曼夫人一个亲人也没有，”我说，“你们还记得这事吗？”

我为自己感到骄傲，而当我转头看向艾尔希时，她也意外地扬起了眉梢。

“我们认识的那位霍尼曼夫人，她并没有任何子嗣，”杰克解释说，“所以应该不会是她。”

“从结果来看，盖布瑞尔的妻子也一样。她孩子后来没有了，在修道院的台阶上摔了一跤，”阿格尼丝透过蕾丝窗帘看向外面的街道，“挺造孽的。他们在绍尔特沃德凯特举办了一场小型追思会。这在那个年代非常罕有。人们通常只是用牛皮纸，把孩子一包拿走完事。我估计她一直没缓过来。我是说在她心里，你明白吗？”

霍尼曼夫人，4号房住客，圆脸，寡言，和台阶不大对付。一时间，我们谁也没有说话。

“盖布瑞尔后来怎么样了？”杰克说。

阿格尼丝靠在椅背上，视线再次转向窗外。“不见了，”她说，“就在他们结婚之后不久。她丢了孩子，他则在某次出门之后彻底消失了，再也没回来。”

“发生什么事了？”艾尔希问。

“他真的再没回来过？”我想起那个眼神和善的男子，“后来都没人再见过他了？”

“是的，他再也没有回来，”她说，“人们都说他肯定是赌马赢了把大的，或是在别的地方遇到了别的姑娘。”

“那你觉得呢？”杰克问。

“盖布瑞尔·霍尼曼虽然是个傻瓜而且还好赌，但他绝对不是什么坏人。他或许是真的消失了，但我从不觉得这是出于他的意愿。”

屋子里面静悄悄的，没有一个人说话。唯一的声音来自那只猫，它正在用舌头清洁自己的爪子。我转过头去看向杰克，可他并没理会我。

“警察当时怎么说？”面对沉默我本已逐渐得心应手，但眼下我却受不了了。

“他是个成年人了，”阿格尼丝答，“可以为自己的决定负责了。”

“我表示怀疑。”杰克这么说，却并不讲清具体怀疑什么。

阿格尼丝依次看了我们一眼，说：“是不是还有什么内情，你们瞒着没对我说？”

“我们还没找到证据。有些事情太过久远，已经很难看得真切。”杰克拿起了他的帽子和拐杖，“你应该没听过罗尼·巴特勒这个名字吧？”

阿格尼丝重复一遍而后摇头：“嗯，应该没有。”

“我也就是随口这么一问。”杰克开始朝门口走去，不过这屋子实在太小，没走几步也就到了，“那我们就不打扰你看电视啦。”

我也跟着站起身来，但肯定是起得太猛了，感觉整个房间都在朝一侧倾斜，脸上霎时间没了血色。我急忙伸手抓住椅背。

“你没事吧，弗洛伦丝？”杰克问。

“快先坐下，”阿格尼丝说，“别摔着了。”

我回答说我很好，完全没问题。我松开椅背，但也知道自己面白如纸，根本用不着去照镜子。“我就是起猛了，”我说，“而且我不停想起霍尼曼夫人失去孩子这件事。我想象不出还有什么比这更糟糕。”

阿格尼丝摇摇头。“我也想象不出，”她说，“我儿子弗兰基小时候就走丢过，那简直是我这辈子最难熬的几个小时。幸亏在我找到他前，有人一直护着他周全。”

我又回头看了这房间一眼，看到壁炉台上摆着好些照片，婚礼场景，孩子笑脸，度假时光。所有幸福时刻全镶在相框里，如珍宝一般保存。艾尔希似乎知道我在回头看，因为她走到门口也转过身来。我们两个相视一笑，耳边听到壁炉台上时钟的嘀嗒声响。

汉迪·西蒙

“这么做真的好吗？”汉迪·西蒙翻看着那盒磁带。尽是些他从没听说过的人。“战时合唱”，其中一盒写着。还有什么“大不列颠最伟大的二十首金曲”。“感觉太像在庆祝什么了。”他说。

“这不是什么庆祝活动，”安西娅·安布罗斯拿着一串旗布站到梯子上，“这个叫作一切照常进行，老人家都喜欢循例行事，这让他们觉得安全。”她的身形有些不稳，赶紧扒住窗帘盒作为支撑，“我学到过的，在某个课程上。”

汉迪·西蒙没再说什么，他确信继上次的圣女贞德发言后，安布罗斯小姐已将他划入了不正常行列，只是究竟何为正常，他已有些拿不准了。他原以为自己永远也不会想念樱桃树之家，可此时此刻他却觉得，宁愿回那间员工休息室吃他的杯面，也不想再看那些海鸥一眼。

“比斯尔小姐也同意啦？”西蒙说。

安布罗斯小姐猛地将图钉按进墙纸里。“这旅店每周六晚都会举行舞会，我们趁机放松一下不是挺好的吗？谁知道呢，西蒙，没准你会玩得很开心呢。”

年轻时他母亲也经常这么对他说。“谁知道呢，西蒙，不如你先试试看，没准你会喜欢的。”通常情况下，他都没有真正喜欢上。他尝试过的东西很多，西班牙吉他、柔道、国际象棋等等。有一次，他花了整整一下午时间，试图骑到一匹马上，可那马儿根本不买账。他父亲建议他去玩橄榄球，可光是坐在更衣室里，他就出了一身冷汗。“怎么样？”他母亲会问，而西蒙只是摇摇头。他试过的这些好像全都不合适。人生有时就像是走进了一家鞋店，你把所有鞋子都试了个遍，却发现每一双穿着都感觉挤脚。

“也许就没有什么是我擅长的，”他这样对他母亲说，“也许我就是个没有爱好的人。”

“胡说八道。每个人都有他擅长的领域。你只是还没找到而已。”

她去世时他依然在寻找。

西蒙把磁带放回去。

“除非……”他用力吸了一口气，又冲天花板轻轻摆了摆手指头。

“你说什么了吗，西蒙？”安布罗斯小姐站在梯子上向下望，“要没什么事的话，帮帮忙，把国旗那头递给我。”

房间布置好后看着还挺不错。家具都被推到后边，特意留出了跳舞的空间，还有一张专门的饮料桌，就设在屋子那一头。安布罗斯小姐挂上的旗布，围着整个房间绕了一大圈，只角落处有个小缺口，因为旁边那幅威尔士王妃的画像实在太大。西蒙和安布罗斯小姐两手叉腰站在那里，欣赏着他们的劳动成果。

“戴安娜真是可惜了。”安布罗斯小姐看着那个角落说。

“我去把胶带拿来吧。”西蒙表示。

安布罗斯小姐盯着他：“我是说她那么年轻就去世了。”

“哦，这样，是没错。不过，”西蒙迟疑了一下，可想法一旦冒出来，就这么略过也实在说不过去，“在死亡面前，也没有哪个年纪是合适的吧？”

安布罗斯小姐抱起胳膊来。“我也不清楚，”她说，“我觉得我能从容面对，等我老了以后。”

“可真等你老了，没准就不那么想了。可能还和现在一样觉得时候未到。”

西蒙寻思也许不该把这想法说出来，他看到安布罗斯小姐眼中有一丝恐惧划过。

“但也有可能不会，”他接着说，“也许你真能够从容面对。”

就在这时，一截旗布因为没有钉稳，掉下来飘到了窗台上。

“去把那个重新钉好，”安布罗斯小姐吩咐道，“我要去喝杯雪球鸡尾酒，然后躺一会儿。”

西蒙试探地踩了踩梯子，毕竟再怎么小心也不为过，尤其是在外出度假的时候。他之后又压了几下，这才终于爬到梯子顶上，然后把手伸长按住旗布。就在这时他看到了他们。坐在滨海步行大道的长椅上，视线越过沙滩望向远方。他们正围绕什么讨论得很热烈，时不时地，杰克会挥舞手臂而后指着北海方向。

西蒙突然想不起来他把那小本子放在哪儿了。

弗洛伦丝

“这死法太痛苦了，溺水而亡。”艾尔希说。

我望着她。

“想想都觉得可怕，”她接着说，“不过也有可能相当平和，一旦认命不再挣扎。”

“要是只看本地报纸的话，感觉哪种死法都平和得很。”我紧了紧我的大衣腰带，我得特别费劲才能听到艾尔希说话，风从海面呼啸而来，一下把她声音吹散了，“可我实在想不明白，哪有什么死法会是平和的呢？不过估计也只有时候到了才能真正知晓吧。毕竟这也没法去向谁求证。”

艾尔希叹了口气：“也许那样也挺好的。”

“溺水的应该是盖布瑞尔·普赖斯，而并非罗尼。可我当时却那么肯定。”我围巾绕得很紧，裹住我的下巴，每当我开口说话，都能感到温热的气息重新扑到我面上，我抬起头来，发现艾尔希正盯着我看，“我们都是。”我说。

杰克去了那边的书报摊，帮我们买外带的茶水回来。我看着他穿过草坪走过来。不知是因为光线，还是从渔人小屋回来累着了，他好像佝偻得更厉害了，没了往常那种伟岸感，身形似乎一下缩了许多。

“我还挺想在睡梦中离世的，”我说，“16 号房那位女士就是这么走的。她表现得挺不错。”

“你这话说的，好像她应该为此获得什么证书似的。”

“你只需要闭上眼睛，就好像每晚睡觉时一样，只不过再次睁开来时，一切都已经尘埃落定。我觉得这样比较好。”

“这又不是什么旅行社，弗洛伦丝。我们不是在选要去哪里度假。”

我们安静地坐了一会儿，默默凝望着大海。潮水退去，留下一片平滑无痕的干净沙滩。这情形每每令我感到惊奇。海浪翻涌而过，将这一整天的足迹、对话以及争论通通洗刷干净，所有一切重新开始。我小时候，喜欢带着塞斯走在了无痕迹的沙滩上。它会不自量力地冲着海浪狂吠，然后我们踩上沙滩留下新的足印，然而当我回头看时，又会为自己的破坏举动而感到难过，这时我父亲会笑话我说：“你不知道沙子是怎么来的吗？”我很好奇，不知道塞斯的足印是否仍在那儿，在其他人这些年所留下岁月痕迹底下的某个地方。

这椅子又凉又硬，对我们的老骨头不太友好。我们静坐远眺，风越刮越大，海浪翻起白花，在远处忽隐忽现。在我们下方，一位女士正牵着狗漫步在沙滩上。我开始默默思索，那狗是什么品种来着。就是那种容易激动且精力充沛的品种，它会毫不畏惧地冲进浪里，不论是在什么地方，只要玩个捡棍子就会很开心。

“好好想想，弗洛伦丝，”艾尔希说，“那条狗是什么品种？”

我视线追随着他们留在沙上的足迹。

“反正不是拉布拉多，”我说，“也不是斑点狗。我可以排除不少答案，就是还没想出具体是什么。不然就按排除法来，看看最后还剩什么？”

“它是只边境牧羊犬，弗洛伦丝。怎么样，能记得住吗？”

“应该可以，”我说，“其实吧，在睡梦中离世的唯一问题是，你将会是孤身一人。”

“你从来都不孤单，弗洛伦丝，”她说，“你自己虽看不到，不代表他们就没陪着你。”

我转头看她，可艾尔希目光一直望着大海。

“加奶，不加糖的。”杰克递给我一个硬纸杯，带瓦楞杯套和杯盖的那种。

“用手捧着，暖和一下吧。”杰克坐在长椅另一头。这椅子上没有纪念牌，坐下前我就检查过。也许这是特意空置下来的，以防人们在最后关头想起要纪念什么人。

我两手拢住硬纸杯说：“奇怪的是，霍尼曼夫人竟然什么也没说。有人顶着她丈夫的名字这么突然间出现。”

“霍尼曼夫人大部分时候都睡得昏昏沉沉，”杰克表示，“就是没睡的时候，也都沉浸在她自己的小世界里。”

艾尔希表示：“要我说，那恐怕是最好的去处。”说完她在寒风中吸了吸鼻子。

“而且我估计，她可能也不会有什么想法，”杰克咽下一口茶，“虽然是有个人突然出现，但用的是她丈夫不常用的那个名字。而她的丈夫早在六十年前就已消失不见，时间和地点全都对不上号。”

“而且那人长得也不像他。”我接道。

女人和那条狗已经走远了。栈桥旁那星星点点的人影，像是撒上去的饼干屑。我觉得我还能看到她，但也有可能是我的错觉。

杰克将茶杯搁到椅子扶手上说：“你在想什么呢，弗洛伦丝？”

“你想不想，”我说，“到沙滩上走走？”

在沙子上走路意外地相当艰难。你肯定不这么想，对吧？远远看着，感觉像是小菜一碟，可真等你踩上去，便发觉两条腿都变得特别沉，而且很快就会觉得累，用不了多久，每踏出一步都像是取得了一项巨大成就。

杰克走了没一会儿，找了块石头靠上去。

“我得在这儿休息会儿，”他挥了挥拐杖，“你继续吧，如果还想走的话。”

我比艾尔希领先一点。每一步都走得很慢，很小心，而且每过几分钟，还要回头看看身后的印记，顺便确认她还跟在后边。

“你到底想干什么呀？”她高声喊，可海风再次卷起她的声音送向了远方。我一边走，一边望着那波浪。潮水改变方向，掠过沙滩逐渐退去，仿佛是在劝说沙子，一道回到大海里去。一次又一次，愈加趋近，愈加接近成功。这一定是某种本能吧，我们总爱凝望着大海。也许是因为，我们都知道它有多重要，因而才会时刻留心着，不断确认其存在。

我再次停下，回头看着我的足印，艾尔希这时赶了上来。

“你不累吗？”她问，我说不累，没事，我很好。我还想继续往前走，我告诉她。我还想要留下更多足迹。

她问我原因，可我已往前走了，于是她只好大声喊：“你干吗一个劲儿这么往前冲啊，弗洛？你到底在想什么啊？”

如果年轻的时候，我们能停下来好好想想，想到有一天我们还会回到这儿来，佝偻着背，花白头发，如果我们能稍微花点时间想想，想到我们会被风吹得连站在原地都感觉费劲，两条腿虚浮得不停打战；那样的话，也许，我们做起事来就不会太过着急。我们会更为尽情地享受那轻松安逸的童年时光。那时我们自信满满，精力十足，从来不会犹豫不决。也许，我们的青年时期就会过得更从容些。

沙滩上很冷，比站在崖顶上更甚，我把大衣最上面那颗纽扣也扣了起来，正好被艾尔希看了个正着。“太冷啦，弗洛伦丝，”她大声喊道，“咱们该回去啦！”

“你应该戴上围巾的，”我也喊回去，“格温给你织的那条，红色的那条。”

我动作逐渐慢了下来。

感觉脑海深处有段记忆，正在逐渐苏醒过来。起初我还不清楚具体内容，只知道它非常重要。就好像你一早醒来，心知前一天发生了什么糟糕事，只是一开始，你精神还有点恍惚，没想明白具体情形。我知道再过一会儿记忆就会复苏，然后一切都将为之改变。

记忆终于复苏了，我发现我已停下脚步，眼睛死死盯着沙滩。我转过头去看着艾尔希，我们俩都定在原地。只有海风，扑簌簌地吹起大衣衣摆，撩动一缕缕的发丝。

她朝我走了过来。

我沉默着，两手揣进口袋，想从她脸上找到什么线索。随着这段记忆的苏醒，更多内容也跟着涌现了出来。

“原来是你。”我说。

她没有回应。

“是你，”我又说了一遍，“那晚罗尼车上的人就是你。那片红色，玛贝尔看到的那片红色，就是你的围巾。”

“没错，的确是我的围巾。”她说。

咸咸的海风无情肆虐，吹得我眼睛嘴巴生疼，仿佛扎进我的肉里，灌到我的嘴里，别的什么也尝不出来。

“你之前怎么不承认？为什么你什么也不说？”

“要说的话我们当时全说完了，连着那几天就没说过别的事。”

“有吗？我没印象了。什么也想不起来。”

“你只是忘了，弗洛伦丝，仅此而已。”

“那就提醒我啊，帮我回想起来啊，像你平时做的那样。”

她迟疑了，神色为难地思索着该如何说明。

“我母亲，”她终于开口了，“罗尼威胁说要告发她。你还记得吗？”

我摇头。

“他说如果我们报警，他就会向相关部门告发她。关于贝丽尔的死因，只要我们泄露出一个字，他就会把她送进精神病院去。所以我们做了决定，我们两个一起，”她说，“没人能让贝丽尔起死回生，因此我们选择了保护我的母亲。她进去了肯定一分钟也撑不下去，那样会彻底摧毁她的。”

我看着对面她那张脸，思索着应该说点什么。“他根本就没这本事。罗尼怎么能把你妈妈送进去？”

“弗洛伦丝，所有人都知道她已神志不清，所有人，只是大家都装作没有看见。如果罗尼举报她之前攻击过自己，并把这事捅到相关部门去，他们就非得采取措施不可了。医院的人在看到他伤口时，就早已经起了疑心。”

“所以你就任由他这么逍遥法外？”我说，“他应该要受到严惩才对。”

“那你说怎么办，就凭我们的一面之词？你清楚当年的精神病院是什么条件，气味难闻，哀声四起。那个决定是正确的，至少她还和我们待在一起，她还平安无事。”

“你怎么能看着自己亲姐妹被杀还这样一声不吭？你怎么可以？”

“我总不能同时失去她们两个吧，”她吼了起来，“如果我真的说出口，没准儿就要牺牲我母亲。”

我们沉默地站在那儿，海风逐渐平息下来，空气安静得叫人窒息。

“我希望你能设法谅解，”她说，“然后，将这感觉牢牢记住，无论今后发生什么。”

“这些事我怎么一点印象也没有？为什么我连自己是个怎样的人，都还需要你提醒？”

她刚准备开口作答，却又把话咽了回去。接着她反过来问我：“你还记得些什么？”

“我记得我们去参加舞会，”我说，“我记得当时伴奏的舞曲，但我们后来都没再听了。”

“为什么？为什么我们不继续听了？”

我绞尽脑汁搜刮记忆：“因为我们看到了贝丽尔和罗尼。他们俩在停车场吵架，我们把耳朵贴在玻璃上，想听清他们说了些什么。”

“然后呢？”

“她气冲冲地跑走了，贝丽尔，对吧？冲进了漆黑夜色里。”

她点头。

我转向艾尔希：“然后我决定要出去追她。”

“我尝试过阻止你，我说了这事轮不到你出面。”

“我们当时是在衣帽间。你说我会冻死在外面，但我把自己裹得很严实，还告诉你我不会有事。”

“是的。”艾尔希的声音轻得如同耳语，被海浪声淹没而后彻底消逝。

“其他我就想不起来了，”我说，“你肯定是在我出去找她时上了他的车。你肯定是狠狠拍打他的车窗，并说服罗尼让你坐了进去，想着让他开车带着你，能更快一些找到贝丽尔。”

艾尔希把眼睛眯成缝，对抗着扑面而来的海风。

“他肯定之前喝了酒，对吧？”我说，“态度马虎，还有脾气。但速度飞快，两手松松地搭着方向盘，眼睛不看路而是转头过来和你争论。你当时肯定对他说了，‘看着前面好好开车，你会把我们俩都害死的’，但他忙着咒骂完全不加理会。当你抬起头来，看到贝丽尔站在路上时，肯定立马就伸手去抓方向盘了。我知道你肯定拼了命地想把车子扭转过来，因为罗尼压根没有看见她。我知道你肯定试过要救她，艾尔希，我知道你尽力了。”

说着说着我全身都颤抖起来，而原因我自己也不明白。

“当时的那个声音，”我说，“那声音你一直没有办法忘记。我记得你这么告诉过我。”

“是吗？”她说。

“事发后，”我说，“我们都来到你家厨房里。你，我，还有罗尼，我们一块一块地，拼凑起了完整故事。我们围坐在餐桌边，思索着应该怎么办，”我注视着她，“那条围巾当时也在，就放在桌子正中间。我能看到格温哪里漏了一针并设法补救了回来，一排排地织得十分整齐。只有事先知情才能看出那点瑕疵，可是一旦知道以后，视线好像不自觉就会往那儿瞟。”

“你用不着非想起来不可，弗洛伦丝。有些事情不要勉强反而更好。”

“是吗？但我必须想起来才行。”回忆片段时隐时现，我竭尽全力苦苦追寻，免得它们又再消失不见，“你告诉我说，罗尼把车停靠在了前方的路边，然后跑到路缘上，贝丽尔所倒下的位置。而你自己则留在了车里。你不知道要如何面对。不过这也没什么的，待在车里，并不能说明你就做得不对，是吧？”

“是的，弗洛伦丝，说明不了。”艾尔希表示。

“那是一条笔直的路。你回过头，看到罗尼站在不远处，冬日月光洒下的模糊光晕照在他身上。她死了，她肯定死了。罗尼当时这么说了，在他回到车里以后。不然的话，你肯定会去寻找电话亭。你不可能任由她倒在那里，只要还有万分之一的生机，你肯定会打电话叫救护车，会去报警。”

“罗尼不会允许那种情况发生的。”艾尔希说。

“当罗尼回到车上后，远处那个位置出现了别的车灯。贝丽尔被人发现了，你们透过后视镜，看到有人走过去蹲到了路边。”

“然后罗尼松开手刹，把车开走了。他没启动引擎，也没打开车灯。”

“当时我就知道了，”我说，“我知道他根本不打算告诉任何人，不管我们怎么做。”

“你反抗过他，弗洛伦丝，你拼尽全力地反抗过的。”

“你怎么知道？”

艾尔希站在对面打量我。“因为你脸上还能看到当初争斗的痕迹。”她说。

“当时其实还来得及。就算在那时，在我们围在你家厨房时，我们本可以打电话报警，把情况一一说明。他们肯定能理解，是因为发生得太过突然，因为我们太过震惊，才会什么也没有做。”

“罗尼就是在那时候威胁了我们。他当时放狠话说，要把我母亲关上一辈子。”艾尔希把头转开望向大海，“我记得他说出这话时，我抬起头看向了天花板。我母亲认定了有人在隔着墙偷听她的声音，而且整个房间都藏着摄像头和窃听器，她还试过徒手掰开石膏墙体，就为了能向我们证明。你还记得吗？”

我点点头。

“让她出去自由行动其实一点都不难，只要穿过罗尼刚才打开的那扇门就好。道理如此明显，又那么简单，可我就是怎么也做不到。”

“是呀。”我说。

我们默默看着对方，而且我知道，在六十年前，我们也曾这样彼此对望。仿佛你以为的那个自己，就这么在你眼前突然消失了。我们当初达成了共识，永远不会再提起这事，将一切彻底尘封起来，无论如何也不再打开。然而此时此刻，同样的对话，在等待了整整六十年以后，终于迎来了重见天日的机会。

我们说话这段时间，太阳已经沉入了地平线，天色逐渐黯淡下来，白天即将结束，黑夜就要到来。光线微弱而又贫乏，我说话时几乎都看不清艾尔希的脸。

“你不要因此怪罪自己，”我说，“这事并不是你的错。你只是做了自己觉得正确的事。”

“你会原谅我？”她说。

“那当然啦，我怎么样都会原谅你的。”

她把手伸了过来，而我也探了过去，感觉我们长久以来背负的那段过往，终于找到了能够安放的地方。

“真希望我能把剩下的事也都想起来，”我说，“总觉得还是缺了点什么。”

“如果你真想起来了……”艾尔希迟疑了一下，“记住你说过你会原谅我。”她的声音随风飘散在了空中，“记住你说过，这不是我的错。”

“你这么说是什么意思？”

她没有马上回答，等到她终于开口时，我几乎都听不清她的声音。“如果你真把抽屉打开了，弗洛伦丝，如果你真的打开了一个抽屉，并在里面发现了出乎自己料想的东西，只要记得，我们经历过的快乐时光，比那些糟糕的事要多得多。记住这点，弗洛伦丝，千万记得，即便我不在身边提醒你。”

我们静静站在那里，我唯一能听见的就只有自己的呼吸。感觉像过去了一个世纪，一生一世，永生永世。终于我们开始往回走，手拉着手。我们的手也变老了，皮肤松弛，没有弹性，只剩下了皮包骨，但我们拉起手来还是那么契合如一，还和从前一模一样。我能感觉到她手上的力度，于是我也捏了几下，好让她也体会一番。

“你不会有事的，”艾尔希说，“肯定不会有事。”

汉迪·西蒙

汉迪·西蒙抬头望着闪光球灯。它还挺具有催眠效果的，如果这么一直盯着。简直有点抚慰人心的效果，仿佛透过那些细小镜面来看这世界，什么都会显得渺小且不那么重要。

“你准备盯着看上一整晚吗？”

安布罗斯小姐休息完毕，正在厨房和自助餐桌之间来回穿行，手里端着各式各样的小点心。她脸颊上还留着印子，估计是睡不安稳，在枕头上压出来的。

“要是你不介意的话，里面有份黑森林蛋糕快融化了，帮忙端出来一下。”

西蒙走进厨房里。带 i 的盖尔正站在不锈钢操作台旁，满脸写着不高兴。

“我通常不会这么反复折腾，”她说，“你手应该挺干净吧——要是环境卫生部门又来挑刺可就麻烦了。”

“又来？”西蒙说。

“我们正在设法改进。”盖尔表示，“你端蛋糕时可要小心点。”

西蒙把手放在裤子上擦了擦。待他返回舞厅时，表演艺人已经到了。他的名字叫莱昂内尔，身上那件衬衣点缀着褶边，从丝绒领结的位置开始，两条并行一直往下延伸，最终消失在裤腰带处。

“欢迎，欢迎。”莱昂内尔表示。

西蒙将奶油蛋糕放在搁板桌上。“你误会了，”他说，“我只是个工作人员。”

“没有什么好‘只是’的，年轻人，”莱昂内尔两眼瞪得圆圆的，“你难道不准备跳舞吗？”

“唔，我想是的。我不会跳舞。”西蒙仰头看着闪光球灯上的小小镜面。

“每个人都会跳舞，每个人。你只是需要找到适合的曲子。”莱昂内尔拿起一根小指挥棒，按八字形在空中挥舞起来。

西蒙看着指挥棒：“等下会有乐队来？”

“有录音带呀，小伙子，录音带。”这个词被莱昂内尔说得很有意思，带点意大利式的口音。

“就是磁带呗。”安布罗斯小姐从旁经过，冷不丁地说了一声。

“可即便放录音带也是需要指挥的呀，”莱昂内尔又挥了一下，“而且跳舞的人也得知道跳帚形步和追并步的准确时机。”

“跳什么？”西蒙问。

“看着啊。”莱昂内尔指指脚上的鞋，鞋面很闪，光亮可鉴。他在舞池跳了个动作，然后伸手一指西蒙。“现在你来试试看。”他说。

西蒙果然试了试，竟然轻松完成了。

“接着这样，”莱昂内尔又说，“然后，把两个动作连起来。”

真是怪了，可西蒙觉得，他的脚好像非常清楚应该怎么办。通常，他的四肢要等待大脑发出指示才会行动，而他又很少能够拿定主意，可是不知什么原因，他完全领会了帚形步和追并步的意思。

“瞧瞧，”莱昂内尔说着拍了拍手，“你是一个天生的舞者。”

西蒙朝他咧嘴一笑，这才发现自己仍拿着那块蛋糕。

“你要不介意的话，”安布罗斯小姐这时说着，把蛋糕从他手中接了过去，“那边有些利兹饼干，需要挤点普里穆拉芝士上去。”

弗洛伦丝

回到旅店，我们吹了会儿暖气，脸色终于红润起来。艾尔希和我开始为舞会做起准备，就好像是从前一样。我们举着衣服比画，互相借用首饰，竭尽所能地拉开自己与海滩那段对话之间的距离。准备就绪，出来关上房门，我们发现杰克正在楼梯口等着我们。

"我觉着咱们还是一块下去吧，"他说着，弯起手臂做了个请的姿势，"不能让女士孤身一人走进舞厅。"

我伸手挽住他的胳膊，然后我们仨悄悄地走进了那充斥着音乐并挂有闪光球灯的房间，仿佛回到了十分遥远的那段过往，远到它的存在几乎就要被我们所遗忘。

即便当时没人跳舞，舞池也似乎拥有某种魔力，也许是因为那抛过光的木地板的味道，或是管弦乐队奏响的乐章，抑或是从前留下的美好印象。我们穿着挤脚的舞鞋，愉快地在舞厅里转着圈。动人乐声在耳边环绕，掩去了烦恼思绪，也抚慰了心底孤单。

"那边有张餐台，"艾尔希说，"外加饮料免费。咱们以前在市政厅都没有这待遇。"

我望向那边安布罗斯小姐所在的位置，她正在认真检视着一盘鸡蛋三明治。三明治是那种去掉硬边的，因为人生中有些时候，最好是预见问题并提前解决，而不是等到问题出现再来想法子。视线离开三明治和安布罗斯小姐，移到旁边的阴暗角落里，罗尼·巴特勒正两手抄在背后站在那儿，看着人们从他身前走过去。

"说起来，为什么是现在？"杰克说，音乐声给他打了掩护，"为什么明明已经躲了一辈子，到如今还要冒险现身呢？"

我站在一束聚光灯下面。我知道罗尼肯定能看到我，但事到如今我都不在乎了。随着房间逐渐被前来跳舞的人群所占据，有时他会从我视野里消失，但他一直都站在那儿，藏在人群背后，视线和多年前如出一辙。

“肯定是因为那则见义勇为的新闻。他躲躲藏藏这么多年，突然之间，他的照片出现在了所有报纸头版上面，”我说，“他肯定是担心会有人认出他的真正身份，从而再也无法逃脱过去的罪责。因此他决定先下手为强。”

“这就是所谓的自掘坟墓吧。”杰克表示。

我们在房间那头找了位置坐下，把三明治碟子搁在自己膝盖上，看着人们跳着探戈和华尔兹舞步，转着圈地绕过我们身前。

“我还记得这些舞步，”艾尔希说，“你还有印象吗，弗洛伦丝？”

我也记得。真是奇怪，有些事情好像怎么也不会忘却。即便我的脚已走过成千上万里路途，拖着我跨越了过去八十年的漫长岁月。即便迈出的步伐越来越缓慢谨慎，而且随着时间推移愈加蹒跚起来，这双脚也从未忘记我曾是怎样的人，哪怕我的意识有时候都会记不清。

舞厅里有好些生面孔，包括住其他旅店过来消遣的陌生人，还有单纯过来参加舞会的本地人，樱桃树之家的住客们则夹杂在其中，愉快地回顾着他们美好的过往时光。汉迪·西蒙最是沉浸其中，如同天生的舞者一般旋转舞动。场上男士本就不多，更不必提年轻男士了，因此每当他跳完一支舞，便会被别的人带进舞池继续下一曲。

“你不去跳舞吗，弗洛伦丝？”安布罗斯小姐蹲到我们身旁。她总觉得，和对方视线保持水平这点很重要，但实际上，这样只是让大家把她的乳沟尽收眼底。

“我倒很乐意邀你跳上一曲，只是恐怕已经有心无力。”杰克抬起拐杖在地上轻轻敲了敲。

“我可以把那边的比利·艾略特[1]给你招过来，”安布罗斯小姐点头

---

① 电影《跳出我天地》主演。

朝汉迪·西蒙示意，“看来他总算找到了一件喜欢做的事。”

“不用麻烦了，谢谢你，”我扶住那碟鸡蛋三明治，“知道什么时候养精蓄锐也很重要。”

艾尔希正在望着我。我能从她脑袋的角度判断出来，不过我并没有转过去。等到安布罗斯小姐蹲到其他人身前，杰克也端着空餐盘去补充食物后，她凑到我耳边小声说起话来。

“你愿意和我跳支舞吗，弗洛伦丝？就当纪念一下往日情谊，你我都知道，这可能会是我们最后一支舞。”

她正说着，台上的矮个男子冲着卡带机舞起了指挥棒，下一曲的前奏在房间里流淌起来了。

“你听！”艾尔希说，“是阿尔·鲍尔利。这是天意。再跳最后一次吧，弗洛伦丝，再跳一次狐步舞吧！”

自从贝丽尔离世以后，我们就没再一起跳过舞。那件事后我们莫名地疏远起来，一切都变得不复当初了。当然，我之后也和别的人跳过舞，但感觉完全不一样。如今我们重聚在这里，感觉不像是隔了这么多年，仿佛只是音乐停顿了一小会儿，然后我们便开始了下一曲。仿佛中间那大半辈子时光都不翼而飞了。

她肩膀比以前更瘦弱。我能摸到她的骨头，外边就包着一层皮，而且体格也变轻了，不如从前结实。随便来阵风都能把她一下吹走。可跳着跳着，这些都变得不再重要了。她动作熟练，流畅连贯。她是艾尔希，还和从前一样。

我们在舞池里转来转去，其实都谈不上是在跳舞。我不确定是因为艾尔希还是我自己，抑或是我们俩都已不再那么笃定，艾尔希边跳边唱着歌，我也一起唱起来了。

“我会记得你，无论将来发生什么事，深夜中，有星星和你伴着我……”

有些时候，就是得连唱带跳才有意思，哪怕你已经八十四岁，哪怕你瘦成了皮包骨，随便刮来阵风都能把你给吹走。

其他跳舞的人似乎全都在往后退，当阿尔·鲍尔利的歌曲终于播放完毕时，只剩下了艾尔希和我站在舞池中。我看见比斯尔小姐和安布罗斯小姐都盯着我们；还有汉迪·西蒙也在朝这儿看。至于杰克，他从位置上站起来，正直视着我的眼睛。我一点儿也不在乎，不在乎两个老太太一起跳舞看上去有多古怪，不在乎我们一边跳舞一边还唱起了歌。我正要告诉所有对我们评头论足的人，我有多么不在意他们时，房间那头的双开门突然打开来，一位女士出现在了我们面前，她满脸困惑，衣冠不整，还有一点不知所措。

霍尼曼夫人回来了。

汉迪·西蒙

"她一直没开口，"安布罗斯小姐一手拿电话，另一只手撑着脑袋，"一个字也没有说。警察认为她是受到惊吓了。"

汉迪·西蒙透过门缝看了看。霍尼曼夫人此时就在员工休息室，坐在一张巨大的扶手椅里。或者那椅子其实并不大，只是霍尼曼夫人在过去这二十四小时身形缩小了。

"她之前去哪儿啦？"西蒙又看了几眼，"都干什么去啦？"

"没人知道，西蒙。"安布罗斯小姐朝他看了一眼，用比斯尔小姐经常露出的那种神色，"问题关键就在这里。每次问她什么问题，她都只是静静看着我们。"

"要不要叫医生过来？"

安布罗斯小姐指指电话，鼓起腮帮子吹了口气。

不想看到更多愁眉锁眼的表情，西蒙走到布告栏前，开始阅读有关退房时间和索取额外枕头的事宜。他从来都不太擅长处理危机。也许因为他父亲经常身陷其中，而且似乎天生就游刃有余。而西蒙则往往只会躲在边上，轻轻摆动手臂并不时弯弯膝盖，好让自己和周围家具区分开来。

虽然早吩咐过让他们都待在舞厅里，还是有一小撮樱桃树之家的住客此时溜到了前台来，带头的（当然）是弗洛伦丝·克莱伯恩，他们正围着安布罗斯小姐抛出一连串疑问。

“我知道的并不比你们多。”他听见安布罗斯小姐对着他们大喊，“没错，但她什么也没说。”还有“不，你们现在不能进去”。

“但她肯定透露了什么线索吧？”弗洛伦丝的声音盖过了其他人，他们正跟在打电话的安布罗斯小姐身后，围着前厅绕圈，“她肯定说了点什么吧？”

“什么也没有。现在，请见谅，我正在打电话联系——喂，你好！”

安布罗斯小姐干脆把脸对着丝绒墙纸，那群人随即转移注意力看向了西蒙，如同在塞伦盖蒂平原上狩猎的猎豹。

“别看着我，”他说，“我知道的可能还没你们多。”

医生来了以后，立马被领进了有着巨大扶手椅的那个房间。西蒙本想跟着一起进去，可比斯尔小姐砰的一声关上了房门，逼得西蒙连连后退，直接撞上了安布罗斯小姐，估计她和他打的是同一主意。

“应该只是为了以防万一，”安布罗斯小姐说，在她重新稳住脚步后，“在我看来她完全没问题。”

“完全没问题。”西蒙重复了一遍，不过他父亲也说过，他母亲在突发心脏病之前，看上去也完全没问题。她甚至从推车里挑选了想喝的饮料，还给旅行脖枕充了气。

“我们就在这儿等吧，免得给她太多压力。”这回换安布罗斯小姐看起了索要额外枕头的通知，西蒙只好移开视线，寻找其他的落脚点。最后，他把目光锁定在了厨房门。房门的边缘处已出现磨损。每隔几分钟旅店老板娘就会走过来朝外看一看。

“你们还需要些别的什么吗？”盖尔说，“来点小点心？或者再叫几个警察还是保镖什么的？”

安布罗斯小姐摇摇头，西蒙则凝视着地板。不停有樱桃树之家的住客走下楼梯又爬上去，借口来拿放在前台的传单，或确定索要额外枕头的正确方式。克莱伯恩女士已经来过至少四次，而从西蒙坐的这个位置，能看到杰克就站在楼梯平台等她。过了像有一辈子那么久，医生终于离开了，安布罗斯小姐两手叉腰站在前台。他们要把霍尼曼夫人带到诊疗所去休养几日，只是为了保险起见。尽管她还是没告诉任何人她去过哪里。比斯尔小姐实在是一筹莫展，她正式宣布放弃询问，准备喝完一小瓶白兰地就去休息。

“咱们都应该好好休息休息，”安布罗斯小姐表示，“明晚就要回樱桃树之家了，一路上可不会很轻松。”

西蒙站起身来以示同意。他想开口说点什么，但这一晚上说得实在太多，好像已经不剩下什么存货。或许被吓得说不出话的并不只有霍尼曼夫人一个。西蒙沿着楼梯往上走去，途中抬头看了一眼楼梯平台。他也不能百分之百地确定，但他觉得应该是看到了克莱伯恩女士的那双系带鞋，还有一点拐杖边刚好消失在他视野里。

弗洛伦丝

“诊疗所在什么地方啊？”

我们和杰克相对而坐，两份炒鸡蛋摆在他面前，过去这半小时时间里，他一直在盘子里不停来回拨弄。

“就在图书馆附近，”杰克说，“昨天坐出租车时我就看到过。”

“你觉得他们会放我们进去吗？”我说，“也许会有个警察守在她病房外边。”

“她又不是犯人，”艾尔希说，“或什么大明星。”

“只要她想见我们就行。”杰克表示。他终于不再拨弄鸡蛋，将餐盘推到一边去。

我看向餐厅角落罗尼所在的位置。他早餐也什么都没吃，只是一直盯着我们，其间喝完了一整壶咖啡。他眼睛里藏着笑意，仿佛闪烁着得意的火光。我本想冲到他面前去，但艾尔希拉着我重新坐了下来。

“不要挑事，弗洛伦丝，”艾尔希拉住我胳膊，“你别理他就行。”

“我就想给他点颜色瞧瞧，”我正准备给自己添茶，突然发现我的手在抖，“让他也知道知道，他给大家带来了多少痛苦。”

我并不是有意要嚷，只是看到其他人都转过头来，安布罗斯小姐也从房间那头把视线投向了我们，我这才后知后觉反应过来。“尽量小点声说话。”我母亲以前经常这么说。只不过人生中有些时候，小声说不足以表达内心的愤懑。

“咱们还是先保持冷静，看看霍尼曼夫人有什么话说吧。”杰克说完站起身来。

“前提是霍尼曼夫人愿意开口。”艾尔希说完，我们跟着杰克走进外面的阳光下。面前人声鼎沸，车水马龙，还有海鸥不停叫嚷，我们沿路一直走到西崖，直到周日早晨的繁忙景象将我们的身影彻底吞噬。

医院这种地方，实在令人压抑。我一向都不爱来，因为每次一过来，都必然是些痛苦经历。我母亲，我父亲，还有过去这些年间，先我一步走向衰老的那些伙伴。

“我讨厌医院。”艾尔希说，像是看穿了我的心思。

我们沿着主走廊往前走，跟在一名穿系带蓝制服的护士身后，她整整考虑了十五分钟，才终于答应放我们进去。杰克拼命地发散魅力，才好不容易说服了她。

“这情况太少见了，”她说，“在星期日这种时间段来访。”

最终我们得到了十分钟的探视时间。离开主走廊，我们来到一间加开病房，屋里沐浴着清晨的阳光，依稀有股肥皂的味道。霍尼曼夫人躺在病床上，神情还和前一天晚上一样，只是看上去稍微精神了点。

“她状况不错，身体机能方面，”护士说，“但精神上恐怕不太乐观。

关键是，我们不清楚她的基线情况。”

“基线情况？”杰克疑问。

“她平时是什么样？”她突然提出这么个问题，我这才第一次意识到，住在樱桃树之家期间，我从没和霍尼曼夫人说过话。

“她通常都很安静。”我说。

“但应该也不像现在这样连口都不开吧？”护士抚平床单，将窗帘拉起了点。

“嗯，”我说，“那倒是。”

“她睡得很多。”杰克说。

“为什么？”护士问。

我们看看霍尼曼夫人，又看看那名护士，不过谁也没回应。

“因为她年纪大啦？”最后我说道。

“我无意冒犯，”那护士说，“但你们年纪应该都差不多吧？”我们点点头，“那你们睡得多吗？”

“不太多吧。”我说。

“那样的话，也许，我们应该要找找比年龄更深刻点的理由，来解释她的行为吧。”

我们都同意她的看法，我脸上还露出了一丝浅笑。

“十分钟。”这次不再是问句，而是不容转圜的硬性规定，说完护士就走了，留下我们和霍尼曼夫人，独自待在这弥漫着肥皂味和阳光的房间里。

霍尼曼夫人。我突然意识到我竟不知道她叫什么名字，于是抬眼看了看挂在床头上方的签字板。鲁丝·霍尼曼。

“鲁丝？”我说。她面上毫无反应，眼睛盯着别人看不见的什么东西，双手握拳搭在床单上。

“鲁丝，我是弗洛伦丝，樱桃树之家的住客。”

一丝反应也没有。

“我们过来看看你情况怎样，是否需要什么别的东西。”

我听见杰克在静谧中深吸了一口气。周围一切都很安静，只有房间角落那座时钟一直嘀嗒嘀嗒走着。

“鲁丝，我们有事想和你谈，”我拖过椅子放到床边，试图去抓她握拳的手，“时间不多我就直说啦，我们想和你谈谈盖布瑞尔。”

这下她终于看向了我，眼睛圆瞪，盛满了忧虑，说：“他不是我的盖布瑞尔。”

“我们知道他不是。”我说。

“可我们不能告诉任何人。”她轻声说着，伸出一根手指抵住自己嘴唇。

“你别担心。”我说。

“警察肯定会来询问，他说，到那时候，我们必须回答那就是他。”

她整张脸都写满了恐惧。

“他究竟和你说过什么？又做了什么让你那样突然消失？”我问。

霍尼曼夫人又变得神志恍惚起来。我能听到她呼吸的动静。气息很轻，而且很消沉，她的心脏已经失去活力。

“那并不是我的错。”霍尼曼夫人已不是在同我们说话，老实说，我甚至不知道她是否在和任何人说话，我非常清楚，有些话就是需要宣泄出来，无论倾诉对象是否存在，“我当时根本没喝酒，只是单纯摔了一跤。盖布瑞尔才不是因为我害死了自己的孩子才离开我的，他只是……”她小心斟酌着用词，“不见了。”最后她这么说。

她目光和我视线交汇。对于一个向来安静且没什么存在感的人而言，她此时的眼神相当犀利、敏捷，仿佛什么都见识过了。

“我当时踩空了，”她说，“判断失误。我伸出手想抓住点什么，可一个就手的东西也没有。”

如今回头来看，我大概就是从这一刻开始，慢慢回想起了发生在罗尼身上的事，所有碎片逐渐汇集，拼凑成了一幅完整图形。

“他并没有抛下你，鲁丝。”我说。

“是吗？”

“是的，他没打算这么做。现在我还解释不清，因为我自己也才刚摸到一点头绪，”我说，“你只要相信这点就好。他从没想过要抛下你，也根本没有抛下过你。”

我伸手去握她的手，当她也用力握住我的手时，我感觉到她手里头有个什么东西。是一块化石，一块菊石，一块螺旋形的过去的印迹，远古某个时代所留下的证明，提醒我们某样东西曾经存在。我把它拿了过来。

“我知道她去过哪儿了。”我说。

沿着锃亮光滑的走廊，我们一路走到医院外，途中我一直都紧紧握着口袋里的那块菊石。霍尼曼夫人不肯把它收回去。也许是她的目的已经达到，抑或是她想交给我来保管。不管怎么样，我都不能把它弄丢。我们一路走得很慢，一边小心迈着步子，一边整理脑中思绪，终于走出医院以后，看到外面强烈的光线，闻着清晨独特的气息，感觉仿佛刚结束了一段漫长旅程。

我们坐在旅店餐厅中，身上仍然穿着外套，盯着所有物品都已撤走，只留下一层厚实白桌布的空桌子。我把菊石放到大家面前。它看起来那么微不足道，那么小。但奇怪的是，这么一块不起眼的东西，却承载了数千年的厚重历史。

汉迪·西蒙从旁走了过去，看到我们面前的东西又退了回来。

“一块化石。”他说，完全是废话，他俯下身来仔细打量，“化石这东西挺神奇的。”

“是这样的。”我说。

“有些时候，只有它们才能证明某些东西确实曾经存在。”

“你真相信这种说法？”我说。

西蒙站直身子抱起胳膊说：“至少《地理科学》杂志是这样认为的。”

“那你自己呢，西蒙？你觉得呢？你自己的意见呢？”

西蒙深吸了口气，开始琢磨这问题。“我也说不准，”过了一会儿他说，“我从来没有认真想过。”

“哦，那你何不现在想想呢？”杰克问。

西蒙调整了一下身体重心，而后深吸了一口气。“我觉得，”他说，“有些东西即使看不见，也并不影响其重要性。”

“说下去。”我表示。

“这块化石在被发掘之前，”他又再次瞟了一眼，“它的影响也一直都存在，不是吗？它一直在以某种方式给世界带来改变，只是我们不知道而已。”

杰克示意他接着往下说。

“而它影响到的所有物体，”西蒙说，“也同样会以某种方式改变这世界。我不觉得我们真能全弄明白。”

“我想也是。”我说。

西蒙往后站了站，好像意识到如此细小的事物也能带来如此巨大的影响后，觉得应该给它多留出点位置。

我拿起那块菊石，将它托在掌心，说：“无论你存在的时间是长还是短，这世界总会因为你的存在而发生细微改变。虽然我不觉得有谁能证明这点。”

“也许根本就不需要证明，”西蒙表示，“也许知道这点便已经足够。”

西蒙带着他全新的人生理念离开了房间，我们三个就静静地围坐在餐桌前。

“现在怎么办？”我说话了，因为他们好像都不打算开口。

“也许，”杰克说，“也许我们只能等着罗尼再次消失。”

“你怎么能说出这种话？”这大概是艾尔希说过的最接近斥责的话了。

“这可不像你，杰克，”我皱眉看着他，“你的斗争精神哪儿去啦？”

“全都丢盔卸甲了，”他说着，勉强笑了笑，“警方显然不会相信我们，罗尼也把所有能认出他的人都威胁了一遍，还有谁会理会我们的话？”

“我们不能就这么放过他，”我盯着手里那块菊石，“不能让他这么为所欲为。”

“可我们要怎么阻止他呢？”杰克起身扶住椅背，“车子再过几小时就要上路了，弗洛伦丝。我觉得我得去躺下休息会儿。”

我们目送他脚步蹒跚地走出餐厅，他因为年事已高且思虑过多看起来很疲惫。也许是因为这海边的空气吧，不知为何总让人觉得很累，仿佛所有能量都被盐分给吸走了。我转过头去看着艾尔希。

“怎么样，你不会也要去躺会儿吧？”我说。

“当然不会。你都忘了，是吗？”

“忘了什么？”

她冲我眨眨眼睛：“我们还要去和大海告别。”

我们经过贩卖惠特比软糖和硬糖棍的摊位，经过各种漂亮的贝壳和珠串，还有一排排的明信片，一直走到修道院台阶前，那边的店铺全藏在鹅卵石小巷里，等待着游人前去发现。

“你还记不记得，”艾尔希说，“我们以前经常要花好几个小时，才能最终做出决定，究竟要买什么带回家去。”

“这么说来，我们其实都没怎么变，”我看了看手表，“但咱们得尽快回去才行，不然安布罗斯小姐肯定又要发作一通。”

艾尔希盯着一家画廊的橱窗。

“不然我就买幅画吧，”她说，“关于这港湾的风景，或者是那些海滩小屋。”

我想起 12 号房外的巨大废料桶和被金属桶撞碎的相框镜片。“我觉得还是不要吧。”我说。

“为什么？谁会不喜欢海滩小屋呀？弯弯一排像在微笑似的。”

"要不干脆买桶饼干得了，"我说，"那样可实用多啦。"

"但度假的意义不在于实用啊，弗洛伦丝。其他时候你要怎么实用都行。"

我们又往前走了走，来到一个摆满惠特比煤玉制品的橱窗前，矿石平滑而且漆黑，像镜子似的能映出影像。各种戒指、项链、手镯、耳环通通都有，躺在托盘上闪烁着耀眼光芒。

"这石头挺漂亮的，不是吗？"艾尔希说，"惠特比煤玉。"

我凝神望着橱窗内。"它是一种化石。"我说。

"是吗？"

"唔，是木头形成的化石。经过数千年时间的沉淀，才雕琢成我们能辨别的模样。"

"这些你怎么知道的？"艾尔希问。

"我读到过，"我答，"在一本杂志上。在维多利亚女王时代，人们遭受丧亲之痛时会佩戴它，以此纪念他们失去的亲人。"我指向展示柜那边角落的一枚胸针，"只是我有点不太明白，为何如此美丽的东西，会和那种伤心之事联系在一起。"

"也许它能帮助人们接受亲人已经逝去这个事实，想到年代那样久远的物品至今仍然留存在这世上。"

"也许是吧。"我说。

那胸针就躺在橱窗里，静静迎接着我们的视线。它呈正圆形，表面平滑无瑕，漆黑闪亮。边上镶着一圈银链，正熠熠发光。

"不如你买个给自己吧，"艾尔希说，"好歹能够留个念想。"

"还是不要吧。"

"为什么不？你显然很喜欢那枚胸针啊。"

"这种礼物应该买来送给所爱之人，不是吗？并不适合买给自己。况且，我根本就不戴首饰。"

"也许你可以开始试试？"艾尔希还在说，而我已经迈步往前走了。

"奶油酥饼，"我说，"我就买一盒奶油酥饼，就算我自己没时间吃，也可以交给安布罗斯小姐拿去抽奖。”

最后，我们都决定就买一盒奶油酥饼。艾尔希去上厕所期间，我听着教堂传来的钟声，给我们两人买了支冰激凌，然后两个人边吃边走，直走到旅店才全部吃完。

“你们终于回来啦，”安布罗斯小姐手拿点名板正等在路边，“我都要担心死啦。”

“我们没什么可担心的，安布罗斯小姐，”爬上车时我冲埃里克露出微笑，“我们只是去向大海告别了。”

安布罗斯小姐欲言又止，只冲汉迪·西蒙摇了摇头。埃里克启动引擎说：“得了，干活吧。”然后我们全体上路回樱桃树之家了，当中自然不包括霍尼曼夫人。我们之后再没见过她。有时我担心她可能已经被送到绿岸了，但我还是宁愿相信，她还待在之前那个房间，屋里充满着阳光与肥皂味，还有经过时光变迁终于释怀的轻快感。

“我不明白为什么我非去不可。”

我已在屋里踱来踱去走了二十分钟时间。通常我并不喜欢这样；艾尔希才总靠踱步来排解焦虑。我往往会手忙脚乱，坐立不安，但这一次，我决定试试踱步这个法子，无论艾尔希怎么说或怎么做，都不打算停下来。我们回到樱桃树之家还不足二十四小时，因而踱步的范围还需考虑到行李箱所占的空间，箱子如今仍放在房间角落里，东西还装在里面没取出来。

“我搞砸了，是吗？”我说，“没有通过观察期的考验，现在他们要想法子把我赶走。”

“我相信这只是某种预防措施，”艾尔希说，“他们会把大家轮流送过去，肯定不只是针对你。”

我停下脚步。“那为什么非要我第一个去？为什么不把你排在我前边？到这儿结束了，艾尔希。我们就要做最后的告别了。”

“我陪你一起去，”她说，“不会让你独自一人的。反正也没人介意我在不在。”

我速度逐渐慢下来。“如果我测验没通过怎么办？”跟着彻底定住了，“如果他们真把我送去绿岸怎么办？”

“你肯定能通过测验的，就把它看作寻常聊天嘛。只是一个医生向你问上一堆无聊问题。你绝对可以摆平他。”

“你真这么想？”

“当然啦，”艾尔希说这话时没看我，而是伸手指了指窗外，“况且外面天气这么好，这样的日子能发生什么坏事？”

她说得没错。这是十月里最为秋高气爽的好天气，天空一片蔚蓝，只天边飘着几缕浮云。阳光给万事万物裹上了一层温暖色调，彻底抹去了昨日阴雨所留下的痕迹，一切看起来都是那么明朗而愉快，仿佛有人将一盒新颜料送到了上帝手里。

比斯尔小姐的帮手之一和我们一同坐上了出租车。她的名字好像是叫娜塔莎，虽然她并没向我们介绍自己。她身披紫色搭肩衫，执着于确认手机信号，身上散发着一股口香糖的味道。我不知道出租车司机叫什么，因为从樱桃树之家去往医院这整个途中，他连一个字也没说过，一路跟着广播二台放出的歌曲轻声哼着，手指在方向盘上敲着节奏。艾尔希挨着我坐在后座，我全程都在不停咽口水，感觉前路一片迷茫。

“没事的。一切都会好起来的。”艾尔希隔几分钟就要说上一次，仿佛是在背诵催眠曲的歌词，“我们很快就能从那地方出来，然后就到伙伴联盟店里去吃个蛋挞。”

我抬头看天。车子离开樱桃树之家停车场，而后驶上旁道的这段时间，天色不知何时突然变了。这情形真是太奇怪了。你不过将视线移开了一小会儿而已，可等你重新看过来时，一切就都通通变样了。雨点落在车窗上划出一道道的线，整个世界全笼罩着失意的氛围。

“或者葡萄干馅饼也行。你不是喜欢吃葡萄干馅饼吗？”艾尔希说。

“我现在已经不爱吃啦，”我视线仍然望着天，“觉得它们太麻烦。”

直到抵达医院都没人再说话。司机将车子驶入落客区，我们费劲地从车里出来，站到黄线划分出的陌生区域，因为刚才那场骤雨，地面已经全都湿了。

“到了，就是这儿啦，”我说，“自从离开学校以后，我就再没做过测验。还以为这辈子都用不着了。”

“你别把它当成测验，想着是一次普通对话就好，”艾尔希说，“就当是随便聊聊天。”

娜塔莎走在我们身后，举起手机冲着屋顶。“要是我把你给弄丢了，我的麻烦可就大了。”她说。

我们顺着走廊画出的线往前走。“上了年纪以后，你有时会感觉，这一辈子都像是一场漫长测验。”我说。

等候室里人满为患，却惊人地十分安静，每次传来开门的声音，大家都会转头看过去，期望看到医生或护士，或者能证明队列正在往前推进的任何迹象。这是几个不同科室共用的等待区，我们艰难地穿过各种助行架、轮椅和婴儿车，终于在角落找到了一个位置。娜塔莎立即走到窗户前，举起手机冲着天花板并皱起眉。

“我现在很想喝杯茶。这地方有茶喝吗？”我说，“像是理发店里就都会有。”

那头靠墙倒是摆着一台机器，不过正面贴了张小纸条，建议我们最好前往急诊室。

“我包里应该还有颗薄荷糖。”艾尔希说。

我摇摇头。“我只是想喝杯茶帮我忘掉那些烦心事，”我说，“有时候，一杯茶真能产生这种功效。”

我看了看灰色和米色的背景下，遍布在等候室里那些拄着拐杖的人们，他们头发或花白或全白，鞋子普遍有些偏大。我父亲过去经常说，转移注意力是排解焦虑的最佳方式，可那些杂志似乎全都脱胶快散架，我只好随便拿起一张传单来。

“失智症治疗”，标题写道。

整页都是各种数据。汉迪·西蒙看了估计会很喜欢。瞧，我记得他名字啦！上面介绍了普通人患上失智症的概率，以及初次出现相关症状的大概年纪。此外还有好些老人家的照片，他们头发浓密，面颊红润，并有极具耐心和同理心的亲人陪伴在身边。翻到第二页，能看到一系列的各种症状，用黑体写成，列在表格里。

艾尔希把手伸进包里摸索眼镜，但最终还是宣告放弃：“上面都写了些什么？”

“逻辑出现问题，”我说，“但这点从来不是我强项。”

“还有呢？”

“沟通出现问题。”我说。

“你从没有过什么沟通问题吧。”

“恰恰相反。”我说。

“第三条呢？”

我看着那个小格子说：“情绪起伏不定。”

艾尔希开始笑了起来，我也跟着一起笑了。我们笑得实在太厉害，娜塔莎不得不把手机放下，询问我们是否安好。

“我们好得很，多谢关心。你的情绪会起伏不定吗，娜塔莎？你觉得自己逻辑有问题吗？”我看了一眼那个手机，“你在和人沟通方面有没有什么困难？”

娜塔莎皱了皱眉，溜到最远那个角落里，视线越过手机屏幕盯着我们。这时一名护士从某个房间走出来，挥手示意我们进去。

“轮到我们了。”我说完，很大声地叹了口气。

这房间看着相当舒服，考虑到里面正坐着一位医生。窗台上摆了些花，虽然我强烈怀疑都是假的，还有我刚才读到过的那份传单，如今被摆成扇形陈列在咖啡桌上，像是餐后的薄荷糖果。椅子也不是那种硬塑料质地，而是软软的扶手椅。上面甚至还摆着靠垫，尽管我直接就放到了地板上，因为艾尔希靠上去腰会不舒服。

医生朝我们微微一笑。他就坐在对面扶手椅上，手里拿着一堆资料，听诊器挂在衬衫上摇晃。

“他们连心跳也要测吗？”我说。

“应该不用吧，”艾尔希皱眉看着听诊器，“我觉得那只是为了大家能明白他们到底是什么身份。”

医生又笑了一下而后问起我们的个人信息，我一个人回答了两个人的问题，因为艾尔希说我需要多加练习。

“那你呢？”我说。

医生定神注视我们。

“你好我是某某医生？”我表示，“我看过《霍尔比市》[①]，我知道规矩。”

他说他是安德鲁医生，接着他洗了洗手，把袖子卷到手肘上方，然后告诉我们接下来他会问出一系列问题。

“有时间限制的吗，”我说，“回答这些问题？”

安德鲁医生看了一眼我们头顶的时钟，接着表示这是一间颇为繁忙的诊室。

“做一份简易心智量表通常用不了多久。”他说。

“简易？”我皱眉看他。

他告诉我们总共会有三十个问题，这听起来可并不怎么简易。这些医药界人士说起话来好像总爱打折扣——小道刮伤，轻微不适，微小磨损。我主动说起了自己的几次经历，不过没有贸然提及我的肠胃问题，不然肯定得在那儿耗一整天。

“咱们开始吧？”安德鲁医生表示，艾尔希和我闻言坐直了。

很奇怪，当有别人盯着自己时，你很容易会感觉心慌。如果只是

---

① 1999 年开播的 BBC 医疗剧。

平常问题，且询问地点是在巴士停靠站或超市排队时，我相信答案很容易就能脱口而出，然而当安德鲁医生那样紧盯着你，手里还拿着笔随时准备记录时，你连说出自己名字都会犹疑不定。他首先询问今天是星期几。当然，我知道是星期二，可惠特比的行程把我脑子弄糊涂了，没等我们两个考虑清楚，我就直接答说是星期四。艾尔希表示她原本要选星期二的，但她特意等着让我先回答，因为好奇我会说什么。这问题把我们弄得彻底乱了，等到他问起月份和年度时，我们干脆想到什么就信口说了出来。肯定不会是 1997 年。1997 年是戴安娜王妃去世的年份。我这样告诉安德鲁医生，并问他能否因为知道这点而额外加分，而他只是摇了摇头。

“这上面没有关于威尔士王妃的问题。”他说。

我们俩都没想起这家医院的名字。这种事情根本没人会去留意，不是吗？而按下电梯按钮的人是娜塔莎，我们怎么知道这是在哪一层？我告诉他娜塔莎可以回答这个问题，并问他要不要去把她给叫进来，但安德鲁医生直接跳到了下一题。

“用一百减去七，”他说，“然后继续这么减下去，直到我叫你停下。”

我看了一眼咖啡桌对面他的写字夹板。

“答案你都知道了啊，”我伸手一指，“就印在那旁边。”

安德鲁医生弯起胳膊拢住那张纸，像坐在教室的小孩似的。“你用不着关心我知道些什么。”他说。

“我当然得关心你知道什么啦。你的意见决定了我们当中谁会被送到绿岸去，”我伸长脖子探了过去，“倒着拼出 world 这个单词。d–l–r——”

安德鲁医生像魔术箱玩偶似的从座位上弹起来，然后走到最远角落靠近窗户的位置，继续进行后面的测试。艾尔希听他说话有些费劲，因为她那边耳朵不大灵，我只好把每一句都重复一次，确保让她全部听清。最后他举起了一张纸，纸上写着，请闭上你的眼睛。

“我们干吗要这么做啊？”我说。

“因为我要求你这么做。”安德鲁医生把指令朝这边凑近了点。

“这是什么惊喜吗？”我说。

我听到安德鲁医生叹了口气：“你是不是很少按人家说的去做啊？”

我皱起眉：“除非实在万不得已。”

测试全部结束，我们看着安德鲁医生写满了整整一张A4纸。我们穿好外套并扣上纽扣，然后我向他询问这次测试的结果。

他说他会在适当的时候，将结果发送给樱桃树之家。其间他一直没抬头，哪怕听到我说：“可是，这毕竟是我们的测试结果，不是吗？不应该最先告知我们吗？”

护士领我们回到高举手机的娜塔莎身边，而后我们走出医院——经过了那间伙伴联盟店——慢吞吞地坐上出租车后座。我把视线转向窗外。

“我不太喜欢这次闲聊，艾尔希。”我说。

出租车终于抵达樱桃树之家，但掉头时颇费了一番工夫，因为停车场的正中位置，大剌剌地杵着一辆警车。

埋头对着手机看了二十分钟后，娜塔莎第一次抬起头来，出神地望着。真是奇怪，我们好像都会不自觉地盯着这类紧急车辆。每当听到警报声传来，大家都会走到窗边，目送着它飞驰而去，即便谁也不知道它到底会开向哪里。也许这能让人感到安心，听到那声音渐行渐远，从自己生活中彻底消逝。但停在樱桃树之家的这辆警车，却没发出任何声音，它停靠的角度是如此刁钻，大概只有警车才不会因此遭到责罚。

不用说，艾尔希和我直接走向了住客休息室，准备守在窗边去察看。杰克早在沙发上占了位置，看到我们进来点头打了个招呼。

“出事了，”他说，“不过目前还没人出面说明。”

安布罗斯小姐办公室里，此时站着两名警官，身上的制服仿佛将所有空间都填满了。安布罗斯小姐缩在角落，紧紧贴着她的办公桌，看着他们将文件柜里的东西全搬出来。

“是不是欺诈啊，你觉得呢？”杰克说，“难道有人做假账？”

“安布罗斯小姐看着不像那种人啊，不觉得吗？”我说，“她所有衣服都是从玛莎百货买的。”

杰克走到布告栏前，在那门口徘徊。

“难道在玛莎百货里买东西，算是什么道德保障吗？”艾尔希说，“如果真是那样的话，那樱桃树之家的半数人都该被看作圣人了。”

杰克回来了。“一个字也没听见。”他说。

我们并排坐在沙发上。几分钟后，汉迪·西蒙手拿写字夹板穿过双开门走进来，可他一看到警官的身影，立马退后几步再次消失了。

“你觉得他们是不是在找那个勤杂工啊？”我说，“问题经常出在勤杂工身上，不是吗？或者是那种藏身在幕后，不怎么引人注目的角色。”

艾尔希凝神望着我说：“这是现实生活，不是在演《神探可伦坡》。”

“有时候都差不多。”我说。

十分钟后警官走了，拿着一堆纸袋，并重新戴好帽子。透过那扇格纹玻璃门，安布罗斯小姐盯着我们好一阵。某个瞬间我好像看到她笑了一下，但也有可能是我的错觉。当她终于走出办公室时，杰克瞪着眼睛大喊起来：“这究竟是怎么回事？”而安布罗斯小姐却说：“我还想听你们告诉我呢。”这话让我想了十五分钟，却还是不得其解。

“至少这样能让我们忘掉医院的烦心事。”我说。

杰克转过身来，不再去看走廊里安布罗斯小姐远去的身影，说：“情况怎样啊？”

“尽人事听天命呗，”我说，“还能怎么样？”

杰克看着我，露出一副若有所思的神情：“你要好好照顾自己，弗洛伦丝，答应我，我们都会有需要帮助的时候。你只要伸出手来求助就好。”

“我觉得自己没这资格。”我说。

“你当然有啊。人人都有的。你为什么要这么说？”

还没等我考虑清楚，这些话便不自觉地吐露了出来。

“我很肯定，当初溺水的人就是罗尼，绝对不是盖布瑞尔·普赖斯。我可以用自己的性命起誓。”

我看到他迟疑了一下。“你怎么能如此肯定，弗洛？”他说。

我直直望着他的眼睛：“因为是我把他推下去的。”

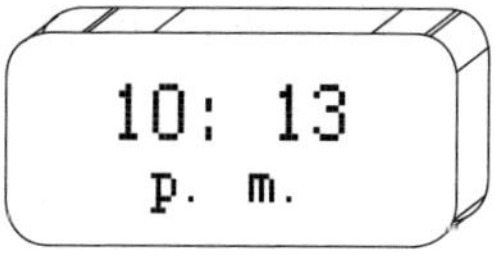

我听到了他落水时的呼喊，还有河水将他吞没的声音。
然而，随之而来的那片寂静，他消失之后的那片寂静，才是最不可忽视的存在。

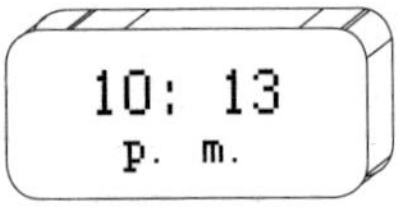

我还记得惠特比的事，应该是的，只是我把它收进了某个抽屉里，并努力让自己不要过多想起。

贝丽尔死后，我们俩再没去过舞会。我们没有办法面对。罗尼溺水那天晚上，我探头往市政厅里打量了几眼，可里面色彩过于明亮，音乐声又太过刺耳，整个场面甚至带点情色。我正准备离开的时候，突然间就看到了罗尼。他就站在吧台旁边，和一个我没见过的女孩聊天，嘴巴凑到她的耳边，距离很近，贴了很久。而且他当时在笑。看他那副样子，好像从前种种都已彻底抹去，他可以一切从头开始。

我不记得自己是如何离开那里，不记得是否转身或关上大门，抑或是怎样走下的台阶，只知道记忆中的下一个场景，我已冲进艾尔希家的厨房，想找谁来诉说我的怒气。

屋子里头十分安静。大家全都上床睡了。我在没人的房间晃了好几分钟，又在楼梯口底下仔细听了一阵。通常夜晚会听到艾尔希母亲四处走动的声音，无论是在夜里什么时间，可那晚连她都很安静。我记得客厅里时钟的嘀嗒声响，还有那悄无声息的木地板，也记得我当时心里在想，大家肯定全都睡着了。就在这时我听到了有谁哭泣的声音。起初我以为是别处的哪个小孩，可这哭声内涵太过深刻，并非为了满足任何需求，可能甚至都不想被人听见。我突然明白过来，那应该是艾尔希。

我想到她身边去陪她。我的脚甚至都踩上了第一级阶梯。然而，有什么阻止了我，有什么让我打消了念头。不是因为时间太晚，或看到别人哭会觉得尴尬。那人可是艾尔希，我们之间不存在“尴尬”二字。

而是因为，我知道不管自己说些什么，都永远无法改变既成事实。无论我多么关心她，多么想要帮助她，我都没法代替她迈过这个槛。也就是说，那晚真正阻止住我，让我打消念头没去找她的，其实是认识到自己有多么无能这个事实。

回到厨房我全身都颤抖起来，也不知道是出于愤怒或者沮丧，还是因为十一月夜里那寒冷的天气，但我记得自己戳了戳壁炉里的火堆，而后直直盯着闪烁的火苗，直到眼睛都刺痛了起来。我肯定是在那时候打定了主意，在凝望着那堆燃烧的煤块时，决定了必须要做点什么。既然语言已经无济于事，那么，也许我可以用行动来进行弥补，既然她们都不敢去质问罗尼·巴特勒，那么，也许这事就该由我出面。

我怒气冲冲地跑出艾尔希家，砰的一声关上厨房门，巨大的声音响彻了整条街。然而我并没有回头。相反，我径直赶回了市政厅。当然，那时候人已经都散了。隔窗望去，那景象看着颇有些凄凉。舞池里空荡荡的，木地板上布满彩带，玻璃窗花印在安静的桌面上。一个人影也没有。他们全都消失了，回到了温暖厨房，或软乎的床上。连街上都是空无一人。但我没有放弃搜寻。我知道罗尼肯定还在外面，除非找到他，否则我没脸去见艾尔希。

我不知道自己走了多久。一个小时，也许更多。我把所有酒馆都找了，我知道那些乐手都喜欢缩进库房，关上门来，慢慢回味这美妙夜晚，我想着也许罗尼会和他们混在一起。我一路走到他的公寓，位于河的另外一侧，但窗口黑黑的，没有动静。我围着镇上转了两圈，刚要开始第三圈时，才终于看到了他，就在这条路的最顶上，几乎就是一小时前我开始搜寻的地方。他在路上绊了一下，靠在墙上勉强稳住身形。

我不知道他去过哪里。也许是在某家酒吧和人聊天，或是跟个正眼都没瞧过的女人调情，也有可能，他只是在街上瞎逛，像我先前做的那样，努力想找到回家的路。我深吸一口气想大喝一声，可声音却哽在了喉咙里。我不知道自己是因为感到害怕，还是因为找得太久，想多享受一下得偿所愿的成就感。他沿着街道往前走去，脚步虚浮地在街灯和篱笆之间晃荡，我跟在后面，隔着一段距离，祈求自己的脚步声不要太响，或呼出的白气别太明显。罗尼没有回头，他连集中精力都很费劲，于是我又跟紧了些，沿路躲在阴影处观望。

河流穿过城镇，将新旧城区分隔两侧。救济院和工人居住区位于一侧，艾尔希和我也就住在这里，过桥便能抵达对面的工厂、公寓和招待所。罗尼住在新城一侧。那边路面更为宽敞，大部分都不是本地人。基本都是些陌生过客，偶然途经这个小镇，短暂停留一阵就走，连变得面熟的时间都不够。他本应该上桥过去，他本可以多花点时间回家，可是没有，他选择了沿着河边的那条小路。他做出了决定，可我却迟疑了。河面又宽又急，水流奔腾地穿城而去，一路奔向汹涌的河口，我父亲总是要求我保证，夜里绝不到那河边乱走。“太危险了，”他说，“一不小心就会滑溜进去。”可是这次不一样。这件事我非做不可，我不能再放过罗尼。毕竟我花了那么长时间才算找到他。

月亮圆圆地挂在天上，但时不时地会有阴云将它遮蔽，然后我会看不清他的身影。他变成了远远的一团影子，在黑暗之中缓缓移动。我努力地稳住脚步，左手摸索着野花杂草来探路，但耳边只听得到河水奔腾的声响，在等着我失足坠落。于是我做了自己从小时候开始，感到紧张时会做的事——我开始数数。起初我想数自己的呼吸，可我喘得实在太急，简直上气不接下气，于是我只好数起了自己的步子。我尽量匹配着罗尼的步调，听着不远处他靴子踩在地上的动静。唯一的问题是，我数得太过专心，没留神他已放慢速度，等我反应过来时，他已变得非常接近，几乎就是触手可及。我闻到了他身上啤酒和脚下皮靴的味道，而他呼吸的声音几乎充斥着我整个脑袋。此时他身体前倾，手撑在腿上，在岸边吐了起来。

吐完以后，他起身用外套袖子擦了擦嘴，完全没有防备，神志尚不清晰，或许还有一点头晕。就在那个瞬间，在他抬起头的那一瞬间，我伸出手去推了他一把。那感觉非常奇怪，因为生命中有些事情你虽然做了，却好像完全没有来由。只是到了那个瞬间，我才做出那个决定。

原本我跟在罗尼身后，只是想要教训他一顿，把我对他的所有看法，一股脑全都说出来，可当我站在那河岸边时，我却突然间觉得，自己真正想做的，其实是把他推下去。生命中似乎有些时刻，就是这么毫无道理。他摔倒后起初动作还很缓慢，像餐盘刚挨到桌子边或小孩刚开始学习走路的情形。那时我本可以伸手拉住他，趁着夜色的掩护，我本可以出手阻止，但有些事就是这么不可避免，是必然要发生的。感觉事情就该是如此，试图阻止根本毫无意义。我压低了声音，我压低声音对他说了句话，在他摔下去的那一刻。“别妄想我会出手帮你。”接着我就喊了出来，用尽了肺里的每一丝气息。

“别妄想我会出手帮你。”

我听到了，我听到他落水时的呼喊，还有河水将他吞没的声音。然而，随之而来的那片寂静，他消失之后的那片寂静，才是最为不可忽视的存在。我来到先前他所在的位置，然后默默听了一阵。我在那儿站了好几分钟，确定真的没了动静，接着就跑了起来。我沿着河边一路跑回桥上，连我自己也说不清楚怎么就没有失足摔落下去。运气，上帝，命运，那些感激之情无从宣泄时，它们都是我们所要借助的对象。我跑到路上，手扶住桥墙，几乎有些快喘不过气。整个城镇似乎都在等着我的归去，无论我先前去了哪里。我听到远处传来了人的声音，嬉笑声，道别声，还有对话声。这些人大概是刚从舞会出来。他们之前不曾站在河岸边，不曾看到有个男人溺水而亡。

我本可以循声而去，我本可以大声呼救，我本可以敲开最近的一扇大门。可以做的事情那么多，但我一个都没做。过去这六十年间，我一直想要弄明白，自己为何会做出那个决定，而如今躺在这黑暗中，我想，我可能永远也找不到那答案了。但这并不能阻止我继续寻找，也不能阻止我努力回想自己曾是怎样的人，并设法让她重见光明。

弗洛伦丝

我回忆往事时他们什么也没说。杰克甚至还闭上了眼，仿佛他需要摈弃所有杂念，才能专心听我说出那些话。

“我肯定那人就是罗尼。”我说。

杰克把手伸了过来，因为衰老上面已布满皱纹。“谁都会有一时冲动的时候，”他说，“没有人是完全清白的。”

“可我夺去了别人的性命，”我说，“我杀死了盖布瑞尔·普赖斯。”

“但你以为那是罗尼。”艾尔希从对面看着我。

“这么一想不是更糟糕吗？我甚至都弄错了对象。”

杰克仍把手搭在我手上。“这事有可能发生在我们任何人身上，弗洛伦丝，在特定的情境下。”

“可没人应该为此送命啊，不是吗？”我说。

“你本意就是想要杀他？”

“不，”我说，“当然不是。我就是想让他吃点苦头，因为他伤害了艾尔希。”我看着她说，“伤害了我们所有人。”

“那不就得了嘛。”他说。

“你得试着宽恕自己，弗洛伦丝，”艾尔希表示，“你总是轻易就能原谅别人，怎么对自己就那么苛刻呢？”

“可我本应该告诉什么人，我本应该报警才对的。我是个坏人，是个有缺陷的人，残缺的人。”

“这是当然的啊。”

我视线转向他。

“我们都是啊，每个人都有不好的一面。这些差错、毛病和缺陷全都是不可或缺的。”

“真的？”我问。

“当然是真的啦。不然的话光线要从何处照进来呢？”

我看见艾尔希微笑注视着我。

“你不能单凭某一个时刻的行动来定义自己。”杰克紧紧握住我的手，我能感觉到他在颤抖，“那并不能代表你是怎样的人。”

“那什么能代表呢？”我说。

“哦，弗洛伦丝，其他的每时每刻，”他说，“时时刻刻。”

安布罗斯小姐

安西娅·安布罗斯坐在日式庭院里，默默盯着自己的指甲。没去惠特比之前，指甲比现在要长许多。安布罗斯小姐一直梦想着从事那种能留漂亮指甲的工作，她将会拿着钢笔而不是压扁的原子笔来写字。她会拥有一间自己的办公室，完全由玻璃和铝合金打造而成，然后在档案柜最底下那个抽屉里，放上一双备用的高跟鞋。她之前错过面试机会的，就是一份这样的工作。也许她可以打个电话过去，也许他们现在又有什么空缺。

“什么空缺？”杰克问。

她没意识到杰克就站在她面前，也没意识到已把那些话都说出口。

“一个职位，”她说，“几年前我错过了一次面试机会，因为这边发生的一场意外，我在想也许再去试试也不晚。”

他挨着她在椅子上坐下，说：“你想再试试吗？也许你会错过也是有原因的。”

“你真相信一切都是命定这种鬼话？”

“我相信漫长瞬间的存在，”他说，“也许导致你错过面试的那个人，实际上是在为你的人生故事增光添彩。”

她困惑的神情似乎令他颇感有趣。“弗洛伦丝就很信奉这种说法，”他说，“所谓漫长瞬间，指的是时钟会在某一时刻稍微停滞，进而延长一小会儿，而那多出来的一丁点时间，刚好能让你做出正确决定。”

“你体验过吗，这种漫长瞬间？”她说。

杰克往后靠着椅背。他外套袖口已经磨旧，有颗扣子底下露出了一截线头。她想着得去和克里斯说说，帮忙给他买件新的。老人家总会觉得自己不需要这些。她以前学到过，在一次课程上。

“有过一次，”他说，“那还是在战争时期。我曾看到有名士兵，从战场上走了下来。他年纪挺大，实在坚持不下去了。他转过身开始往前走，完全没有停下来的打算。”

“他想要当逃兵？”

“这种情况并不少见，远远超出人们预想。恐惧压得人几乎喘不过气。你很难想象那种感觉，除非你曾经亲身经历。”

“那你当时做了什么？”

“我跟在他后面，跑了一路终于追上了他。”

“你告发他了？”

“没有，”杰克说，“我跟他谈了谈。他很害怕。精疲力竭，加上粮食不足，还有糟糕的天气都会让你不堪重负。到处都在杀戮不停。目光所及之处总有人在陆续死去。他想他的孩子们了。他把他们称作他的键盘，虽然我不知道是出于什么原因。”

“后来呢？”

“我说服他跟我回去。你肯定想不到我竟然真能成功，一个不知天高地厚的新兵蛋子，但最终我们一起走了回去，而且谁都没再提起这事。”

安布罗斯小姐晃了晃脑袋。“你很幸运能够平安回来。”她说。

“我差一点就回不成了。有天晚上……”

他有点犹豫了，安布罗斯小姐移开视线，准备给他递个台阶，但是没过一会儿，他又接着说了下去。

“有天晚上，我们已被炮轰了几个小时，感觉像是永远不会终结。那个响声，最是叫人无法忍受。你根本都无处躲藏，没有一处清静之地。我们以为会一直那么留在原地，等到炮火最终平息，可上头突然命令我们转移。”

“然后呢？”

“当然是服从命令呗，我们根本别无选择。可问题是，那地方到处都埋着地雷。试想一下，你要穿过一大片空地，却不知道自己踏出的下一步是不是就将迎来终结。那时你唯一能够听见的，就只有自己呼吸的声音，以及子弹挂在身上晃荡的动静。眼看着我们就要走完了，几乎就要抵达对面的时候，走在我左侧那人突然将我推到了一边。他肯定是看到什么迹象了。”

“后来呢？”

“地雷炸了，”杰克说，“把他炸得粉碎。他就那么没了，安布罗斯小姐，他在我眼前彻底消失，就好像从来不曾存在过一样。”

他们两个都没再说话。安布罗斯小姐看到有只知更鸟停在鸟食平台上吃东西，一身柔软的褐色羽毛，间或夹着一抹红色，眼睛黑得像颗煤球。她不知道自己盯了多久，当她后来回想起来时，又怀疑一切可能只是她的想象。

“那就是你所经历的漫长瞬间吧？”她终于打破沉默说道。

杰克摇头：“不，我指的是说服那个逃兵回来的时候。”

“怎么会？难道不应该是那个人救下你性命的时候？”

杰克笑了笑。“那你觉得那个人会是谁呢？”他说。

安布罗斯小姐突然觉得喉头一紧。

“不用为我担心，”他说，“每当我想要回忆往事时，这地方就是最好的去处。”

“这个日式庭院吗？我还以为根本没人来呢。”

“哦，那你可就想错啦。霍尼曼夫人以前经常来，还有弗洛伦丝也很喜欢这里。她喜欢坐在这里看鸟，然后在那道小桥上走过来走过去。你做得很好，安布罗斯小姐。”

安布罗斯小姐觉得喉咙有点发紧。“杰克？”她说。

“嗯？”

“现在什么时候了？”

他拍了拍她胳膊。“该是我离开的时候了。”他笑了一下，让人不由得也想回他以微笑，即便他的笑意多少有点飘忽，而且嘴角还在颤抖。

她看着他步履蹒跚地沿路往回走，拐杖一下一下敲打着砾石地面，穿着袖口磨破的那件外套。也许她根本不会去找克里斯谈。她转念想了想，也许杰克现在这样就已经很好了。

弗洛伦丝

我们坐在日间休息室，对着打开的电视机。我说我可以留下来，只要节目和厨艺没关系，于是他们给我调到了这个台，看一群人为了赢资金，努力把小筹码推过线。我无聊得视线四处瞟，但比起坐在不远处无所事事而言，倒也算不上太糟糕。

“是不是挺刺激？”艾尔希指了一下，“这位来自莱顿巴泽德的女邮差，马上就要赢得一百五十英镑啦。”

“我其实不太感兴趣。”我说。

杰克把手伸到沙发旁，而后拿出个手提袋，说：“既然如此，我这儿正好有点好东西。”

我眼睛看过去，问：“袋子里头有什么？”

“安布罗斯小姐在惠特比的旧货市场上买来给我的，可别再说我说话不算数啦。现在，咱们先从哪一部开始？”

那是一堆《哈利·波特》的影碟。封面全都闪闪发光，布满了各种涡旋和武器，还有一个戴眼镜的小男孩，明显看得出在越长越大。

“我觉得还是按顺序来吧。”我立马开始整理起来，试图推测每张图上那男孩的大概年纪。

“完全是你的风格，”艾尔希说，“干什么都有板有眼的。”

杰克拿起最上头那张。“我觉得人到了一定年纪，”他说，“就不会太在乎按不按规则行事了，而会更注重于当下那一刻的欣喜。”

于是我们找来了汉迪·西蒙，他把碟片放入一道小槽并连到了电视上，然后我们一起看起了电影，就连西蒙也不例外。他先是靠在墙上看了一会儿，接着彻底入迷了，干脆坐到了扶手椅上。甚至安布罗斯小姐也走出了她的办公室。她没有吩咐西蒙马上离开，反而挨着他坐了下来，并打开了一盒泰瑞金装巧克力。我们离开了日间休息室和樱桃树之家，踏入了一个巫师遍地、扫帚会飞的魔法世界里，那些人外表看似普通，可到最后你会发现，他们全都拥有了不起的本领。有些时候，你确实需要从现实世界暂时逃离，需要单纯地相信什么而无须寻找证据，需要尽情地享受而无须考量其价值，需要离开你所熟悉的生活，到一个全然陌生的环境。即便因为年纪大了，你唯一能够抽离的，就只能是你的意识。

我坐在房间角落的位置。眼睛看着画面，嘴里跟着念台词。我还记得曾几何时，我们的生活也同样如此。无数的未知篇章、神秘情节等着一一展开。我不想看到这电影放完，我希望它能一直演下去，因为我知道一旦演职员表开始滚动起来，我的心思就又会回到罗尼身上。要是我们能一直待在这房间就好了，那样我们便可以不用想起，门那边还有很多事在等着我们面对。

第二天早晨他们发现了杰克。听到消息时我和艾尔希在一起。西蒙说他看起来很平静，安布罗斯小姐也表示在睡梦中逝去是最好的离开方式。

“可我都没机会和他好好告别，”我站在安布罗斯小姐办公室，手里端着一杯水，“他也没有和我说再见。”

可我这会儿又想了想，也许他其实早说过了，只是我当时没听明白。

随后几天我都没习惯杰克已经不在，总期望能听到他拐杖敲击地面的动静，还有他说话的声音，交织在人们的对话声里。感觉像是闹了一场巨大的误会，会有人跑到我面前来，告诉我事情其实没发生，一切都不过是虚惊一场。没了他，整个世界仿佛都缺了一大块，彻底地变了样子。我想失去亲友最难过的地方就在于，你还需要继续面对同样的情境，只是再看不到你所熟悉的那个人，而你全部的注意力，都会投向他们留下的那道缺口。似乎只要自己注意力足够集中，就能在那空缺处看到他们的身影，还在原地等着自己。

我以为葬礼能够帮助我们接受杰克已经离开这个事实，可一切仿佛眨眼间就已过去。艾尔希和我坐在最后排，她担心我需要出去透气。安布罗斯小姐和比斯尔小姐在前头，两个人轮流地回过头来打量我们。克里斯走出教堂的时候，还停下来捏了捏我的胳膊。

葬礼结束后我们站在墓地旁，只有艾尔希和我两个人。小巴车在停车场里等待着，而且这一次，安布罗斯小姐没有上前催我们。

我闻到了泥土的气息，飘在十月的空气里，还有那淅沥的雨水，落在塑料薄膜上汇成小水洼。整片墓地十分整洁干净。花束全插入小花瓶，草地边缘也经过精心修剪。连死者都整齐地列成排，仿佛即便是到了那边的世界，也还得按照某种规矩排队等候。

我们沉默地站了一会儿，之后便沿着小路往停车场走去，经过一排排无名的普通人，他们的名字刻在碑上被遗留在此处。

“你相信人死之后还有来生吗？”我说。

艾尔希答得干脆，连看都没看我一眼。“当然相信啊。”她说。

“你怎么能够如此肯定？”

她笑了笑：“那样很多事情才能讲得通啊，不是吗，弗洛伦丝？”

起码罗尼倒还算识相，近来都没在我们面前露脸。我们一直没看到他，不论是在葬礼那天早晨，还是仪式结束之后，葛洛丽娅在休息室准备的那场茶会上。我觉得没有什么胃口，大部分时间都站在角落里，看着人们在杰克经常出现的地方穿行。

“你真的一点儿胃口也没有吗？”安布罗斯小姐表示，“随便吃点什么吧？”

我摇摇头。“我想我还是回我公寓去吧，”我说，“我想过去找艾尔希了。”

安布罗斯小姐握住我的手。“再待一会儿吧，”她说，“等我确定你真的没事再走。”

吃完茶点后，他们走进日间娱乐室，围坐在电视机面前，七嘴八舌地讨论着接下来应该做什么。安布罗斯小姐已认定，最好的法子就是让我们忘掉这回事。我听到她这样对西蒙说，在吩咐他从娱乐室的橱柜里把活动箱拿下来的时候。

“找点别的东西让他们去琢磨。”她这么说。仿佛我们脑中的任何思绪都可以立即取出来，而后被其他内容所取代。

我看到西蒙皱了皱眉，但他终究什么也没说。

最后，他们决定了，一起玩拼字游戏[①]。艾尔希此时不在这里，但我一点儿也不觉得她会因为错过而感到可惜。我们一共四个人，都是些我不认识或没太说过话的，所有人围坐在一张大桌子旁，盯着摆在面前架上的字母牌。西蒙和安布罗斯小姐还有葛洛丽娅，他们一直围着桌子不断绕圈，俯身探过我们肩头，重新排列字母顺序，并时不时地给出建议。我不明白他们怎么不干脆自己玩，任由我们盯着电视发呆。

玩了一会儿，他们就可以接纳词语的范围出现了分歧，而当7号房的那位女士问出，为何有些字母的分值比其他字母更高时，便又引发了一场长达十五分钟的争执。我只是默默坐在那里，看着对面杰克常坐的那张椅子。那张椅子之后再没有别的人坐过，感觉那样和非法

① 英语文字图版游戏，在一块15×15方格的图版上，2—4名参加者拼出词语而得分。词语以填字游戏的方式横竖列出，并必须收录在专用的词典里。不同字母有不同分数，如经常出现的E、N、R、S和T只值1分，但不常用的Q和Z则值10分。图版上有不同颜色的格子，参加者可从中获得额外分数。

入侵是一个性质，即便我们都很清楚，他再也没机会坐上去。我想等到那种情况真正发生时，这事大概就真的翻篇了，因为那也就意味着，我们都已经向前看，而他则被彻底抛在了过去。

“你这些字母都挺不错啊，弗洛伦丝，”西蒙越过我肩膀看了看我的字母牌，“有没有拼出什么单词来？”

我连牌面都还没有看。

“Car，star，acts。”他直接说了出来。

他把手伸过来，开始调整字母牌的位置。“看，这能拼成一个六个字母的单词：tiaras。”

西蒙似乎对自己的表现很满意。

“哦，我看好像还有更好的选择，年轻人。”

是罗尼的声音。我能感觉到他的气息触到了我的脖颈。我想要马上转过去，可是不行，因为那样一来，他就会看到我眼中的恐惧，然后立马便会知道，这游戏已经玩不下去。

“我没看到七个字母的单词啊，”西蒙说，“真的有吗？”

我听到罗尼笑了一声：“有的，不过我觉着，还是让弗洛伦丝自己找比较好，你说是吧？”

我感觉罗尼把手放到了我肩膀上。

“别妄想我会出手帮你。”他说。

“什么？”我说这话时仍然没回头，“你刚才说什么？”

“我说，”他的鼻息凑得更近了，说话声低得只剩下了气音，“别妄想我会出手帮你。”

房间突然变得异常遥远。安布罗斯小姐在和什么人聊天，电视噪声从角落那边传来，还有杰克的那张空椅子，等着有谁重新坐上去。感觉我是从天花板上，或隔壁房间，或未来某个时间点在看着这里。色彩光线交织成的画面逐渐变得混乱起来，仿佛与我已没了关系，我猛地一下站起身来。

“我不想再玩这游戏了，”我说，“我改变主意了。”

“可你这才刚开始呀，”我听到罗尼说，“别这么半途而废嘛。”

“坐下吧，弗洛，”西蒙整了整那些字母牌，“你玩得挺好的。”

“我不想玩这个。我可以做我自己想做的事，而我现在想离开这里。”我转过身，不小心撞到图版边，字母牌顿时散落一地。

“瞧瞧你都干了什么呀，”西蒙蹲下去开始捡，“弄得这到处都是的。”

我抬起头，正对上罗尼的眼睛。

“果然是你，”我说，“对吧？”

他没回应。

“我就知道，我就知道肯定是你。”我想我估计又在大喊了，因为西蒙站起身来，皱着眉头看着我们。

“你说得没错，弗洛伦丝，的确是我。”罗尼说话了，他眼睛瞄了西蒙一眼，此时眉头皱得更深了，“是我撞到了桌子边，是我把图版打翻的。”

“好吧，”西蒙把字母牌重新放回桌面，“我懂了。但我想你之后会发现，实际上应该是弗洛伦丝。”

“看起来可能确实如此吧。”罗尼在我肩上拍了拍，“但也有可能是认错了人，”他说，“你说是吗，弗洛伦丝？”

“我真的希望你能留在这儿，弗洛伦丝，”安布罗斯小姐将最后一块字母牌从地毯上捡起来，“如果你能待在这里，和大家在一起，我会觉得安心许多。”

“我要回去了，不想继续留在这里，”我把身上的外套裹紧了，“我已经待得够久了。”

“我也不能强迫你，”她说，“但是我们一直都在，你改变主意就过来吧。”

我才不会改变主意。我受够了坐在那里瞎扯闲聊，吃小点心，玩拼字游戏。我抬脚往外走去，并开始寻找艾尔希的身影，可哪里都找不到。于是我走过安布罗斯小姐身边，抛下人们回归正常生活的动静，沿着走廊朝院里走去。

我知道他就在我后面。

我甚至连头都不用回。

“你还有时间再玩个游戏吗？”他喊道。

我停下来，转过身，往回走，一直来到他面前，近得再没法子往前一步。

“是你干的，对吧？”我说，“所有那些鬼把戏。”

他笑起来，嘴角那道疤消失了，说：“是这样吗？”

“望远镜，巴腾堡蛋糕，还有那些比萨和出租车，全部都是你干的。”

“别忘了那只大象，弗洛伦丝。不觉得很讽刺吗，大象永远不会忘记什么的。”

“是你杀了盖布瑞尔·普赖斯，对吧？是你把他推到了河里去。”

“我怎么也没想到会在那河边见到你，弗洛伦丝。我当时正在等盖布瑞尔。我已经全都计划好了。我需要一个新身份，而且借用这个名头还不会带来太多麻烦，”他的表情毫无变化，即便说这话时也是如此，“毕竟我当时的处境有点棘手。”

“你当时是在等他？”

“我知道他会抄那条近路回他住处。结果你突然蹦了出来，时机简直堪称完美，弗洛伦丝。说来奇怪，拜你所赐，我的变身计划反而简单了许多。如果说有谁会对这事大做文章追根究底，估计也就只有你了。可发生了那件事后，你应该就没什么好说的了，对吧？只不过你没有料到，我轻易就游回了岸边，并继续实施了最初的打算。”

“而警察完全没起疑。”

“我成了一个失踪人员。几周过后，一具尸体被冲上岸边。相似的体格，相似的年纪。这些我早就料到了，到那时盖布瑞尔已经是面目全非。那年代又不能做什么 DNA 鉴定，警察断案全得靠推理。算我走运，他们的推理都错了。”

“谁也没有想起盖布瑞尔，没人想过那可能是他？”

“那当然啦。他终归只是个过客，一个四处流浪的人。人们都以为他已去往下一个城镇。如果都没人想起过你，又有谁会发现你已经不在了呢？”

“于是你直接冒充成了他，偷拿走了他的身份证，摇身变成了另一个人。”

罗尼没说话，只笑了笑。

“我现在就去告诉他们，”我说，“我要把一切都告诉他们，从头到尾全盘托出。”

“你真觉得他们会听信你？”

“我说的话他们都会认真听。我这一辈子，从来没人质疑过我说出的话。”

“弗洛伦丝，”他俯下身来，说话声钻进我耳朵里，“你要到什么时候才肯面对现实？你早就已经不复当年啦。”

我还能感觉到他说话时喷到我脸上的气息，哪怕走开以后也久久没能散去。

我回到公寓，艾尔希就坐在桌边，在等着我。

“你去哪里啦？”我知道自己不该嚷嚷，“为什么刚才都没看见你？”

“发生什么事了，弗洛？”她坐在椅上瑟缩了一下，身形看着十分瘦小，“怎么跟见了鬼似的。”

“是罗尼，”我走到窗边拉起窗帘，“是他把盖布瑞尔推进水里的。他在河边埋伏他，然后把他给杀了。他全跟我坦白了，就在刚才，在我们玩拼字游戏的时候。”

“拼字游戏？”

“他游到岸边爬了出来，然后就在底下埋伏起来，计划着要淹死盖布瑞尔。他说我的出现反而帮了他一把，因为那样一来我就不会再去找他麻烦。”

我转过身来，她却不见了。

“你在哪儿呢？”我说，“你到哪儿去啦？”

“我在这里呢。你受到了惊吓，我想给你泡杯甜茶。”

我走进厨房将牛奶放回冰箱里说：“我不想喝什么甜茶，我只希望你好好听我说话。”

待我放好东西关好冰箱门，她已回到桌边，手里拿着张纸。

我又把纸夺了过来：“你能不能好好坐着别到处乱晃？我都要被你给晃晕了！”

艾尔希顿时安静下来，坐在房间角落望着我。“我不知道自己该做点什么了，”她最后说，“你告诉我应该怎么做吧。”

“我只需要你认真听我说话。他把事情全向我坦白了，现在你帮我想想，接下来应该如何是好。如果杰克还在的话，他肯定会知道，他肯定会有所计划。”

“可是，他已经不在了，不是吗？”她说，“如今只剩下你和我，守着那些秘密。还有谁会相信我们？”

“我们必须说服什么人，必须，哪怕是为了鲁丝·霍尼曼或者贝丽尔。”

她没回答。

“我不明白你到这儿来干什么，”我说，“既然都不打算帮我的话。”

“我已经帮过你啦，我帮你找出了真相，那便是我会在这儿的原因，”她说，“你在听吗？”

我低头一看，这才发现自己两手都在颤抖，而那张纸已被我撕得粉碎。

“我想你需要躺一会儿，弗洛伦丝，半个小时就好，让脑子休息一下。”

我不记得自己是怎么上的床，只知道我躺在那儿，在窗帘隔开的昏暗光线下，不断回想罗尼的事。

他落水后我在桥上站了一阵，没去寻求他人救助，而是决定去找艾尔希，只有她才能理解我的心情，只有对她我才能说出实情。不是我父亲，他一直对我太纵容；也不是格温，她会寻找借口为我开脱，而只能是艾尔希。

艾尔希是我最好的朋友。

只有她知道说些什么最合适。

因为艾尔希总知道怎么说能安慰我。

我开始朝着艾尔希家奔跑，沿着人行道、石板路和昏暗长街。我不确定自己最先注意到的是什么，但我觉得应该是那股味道吧。我莫名其妙地咳嗽起来，呼吸也变得愈来愈困难，随着我越跑越近，我发现那东西已经无处不在。黑色浓烟充斥整个街头，翻腾着喷涌向夜空。然后我才听见火苗爆裂的声声巨响，橘红色火舌蹿入漆黑夜空中。我立马就知道了。即便那时我还没转过街角，可是我已明白过来，我记得自己曾盯着那堆炭火发呆，因为想得太过出神，操作壁炉时出了差错。我忘了把炉罩放回去。我捅了捅那堆火，想让它继续闷烧一会儿，肯定是有火星迸到地毯上去了。艾尔希家被彻底烧毁，而这一切全都怪我。

消防员救出了几乎所有人，几乎她们全家人。

只除了一个。

我通常不在大白天睡觉，更别说还换了全套睡衣了，醒来之后我发现，被单全卷卷地皱成一团，我额头上也冒了一层汗。艾尔希显然已经走了。我马上就知道了，公寓里已没有她的气息。

“你还在吗？”我大声喊着，以防万一，“我准备把事情全告诉安布罗斯小姐。”

迎接我的只有一片寂静。

“我希望你能陪我一起去。”

我走下床，地上的床单把我绊了一下，脚上顿时传来了刺痛。然而这些都不重要，我现在只想赶紧找到艾尔希。我走出房门来到院子里，把所有公寓全打量了一遍。我想去敲艾尔希的房门，可我不确定她住在哪间。平时总是她来找我，她说我窗边的视野更好。我眼睛扫过每个房间，恨不得能穿过玻璃透过窗帘，直接看到每间屋内的情形，但我看到的却只有玻璃反射出的自己的身影，窗台上的盆栽和一瓶瓶洗洁精，以及人们空洞虚无的日常生活。杰克肯定知道是哪一间，而我必须不断提醒自己，他人已不在无法回答我的问题。我脑子因为刚刚睡醒还晕乎乎的，像一片糨糊，根本没有办法理清思绪。

也许艾尔希已经先走一步。也许她这次终于知道要为自己着想，并且已经去到安布罗斯小姐面前，只等着我的到来。

汉迪 · 西蒙

西蒙之前从未见过抓捕场景。和电视上的不太一样，没用到手铐，也没人说出“逮捕”这个词。还是前几天的几位警官，只是这一回，他们不曾摘下警帽。

罗纳德 · 戴维 · 巴特勒。

他看着和罗纳德 · 巴特勒这名字并不相衬。不过，平心而论，盖布瑞尔 · 普赖斯跟他也不怎么搭。

“肯定是哪里弄错了吧？”安布罗斯小姐说道，好不容易收回了她的下巴。

盖布瑞尔 · 普赖斯（或者该叫作罗尼 · 巴特勒）什么也没说。看起来像是早已料到了，不过当然，这是不可能的。没人能够预知未来。西蒙和安布罗斯小姐原本正在忙着清理葬礼上用到过的那些餐盘，但老实说，大家其实都在帮忙。连谢丽尔也来了。每次西蒙一转身，好像都能看到她。等到他将所有茶杯茶托全堆到一起，她直接来到了他的面前，两人聊了很长一段时间，讲到这是件多么令人难过的事，并且感到十分可惜，直到牧师站到讲坛介绍他的生平，才发现他这一生过得多有意思。他刚准备开始收拾配菜碟时，她突然问起了他这个周末的安排。

“没什么特别的。”他这么说，因为她把他问了个措手不及。

“你不打算去看场电影吗？”她问。

他告诉她自己并无这项安排，她笑了笑而后晃了晃脑袋。“好吧，我想去看来着，”她说，“你要一起吗？”

他回答说他很乐意。答得飞快，生怕她会改变主意。

“你好像比往常开朗些了，”他说，“是什么让你脸上有了笑？”

她想了想，看着他说：“事实上，是因为弗洛伦丝。”

“弗洛伦丝？”

“没错，”她说，“因为弗洛伦丝。她向我问起了爱丽丝，没有人问过我爱丽丝的事。”

西蒙犹豫了一下：“我们不知道该说些什么，谢丽尔，没人知道。我们不想惹得你不开心，实在找不出说些什么才合适。”

“因为你根本不可能找到，”她说，“而且永远也找不到。可有时候，即便不知道应该说什么，也还是要尽量尝试着去说，总好过一个字也不提。比起那些，我更受不了完全对爱丽丝绝口不提，像是在把她一点一点彻底抛在过去。”

西蒙心里很是感叹，那么小小一个身板，竟能承载如此巨大的伤痛。“任何时候只要你想，都可以来和我聊聊爱丽丝，”他说，“我很乐意听听关于她的事。”

谢丽尔踮起脚跟吻了一下他的脸颊，说：“比起第一次见到你，你现在可有魅力多了，西蒙。”

西蒙正准备撤走最后一堆餐盘，脑子里还想着谢丽尔，想尽量记住她留在自己脸上的那种柔软触感，这时葛洛丽娅突然看着窗外说：“警方来人啦。”她实在看了太多这类电视剧。西蒙本想着将那叠餐盘抱到厨房去，但葛洛丽娅拦下他，硬要他先把桌布上的碎屑清理干净。他原本打定主意专心处理那些碎屑，可听到警官问起盖布瑞尔·普赖斯，他还是转过身去关注起来，完全是不由自主地。

“盖布瑞尔·普赖斯？”安布罗斯小姐说，“住我们这儿的盖布瑞尔·普赖斯？”仿佛有一大群叫这个名字的人分布在各处，只等着有事前来召唤。

警察点了点头。

安布罗斯小姐吩咐葛洛丽娅去把他叫过来，所有人都面面相觑。西蒙继续用手去捡掉落在地毯上的碎屑，安布罗斯小姐则开始看她十分钟前刚写下的通知。警官只是默默等着。他们显然早已习惯了这种沉默，也不觉得有必要虚与委蛇来填补这个空白。

盖布瑞尔·普赖斯（或者叫作罗尼·巴特勒）终于现身了，警官宣布将以纵火罪名将他逮捕。

“因为克莱伯恩女士前厅的烫衣板吗？”安布罗斯说，随后她和警官沟通了十分钟，并提出了不少健康安全方面的疑问。

“不，不是的，”他们说，“这事要追溯到1953年的一场事故，一栋住宅起火，有人因此遇害。”

西蒙微微张了张嘴。

罗尼·巴特勒一点儿也没慌张。他将软毡帽扶正而后笑了笑。他抬脚刚要离开的时候，克莱伯恩女士从双开门冲了进来，歇斯底里地开始大叫大喊，手里拿着几张看着像是乐谱的东西。

“太好了，”她说，“总算有人听进去了。”

“克莱伯恩女士，弗洛伦丝……”安布罗斯小姐的话没起到任何作用，其中一名警官押着罗尼·巴特勒走出房间往停车场走去，看情形弗洛伦丝随时都有可能扑到他身上来。

“他把他推了下去，”她追在他们身后大喊，“是他把他推了下去！”

“没有谁把谁推下任何地方。”安布罗斯小姐搀住弗洛伦丝让她坐下，然后蹲到她的身旁，“这案件是和一场火灾有关，虽然具体情况我也不太清楚。”

“火灾？”弗洛伦丝彻底定住了，“什么火灾？”

安布罗斯小姐抬头看向另一名警官，他望着同事走出房间而后咳了几声。

“这事发生在很久以前，得追溯到 1953 年。消防员救出了所有人，只除了其中一个。”

西蒙打算要说点什么，但想想还是做罢了。

“事情都过去这么多年了，你们是怎么联系到他身上的？”安布罗斯小姐问。

“唔，罗尼·巴特勒当年就是作案的嫌疑人。警方在他住所发现了助燃剂。”

“助燃剂？”安布罗斯小姐不解。

“就是汽油，”西蒙两只脚动来动去，“一般都是用这个。不过在 1953 年，那东西应该还是定量供应的。”

警官仔细打量着他，好一阵子没移开视线。

“我读过很多书，”西蒙说，“这是我的兴趣之一。”

“目击证人也声称在现场见到过罗尼·巴特勒。”

西蒙看着弗洛伦丝。她像是被谁按下了暂停键，她的情绪仍然很激动，只是暂时地收敛了起来，藏进了她的眼神和唇边的细纹里。

“是罗尼放的火？”她说，“是罗尼，并不是我？”

警官皱眉看向她。

“那为什么六十年前他没被逮捕？”安布罗斯小姐问。

警官又咳了几声而后看了看笔记。“因为，”他说，“根据各种资料显示，他当时已经死了。”

“死了？”

“溺水而亡，”警官表示，“至少，我们过去一直这样以为。”

“尸体冲到了兰利沙滩上，”弗洛伦丝喃喃说着，“大部分都让鱼给吃了。我的弗雷德肯定会很骄傲。”

安布罗斯小姐看了弗洛伦丝一眼，又把视线投向警官：“你们怎么知道他在这里，他又为何要自称是盖布瑞尔·普赖斯？”

“他会进入我们视线，还是因为那次抢劫事件，我们发现盖布瑞尔·普赖斯这个名字至今仍挂在失踪人员名单里。当时我们问了他几句话，总感觉哪里不大对劲。”

“嗯，”安布罗斯小姐表示，“我们也一度觉得不太妥。”

“我们打了不少电话做调查，其中包括一名退休警探。他们的话如果分开来看，也许没有多大意义，可要是全部拼凑起来……此外，北约克郡警局也提供了一条重要信息，他是有作案动机的。他还是另外一起肇事逃逸案的嫌疑人。”

“肇事逃逸？”安布罗斯小姐瞪圆了眼睛。

警官再次看向他的笔记：“事情同样发生在上世纪50年代。一位年轻女士因为一场车祸去世，而犯人一直没有找到。警方展开了大规模调查，收集到了众多消息，可惜全都没有证据支持。”

“而你们认为盖布瑞——罗尼·巴特勒该为那事负责？”

“基本上已经可以确定，”警官表示，“那便是他纵火的原因。他认为逃逸事件的目击证人在那屋里。”

“他要确保万无一失，”弗洛伦丝说，“他知道舞会结束以后，我总会去艾尔希家过夜。他想干掉的对象是我，以防他们最后真怀疑到他身上。”

警官再次皱了皱眉，不过还是没说什么，他接着回答起了安布罗斯小姐的问题：“我们当时已有足够证据。”

“可他并没遭到指控，因为你们以为他已经淹死了？”

“没错。几周之后一具尸体冲到了岸边，而我们以为那便是他。当然没经过什么正式鉴定，那年代根本谈不上这些，但身高、体型还有年龄全都一致，而且循着河口一带进行搜查时，还在岸边找到了罗尼的身份证。鉴于当时没有别人申报失踪，我们认定那就是他的尸体，针对他的指控也就不了了之了。”

“没人想过那尸体可能会是盖布瑞尔·普赖斯？”安布罗斯小姐说。

“盖布瑞尔的夫人去警局报案时，已经是好几个月过后了，她之前一直以为丈夫还在路上漂泊。等到她终于决定要申报失踪时，去的也是约克郡的警局，谁也不会把他和隔了那么老远的一具尸体扯上关系。”

“直到罗尼遭遇抢劫，”弗洛伦丝说，“那条新闻将盖布瑞尔·普赖斯这个名字推到了各大报纸头版。”

“所以他才开始寻找可能会认出他身份的人。他想吓唬他们，搞坏他们的信誉。”警官合上他的笔记本。

“可你们现在能证明他身份吗？”安布罗斯小姐问。

“可以说比较有把握了，特别是拿到牙科记录以后。”

“牙科记录？”安布罗斯小姐不解。

警官点头示意那边的文件柜。“他二十多岁时留下过一套档案。因为卷进了一场斗殴，”他颇有警官派头地笑了一下，“我们运气还算不错。”

“他需要去照 X 光和缝针。我父亲会带他过去。”弗洛伦丝嘟囔着，尽管西蒙不知道她是在和谁说。

他看了一眼安布罗斯小姐。她抬起手来掩住了嘴。

所有人都站在门口，注视着罗尼穿过停车场。起初，得知他叫罗尼而非盖布瑞尔时，心里还觉得有些怪异，神奇的是，很快就适应过来了。也许人的名字真没多大意义，西蒙心想。也许就好像出生日期和社保号码，只是个体附带的又一条信息而已。也许真正使你成为你的，还是在于你此时身在何处，未来欲往何方，以及计划如何前往。

坐进警车时罗尼很安静，似乎并未因为被捕而感到担心，这令西蒙感到很神奇。罗尼甚至还吹起口哨来，虽然那曲调西蒙并不熟悉。

“放火的是罗尼。是罗尼。”

警车走后弗洛伦丝一直这么说。对其他任何事她都提不起一丝兴致，无论大家怎样去尝试。安布罗斯小姐给她接了杯水，又倒了一小杯雪莉酒，可这些全都无济于事。

“他怕我会改变主意，怕我会向警察告发他，”她说，“他知道我每周六晚都在艾尔希家过夜，他想让我彻底消失。”

“她怎么说起胡话来了，”安布罗斯小姐说，“‘向警察告发’又是怎么回事？”

西蒙耸耸肩而后跪到地上去，说：“你脚踝上青了一块，弗洛伦丝。你是不是绊到哪儿了？需要给你敷一下才行。”

他朝葛洛丽娅点点头，她立马走进了厨房里。

弗洛伦丝上身向前倾。“放火的人是罗尼，”她说，“这些年来，我一直以为罪过在我，原来全部都是他干的。”

“我知道是他干的，弗洛。不过这事跟你毫无关系，你什么也不用担心。”西蒙握住她的手。

“我得把这事告诉艾尔希，我得赶紧告诉她才行。”

安布罗斯小姐看向西蒙，而后微微耸了耸肩。

“你们把她怎么啦？她在哪儿呢？”弗洛伦丝挣扎着准备站起身，可好像又改了主意，“你们把她送到绿岸去了，对吧？趁我没注意的时候。”

西蒙望着安布罗斯小姐，想在她脸上找到点提示。

“谁也没被送到绿岸去，”安布罗斯小姐也跪下来，“尽量保持冷静，弗洛。”

“那她在哪儿呢？艾尔希人呢？她太长时间见不到我会应付不来，她脑子会糊里糊涂的。”

葛洛丽娅拿着敷布回来了，这暂时转移了弗洛伦丝的注意力，她开始盯着葛洛丽娅。

“你有一双和善的眼睛，葛洛丽娅。你让我想到了什么人，可我又记不起来究竟是谁。你去过兰迪德诺吗？”她说，“你坐过有轨电车吗？”

葛洛丽娅摇摇头。

弗洛伦丝看着他们几个说：“艾尔希肯定知道的。如果艾尔希在这里，她肯定立马就能知晓。你们把她怎么着了？她到底在哪里呀？艾尔希是我最好的朋友。关于她有三件事你们应该知道，而这便是第一条。”

“那我们应该知道的第二件事是什么呢，弗洛？”西蒙从葛洛丽娅手中拿过敷布，缓缓包住了弗洛伦丝的脚踝。

“她总知道说些什么话，能够安慰到我。”

西蒙抓住绷带边缘，开始将它进行固定：“那第三件呢？”

弗洛伦丝看着他。“我不知道，”她说，“我不记得啦。”

“那么，”他说，“也许这第三件事并没有那么重要。也许它归根到底并不会带来多大影响。”

“但我必须找到她，”弗洛伦丝想站起身，“我得确定她没出事。”

西蒙握住弗洛伦丝的手，看到她脸上写满了慌乱：“艾尔希现在不在这里，但你什么也不用担心。我想你现在最应该做的，就是去好好休息休息。这是个既漫长又古怪，还令人伤心的一天。我祖父以前经常说，睡一觉后一切都会好起来的。我觉得他说的可能也有点道理。”

弗洛伦丝凝神望着他：“你没有那样做。”

“没有哪样做？”

“你刚才说这些话的时候，没有像哄小孩一样糊弄我。”

“哦，”西蒙说，“那样不是有点看不起人吗，你说是吧？”

弗洛伦丝重新坐回椅子上，脸上露出一抹微笑。

“我把她交给娜塔莎啦，”安布罗斯小姐说，“她会待到弗洛伦丝稍微冷静下来。她说她走的时候会把电视打开。弗洛伦丝挺喜欢看新闻的，她喜欢就那些事情和人展开争论。”

西蒙眼看着就要清理完所有餐盘了。

“我真不知道应该说什么才好，”西蒙把窗帘拉开了一点，“当她问起艾尔希的时候。”

“没人知道该怎么说。我知道杰克勉强应付过几回，但实在是太难了。你做得已经不错了。”

西蒙还不怎么习惯被人称赞，他在脑子里将这些话回味了一会儿，才慢慢平静下来。

“说起来，这个艾尔希到底是谁呀？”他说。

“没人真正知道，”安布罗斯小姐把手伸进她办公室的橱柜中，从里面拿出了一小瓶白兰地，“弗洛伦丝刚住进来的时候，我们就试着找了一下，想着也许能联系上她，结果发现她已去世好多年了。估摸着，是她们二十多岁时候的事。她就葬在镇上那片教堂墓地，挨着祭坛的一处角落。”

“她无时无刻不在和她说话。”

“我知道，”安布罗斯小姐拿出小塑料杯，给他们各自倒了点酒，“可是，那样似乎能给她带来安慰，而且也没有伤害到任何人。有时候我甚至觉得，艾尔希就像是弗洛伦丝的一部分，那唯一没有变糊涂的部分。我们只要习惯就好。”

“那感觉多奇怪呀，如此坚定不移地相信某件事，结果却发现只不过是自欺欺人。”

“安德鲁医生说她测试的时候，全程除了和艾尔希交谈什么也没做。再想想我们在惠特比的时候，她独自一人跳舞的样子。老年痴呆真是太可怕啦，”安布罗斯小姐视线越过杯沿看着他，“你对她态度挺好的，帮她处理脚踝什么的。”

“说来倒也有点意思，”西蒙犹豫了一下，不知安布罗斯小姐是否会感兴趣，但还是决定接着把话说完，“我父母亲两人初次相遇，就是因为我母亲崴了脚。”

“是吗？”

“当时是在一辆巴士上。有人把座位让给了她，不然他们永远不会产生交集。太巧了不是吗？”

“如果他们不曾相遇，你就根本不会存在。”安布罗斯小姐说。

“我觉得那样未尝不是一件好事。”西蒙说。

“胡扯。说真的，”安布罗斯小姐又往杯中倒了点白兰地，“我觉得你可以考虑重新接受培训？”

西蒙想起日常要处理的 U 型弯管，问：“培训什么？”

“当一名护工，照顾老人家。你为人善良，我觉得你会做得很棒。”

“是吗？我刚报了个交际舞兴趣班，得配合我上课的时间才行。”

安布罗斯小姐表示：“唔，只要好好安排应该就没问题。实际上，我觉得，我们应该推出一些新活动。”

“比如说？”

“太极课程，”她说，“给我们的住客开个班，还有交际舞兴趣班。”

“我看计算机课程也不错。”西蒙表示。

“好主意。另外我们可以种些樱桃树。种上一大片，在正门那边。”

“可是，你应该看不到它们长大吧？”西蒙端起酒杯闻了闻，觉得已喝得差不多了，“你不是在投简历吗？”

安布罗斯小姐明显完全放开了，她又给自己倒了一小点。“我改变主意了，”她说，“虽然也许还算不上是改变，更像是重新考虑而做出的决定。”

“这么说你会留下来？”

“是的。我要试着找到属于我的漫长瞬间。”

西蒙决定不去追问，因为安布罗斯小姐看起来仿佛年轻了至少十岁，他不想毁掉这美好的时刻。

“还有什么别的打算吗？”他说。

“啊，多着呢，”安布罗斯小姐笑了笑，“但首先还是，先从种树开始吧。”

“杰克以前说过，在他那个年纪来看，埋下种子是种相当乐观的行为。”

“我恐怕再找不到比这更好的理由要去做这事了。”安布罗斯小姐表示。

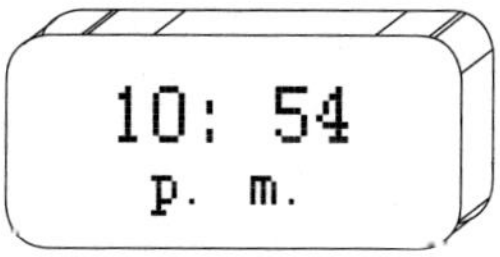

艾尔希是我最好的朋友，这是你需要知道的关于她的第一件事。
第二件事是，她总知道说些什么能安慰到我。
还有第三件事——肯定还有个什么事，但脑子一时间想不起来，估计也不会是什么影响深远的大事吧。

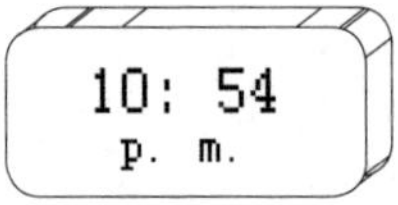

事到如今，已经太迟了。所有我觉得可能发现我的人，都已离开去过他们自己的生活。

不用说，杰克肯定不会出现。莫名地，我感觉艾尔希也来不了。艾尔希是我最好的朋友，这是你需要知道的关于她的第一件事。第二件事情是，她总知道说些什么能安慰到我。还有第三件事，我肯定还有个什么事，但脑子一时间想不起来，因而恐怕也不会是什么影响深远的大事吧。

“我们经历过的快乐时光，比那些糟糕的事要多得多。”

她在沙滩上曾这么对我说。艾尔希总知道说些什么合适。我简直想象不出来，若是没有她，自己要如何度过这些年。贝丽尔去世那天晚上，她也对我说了同样的话。

最后一次见到贝丽尔那晚，我和艾尔希紧紧贴着市政厅的窗玻璃。我们看着漆黑的窗外，两手拢起抵住玻璃，以此隔绝室内光线，我们看见贝丽尔和罗尼在停车场争吵，竖起耳朵想听清他们都说了些什么。当然，贝丽尔和罗尼吵架并非什么新鲜事，但我们一晚上都只盯着别人的脚，想换点别的东西稍微转移下注意力。虽然基本上都是贝丽尔一个人在争辩，罗尼只是沉默地望着她。

“你看到什么没？”我两手抵着玻璃压得更紧了，“能听见他们说什么吗？”

艾尔希摇摇头。

“他会不会打她呀，艾尔希？那样我们该怎么办？”

“西里尔也在外面呢，”艾尔希的气息喷到玻璃上，立即模糊了她的视野，“他不会打她的，至少不会当着别人的面。”

我们看见贝丽尔在草坪里宣泄着怒气，来来回回走来走去，不时挥舞她的手臂，冲到他的面前大声吼。我看到黑暗中他手里的烟头每吸进一口就放亮一下。几分钟后，贝丽尔不吼了。两人相隔仅有几英寸，我正担心他会举起拳头时，她突然转过身，大步朝外走去。

“他怎么能让她就这么走了，”我说，“外面漆黑一片。她连外套也没穿。”

“她会回来的，应该不会走得太远。”艾尔希表示，但两眼一直关切地盯着窗外。

我们三个等了一阵。艾尔希和我透过窗户观察，罗尼则站在外面停车场，望着夜色发呆。

她还是没回来。

“我去追她。”我说。

艾尔希跟着我来到衣帽间，说：“别傻了，弗洛伦丝。就算真的要人去找，也不该是你去呀。”

“行啦，”我说，“你到头来肯定又会跟她吵。我去。我去帮你把她找回来。”

我穿上外套，因为着急要走，里面的袖子都没理清。

“你为什么要这么在意啊，弗洛伦丝？为什么呀？”

我停下整理衣袖的动作，直直盯着艾尔希的眼睛，里面闪动着各种疑虑：“因为我不想看到有任何事伤害到你。因为任何让你烦心的事，我都会拼尽全力去阻止。”

我能听见自己的呼吸声。那是我关于那个时刻的唯一记忆，后来当我回头想起只有我们两个站在那里的场景时，脑海中也只能听见这个声音。

“你这样会冻死的。”她说。

我伸手从挂钩上取下什么东西，一个本不属于我的东西。“我把这个戴上，不会有事的，”我说，“肯定没事。”

于是我围上她的红围巾，冲进了夜色里。

汉迪·西蒙

喝过白兰地，西蒙身上暖和了些，可走进院里，夜晚的凉风钻了进来，顿时驱散了先前的暖意。时间已悄无声息地从九月变成了十月，西蒙一直觉得这时期的变化最为明显。其他月份的转变似乎都十分自然，只这两个月的跨度总有点突兀，大家好像都有点手忙脚乱，纷纷换上了厚厚的外套。他想过到员工室去借件衣服，免得回家路上太冷，但又觉得上路以后估计就好了。

樱桃树之家整个黑黢黢的。十点了，大家全都上床睡了。他拖着靴子走在砾石路上，整个世界安静得像圣诞节的早晨。他已走到停车场过半的位置，脑子里想着自己差点就不存在这个可能，突然间他听到了声音。狗叫声，叫得很急。西蒙立即停下脚步。这叫声不太寻常，有点飘忽，他甚至都没听出，声音究竟是从很远的地方传来，还是就挨在他身边。樱桃树之家没人养狗。这里严禁饲养宠物，比斯尔小姐明文规定了。不过他们曾一度就一条金鱼展开过激烈争论。

他试图追踪那吠声的来源，那狗像是知道了似的，叫得更加急切起来。他沿着小路一直往前然后转了个弯，发现抬起头来就是克莱伯恩女士那间公寓。屋里有光，不过很暗淡，在路上洒下一道橘黄色光线。狗叫声停了。他走到正门前，整个天井都被安全灯所照亮。娜塔莎应该几小时前就走了。

“克莱伯恩女士？”他轻轻敲了敲玻璃，“弗洛伦丝？我是西蒙。你没事吧？”

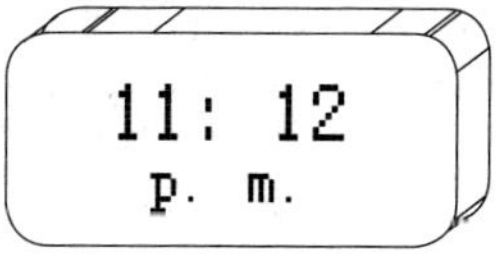

我们遇到的每一个人，都会以某种方式改变我们。
哪怕，他只和我们同路一小段。

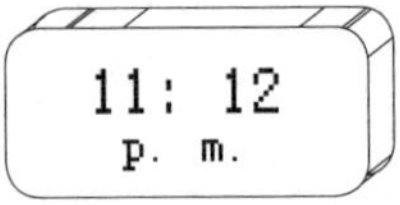

如果让我回顾自己这一生，并从中挑选出最为重要的时刻，我觉得自己可能根本选不出来。如今躺在这地方，我有大把时间可以考虑，但还是没办法做出抉择。

也许是我坐进罗尼·巴特勒的车上那一刻。我现在想起来了，车里有股啤酒味，我紧紧撑着仪表板，恳求他能慢下来。我把手伸了过去，试图将方向盘从他那边扭过来。我能做的全都做了。我知道我尽力了。

“你要学着去宽恕。”艾尔希说过。只不过我那时没意识到，她是希望我能宽恕我自己。也许那才是最为重要的，不是犯下过错的那瞬间，而是你终于原谅自己的那一刻。

“你以为车上那人是我时，不是就挺宽容吗，弗洛伦丝？怎么对你自己就那么苛刻呢？”

我仿佛能听见她这么说，尽管她已不在我身边。真奇怪，因为有时我感觉，她好像从未离开我左右。

也许最为重要的时刻，其实是那些我们未深思便度过的日子，那些被我们视为平常的每一日。日子一天一天过去，偶尔才迎来什么特殊场合。我们会重点标出生日、圣诞节还有假日，但是也许，我们更应该多想想那些平常的日子，那些不知不觉便过去的每一天。艾尔希曾经说过，你无法预知某个时刻有多重要，唯有当你回头看时才能知晓。而我觉得，或许，她说的是对的。

我想，这大概就是我生命的最后时刻吧。我这辈子终于走到头了。我从没想过会是这样的情形。自己独自倒在地上，等着被谁发现却迟迟无人现身。我原以为这个人会是西蒙。他应该会和安布罗斯小姐一起，清理葬礼上用过的那些茶杯，堆好餐盘并扫去桌上碎屑。他会一边干活一边和人聊天，因为西蒙就是这么个人。他聊得最多的应该会是谢丽尔。我觉得她对他颇有好感，但他呆得像木头似的，至今都还没发觉。也许他会在回家之前喝点白兰地，以此驱赶身上的寒意，然后他会穿过院子，靴子踩在路面划破宁静。出发前他会考虑是否要去借件大衣，然后出于某种理由，他会突然想起我来，接着决定走过来看看，以确定我是否无碍。人有时确实会有这种感觉，不是吗？虽然完全没有道理，可是不知为什么，你知道自己必须要去做某件事，而原因你自己也说不清。

他会注意到我门厅里亮着灯，然后过来敲我的门，接着他会开始大喊："克莱伯恩女士？弗洛伦丝？我是西蒙。你没事吧？"

他会不厌其烦地询问。

"弗洛伦丝？"

一遍接着一遍。

我睁开双眼。有人触发了安保系统，整个房间一片亮光。光线刺痛了我的眼睛，我立刻又闭了起来。当我再次睁开眼时，一切还是原来那样。屋里的家具、窗帘和电视机还是几小时前我摔倒时的模样。然而灯亮以后，我看见的第一样东西，是餐具柜底下的那堆杂物。几支钢笔，几枚硬币，还有掉落下来我却一直没有留意的东西。我看了好一会儿才总算看清，但东西的确就在那里，在最后边，紧挨着踢脚线。

"弗洛伦丝？"

是一枚胸针。

胸针上镶着一块如镜面般平滑的黑色矿石。化石，惠特比煤玉。那石头呈正圆形，表面平滑无瑕，漆黑闪亮。边上镶着的一圈银链，正熠熠发光。

"弗洛伦丝？"

它适合买来送给所爱之人，而不是自己。

"克莱伯恩女士？弗洛伦丝？我是西蒙。你没事吧？"

我凝视着那枚胸针。

“我没事，西蒙。一切都很好！”

我都不知道这能量从何而来，竟然还有力气大喊。

“你确定吗？需要我帮忙吗？”

胸针默默迎住我的视线。我终究还是被艾尔希说中了。我不再伸手企图够它，随后又意识到已经没有这必要。

“不用，”我说，“我什么也不需要。我需要的东西都在这里。”

我听到他转身离开，鞋子踩在外面小路上。“那好吧，祝你晚安！”他高声喊。

我拖了好一会儿才出声回答。我知道他已听不见了，但我还是喊了回去。“那就回头见啦，西蒙，”我说，“回头见！”

灯又灭了，屋里再度陷入黑暗。奇怪的是，这种感觉反而更加心安，宛如老友相聚一般。我在寂静中等待音乐再次降临，等待阿尔·鲍尔利的歌曲，等待我们回到过去，再次走进那个舞厅，我们围着屋子转圈，穿着挤脚的舞鞋但笑得很开心。音乐声缓缓弥漫开来，将心事埋葬让我们感觉不再孤单。那个我们渴望能永远停留的美好时刻。

我从未向任何人说过我的秘密。挺奇怪的，因为其他事情我都毫无保留。到最后连罗尼的事也已全盘托出，唯独这事一直绝口未提。在那个年代，你根本就说不出口，后来一切就都迟了。艾尔希找到了她的阿尔伯特，我能和她共处的时间只剩下了一丁点。我其实也不是特别介意，只要我们还是朋友，只要她没离开我身边。挺奇怪的，不是吗？爱情来得如此莫名。我发现它总在最不经意的时刻降临，而一旦中招，你这后半辈子都得承受它所带来的负累。

音乐声此时已十分响亮。我想象不出这声音是从哪儿传来的，但又好像隐隐约约意识到了。我一度以为是西蒙又回来了，好像还听到了他再次敲门的声音，但那声音太轻，太温柔了，于是我知道那不可能是他。

我知道自己无须再等太久。

我不确定自己是否还有足够时间，将这辈子从头到尾地回顾一遍，毕竟发生了那么多事情。

我没干过什么惊天动地的事。没攀过高山或赢得奖牌，也从没登上舞台并万众瞩目，或一马当先地冲过终点。

但我敢说，我这一生过得并不平凡。

致谢

我真心相信，我们遇到的每一个人，都会以某种方式改变我们。无论是一面之缘，还是一生一世的至亲友谊，我们总会因为人生道路上遇到的那些人而做出改变。哪怕，他们只和我们同路一小段。

有鉴于此，写致谢辞简直就是不可能完成的任务。我要感谢的人实在太多。优秀的经纪人，苏·阿姆斯特朗，以及 C&W 的全体成员，特别是艾玛、杰克、亚历桑德拉和亚历山大。杰出的编辑苏西·朵尔，还有哈珀柯林斯出版社的整个优秀班底（尤其是凯特、霍莉、夏洛特、汉娜、汤姆和弗兰）。能力出色且不可或缺的安·比斯尔，因为她我才能够保持理智，她所做的已完全超出公关专员的工作范围。我非常荣幸有此机会能和你们所有人合作。

从事写作的这数年间，我有幸结识了许多宽厚的好人，包括作家、书商、读者以及评论家。感谢每一个花时间阅读我文字的人，特别是西蒙·萨维奇、汉娜·贝克尔曼、莱拉·斯克尔顿、约翰·费什、尼娜·波特尔和安妮·卡特。你们的好意我永远不会忘记。

这个故事，从某种程度上说，也是一封献给惠特比的情信。在父母的陪同下（对他们我同样感激不尽），我在那里度过了美好的童年假期，我曾经攀爬修道院的台阶，在伍尔沃斯百货闲逛，忐忑不安地沿着鬼街路线巡游（导游叫作哈利——和巴里不同——非常擅长讲故事）。从博瑟姆茶室走到鲸骨拱门的那条路，将永远是我在这地球上最为钟爱的地方。

不过，和往常一样，如果没有那些病人，我永远也写不成这本书。不论是在塔姆沃思、德比、切斯特菲尔特还是伯顿，我不仅有幸能和杰出的团队共事，还同许多病人一起度过了难以忘却的时光。因为遇见你们，我的人生显然已发生了变化，而我们共处的那段短暂时光，也将继续影响我今后的写作与思考。

Joanna Cannon

图书在版编目（CIP）数据

爱、洋葱和惠特比 / (英) 乔安娜・坎农著 ; 段琳译. -- 北京 : 中国友谊出版公司, 2022.5

ISBN 978-7-5057-5441-6

Ⅰ. ①爱… Ⅱ. ①乔… ②段… Ⅲ. ①长篇小说 – 英国 – 现代 Ⅳ. ①I561.45

中国版本图书馆CIP数据核字（2022）第060108号

著作权合同登记号　图字：01-2022-1861

书名　爱、洋葱和惠特比
作者　（英）乔安娜・坎农
译者　段　琳
出版　中国友谊出版公司
发行　中国友谊出版公司
经销　北京时代华语国际传媒股份有限公司　010-83670231
印刷　北京盛通印刷股份有限公司
规格　880 × 1230 毫米　32 开
　　　10.25 印张　284 千字
版次　2022 年 5 月第 1 版
印次　2022 年 5 月第 1 次印刷
书号　ISBN 978-7-5057-5441-6
定价　49.80 元
地址　北京市朝阳区西坝河南里 17 号楼
邮编　100028
电话　（010）64678009